昭和の街角を紹介

懐かしい沿線写真で訪ねる

南海電鉄

街と駅の物語

生田 誠著

アルファベータブックス

まえがき

2025(令和7)年は大阪万博の年である。世界の中で、「OSAKA」という街が最も注目される年になることは、おそらく間違いないだろう。海外から来日する人々が万博会場(夢洲)を目指すルートは、飛行機から降り立った関西国際空港から、鉄道線を使って大阪の街に至るルートだろう。もちろん、バスや船といった方法も考えられるが、メインとなるのは関西空港駅から発着する南海線か、JR線を使う方法である。

その意味で、今年は南海電車が史上最も多く利用・注目される年になるのではないか。1885(明治18)年12月、阪堺鉄道として開通して以来、140年の歴史がある中で訪れた千載一遇の好機。それを逃すことはできないとして、出版にこぎ着けたのがこの書籍である。長い歴史のある南海には、長い本線と高野線のほか、いくつかの支線がある。総営業キロは150キロメートルを超え、駅の数も99を数える。それぞれの線と駅、沿線の風景を拾い上げていく作業は、思いのほかに手間がかかり、時間がかかるものであった。大都市である大阪、堺、そして和歌山については、豊富な写真、資料を見つけることができたが、中間駅となる大阪府下、和歌山県下の市町村では、適したものがなかなか揃わないこともあった。

そんなしばしの悪戦苦闘の末、ようやく1冊にまとめることができたのは、編集スタッフの協力が大きかった。振り返れば、海・山の幸に恵まれた南海沿線の諸都市は、それぞれに個性豊かで、深い歴史にも包まれていた。沿線の自治体のご協力もあり、そこから拾い出せたのはほんのひととき、歴史の一コマかもしれない。そこはご容赦いただきたい。世界に開かれた南海の新しい歴史が始まる年、その序章となるガイドブックのような本として、手に取って見ていただければ幸いである。

2025年1月　生田 誠

contents

【難波駅付近（明治中期）】

南海本線は、難波駅を出ると緩やかにカーブしながら南に向かう。これは阪堺鉄道時代の風景で、難波駅付近も単線だった。難波〜住吉間が複線化されるのは1892（明治25）年12月である。

空港線

多奈川線

加太線

高野線

泉北高速鉄道

懐かしい名車両

イラスト：関 三平

阪堺電車　モ101型

阪堺電車　デト11号

和歌山電鉄　クハ803号

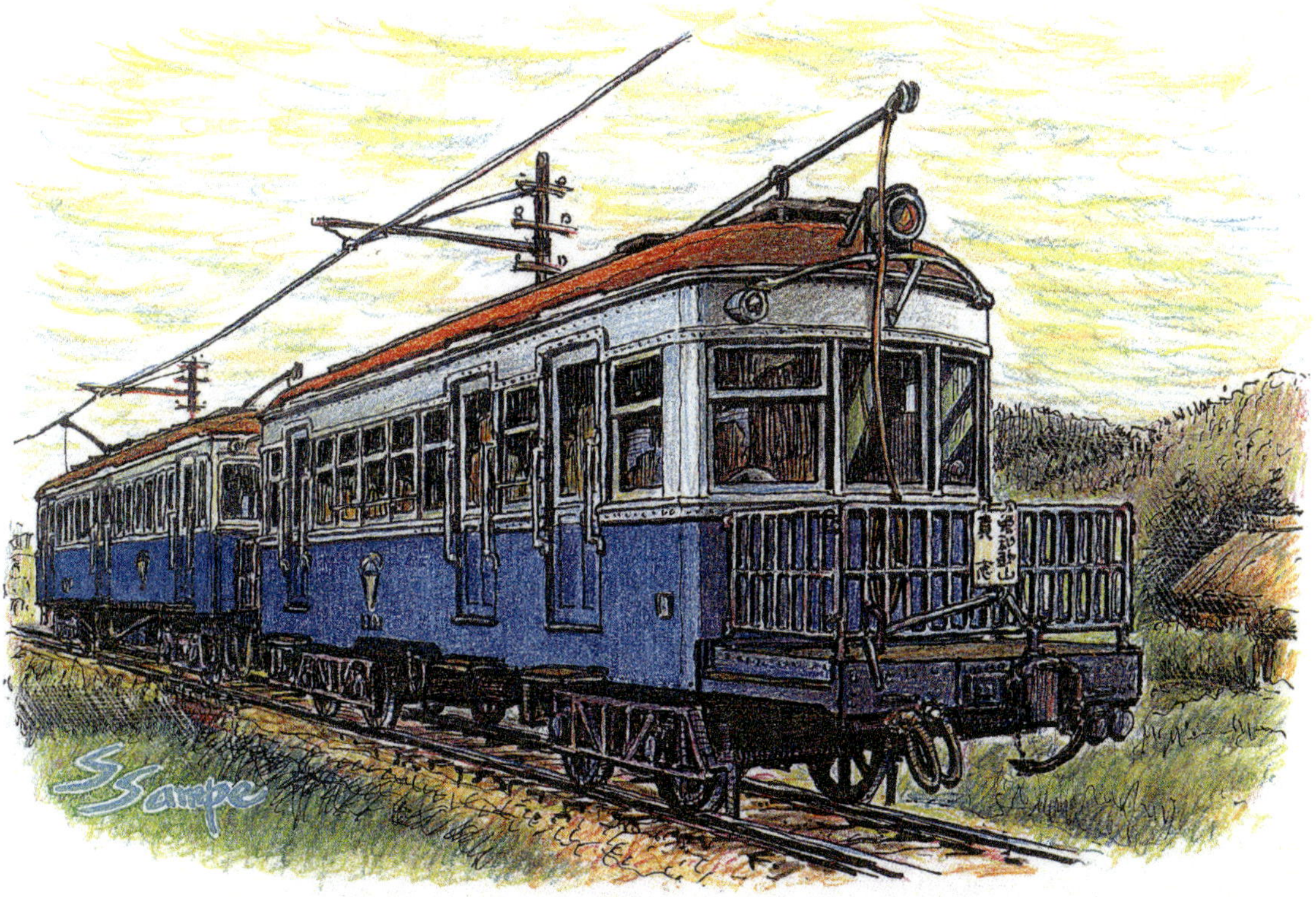

淡路交通モハニ1005号

南海電鉄　モハ1号

南海電鉄貴志川線　205+1827+206編成

加太電鉄　デニホ10号・デニホ51号

南海電鉄　モニ1045号

南海電鉄2001系

南海鉄道　クハ2801型

南海　デニ502号

南海電鉄モハ1251系

国鉄阪和線　クハ6210号

南海電鉄　モハ1501型

阪堺電車　モ501型

南海鉄道　電7系

南海電鉄　クハ1900号

南海鉄道　モハ1556号

南海　11001系

南海　通勤ズームカー22001型

関 三平（せき・さんぺい）

1940（昭和15）年生まれ。“零”日本迷路公団総裁。

鉄道車両デザイナーを目指し大学に入学したが、グラフィックデザインの世界へ転向。

若い頃に「撮り鉄」で撮り溜めた写真を参考に、一つ一つ細かなところまで手書きで色を重ね再現されていく。「少年の頃、夢中になった昔の電車はそれぞれの車両に個性と愛嬌があった」と関三平さんは話す。

グラフィック迷路「迷図」と「昭和の電車」を連作。著書に「脳力を鍛える! 大人の迷路・迷図パラダイス」「アタマの散歩道「迷路」美術館: 大人の遊びのチョモランマ!」「昭和の電車」（保育社）等多数。

沿線鉄道写真

写真解説：山田 亮

特急「こうや」（初代）の極楽橋方先頭に連結されたクハ1900型1900。高野山への観光特急用として1938（昭和13）年に製造された流線形展望制御車。戦時体制のため貴賓車として使用。戦後の1952（昭和27）年から特急こうや号に使用され、1953（昭和28）年からは連結されるモハ1251型３両もオール転換クロスに改造された。塗色はクリームと深緑。1961（昭和36）年、20000系の登場に伴い一般車に改造された。

南海キハ5501型による南紀直通準急「きのくに」難波発車。運転開始日の1959（昭和34）年７月15日に撮影。運転開始から約１か月間は運転士の養成が間に合わず南海線内はモハ2001型で牽引した。
撮影：辻阪昭浩

南海キハ5501型。南紀直通準急の運転初日、難波駅を発車。窓下に「南海」と表示されている。東和歌山で国鉄準急に連結し白浜口（現・白浜）まで運転。
1959（昭和34）年７月15日
撮影：辻阪昭浩

南海モハ1501型1520、国鉄63型と同型で終戦直後の1947(昭和22)～48(昭和23)年に20両が製造。戦前製造のクハと連結して運行された20mの大型車で、後の20m 4ドア車6000系、7000系の登場につながった。
天下茶屋　1959(昭和34)年
撮影：辻阪昭浩

天王寺線(天下茶屋－天王寺間)折返し運転のモハ1551型2両編成。手前はモハ1551型1558。モハ1551型はモハ1201型の電動機を高出力のものに取り替えた車両。同線は1975(昭和50)年の交通公社(JTB)時刻表では10～15分毎と記載されている。画面右側に見えるホーム上の時刻表でも朝夕は10分間隔、デイタイム15分間隔と表示。
天下茶屋
1972(昭和47)年3月3日
撮影：戸城英勝

モユニ1041型1043に牽引されるサハ4801(南紀直通客車)、住ノ江車庫(検車区)に回送されるところ。モユニ1041型は1939(昭和14)年に木造車鋼体化で製造されたモハ1041型1042を1949(昭和24)年に郵便荷物車に改造した車両。モユニ1041型は1041～1043の3両があった。1973(昭和48)年に廃車。
天下茶屋
1972(昭和47)年3月3日
撮影：戸城英勝

11000系６両の特急四国号和歌山港行。先頭はモハ11001型11022。特急四国号は下り方２両が座席指定車で、四国方面への連絡旅客の便をはかった。特急四国号は和歌山港で南海汽船小松島航路に接続し、さらに小松島港から国鉄小松島線に連絡し、徳島、高知方面へのディーゼル列車に接続した。
新今宮
1970（昭和45）年９月21日
撮影：戸城英勝

荷物電車デワ2001型2001。旧高野山電鉄デニ502を1954（昭和29）年に荷物電車に改造した。1972（昭和47）年に廃車。
新今宮
1970（昭和45）年９月21日
撮影：戸城英勝

国鉄天王寺駅構内に乗り入れていた天王寺線。天王寺駅はホーム番号が国鉄と通し番号で19、20番線を南海天王寺線が使用し、ホーム本数が日本一多く20番線は日本最大のホーム番号だった。（1968（昭和43）年から上野駅に20番線ができて並んだ）電車はモハ1551型1560。天王寺線は天下茶屋－今池町間が1984（昭和59）年11月17日限りで廃止、今池町－天王寺間が1993（平成５）年３月31日限りで廃止。
天王寺
1973（昭和48）年５月５日
撮影：戸城英勝

天王寺を発車して今池町に向かう天王寺線モハ1521型の両運転台車両。モハ1521型は1959（昭和34）年から旧形車の機器を流用して製造された車両。釣掛け式だが４ドア、20m車。
天王寺
1973（昭和48）年５月５日
撮影：戸城英勝

天王寺線天王寺－今池町間を単行（１両）で終日折り返し運転をするモハ1521型の両運転台車両。天王寺線は天下茶屋－今池町間が1984（昭和59）年11月17日限りで廃止され、同時に今池町－天王寺間が単線化され、南海本線、高野線とは今池町駅－萩ノ茶屋駅間で徒歩連絡となった。今池町－天王寺間が1993（平成５）年３月31日限りで廃止。
今池町
1973（昭和48）年５月５日
撮影：戸城英勝

モハ1201型と同型のサハ1901型1909。1940（昭和15）年に製造、1971（昭和46）年に廃車。付随車（サハ）だが乗務員ドアがあり、制御車（クハ）化が想定されていた。
住ノ江
1970（昭和45）年10月６日
撮影：戸城英勝

モハ1551型1560を先頭にした南紀直通特急。最後部に南紀直通客車サハ4801（国鉄スハ43型と似ている、車掌室付き）を連結。難波発着の南紀直通客車列車はサハ4801を国鉄紀勢線普通列車に連結し新宮まで運転。往路夜行、帰路昼行で1972（昭和47）年３月改正時に廃止。
堺　1972（昭和47）年３月３日
撮影：戸城英勝

羽衣－高師浜間の高師浜線を行く1521系２両編成。高師浜線は南海本線高架化工事に伴い、2021（令和３）年５月から2024（令和６）年４月までバス代行輸送を行った。終点の高師浜駅は1919（大正８）年開業時の洋風建築で知られる。
羽衣　1994（平成６）年３月
撮影：戸城英勝

羽衣を発車する7100系４両の普通和歌山行。先頭はモハ7101型7162。7100系は1969（昭和44）年から73（昭和48）年にかけて南海本線用として製造された。一段下降窓が特徴。各駅に停まる電車の種別は南海本線では普通であるが、高野線では各停である。その違いは今宮戎、萩ノ茶屋（いずれも高野線だけ停車）に停まるか停まらないかである。
羽衣　1994（平成６）年３月
撮影：戸城英勝

モハ1551型1553を先頭にした和歌山市－難波間の普通電車。モハ1553は1942（昭和17）年製造のモハ1201型1247の電動機を高出力のものに取り替えた車両。２両目はクハ1901型。
撮影：戸城英勝

貝塚に停車中のモハ2017を先頭にしたモハ2001型４両の普通泉佐野行。2001型は1929（昭和４）年から製造された大型車で戦前の南海を代表する車両。ホームには水間線乗換えの表示があるが、貝塚は今でも２面３線の地平ホームで和歌山方に水間鉄道への連絡通路がある。先頭のモハ2001型2017は戦災復旧の名目で1949（昭和24）年に登場した車両。
貝塚
1970（昭和45）年４月５日
撮影：戸城英勝

貝塚に到着する11000系の急行和歌山港行。終点和歌山港で南海汽船小松島航路に接続した。11000系は1954（昭和29）年から製造された２ドア、転換式クロスシートの高性能車。写真の車両は1956（昭和31）年以降に製造された第２次車。正面２枚窓、湘南スタイルの当時の南海を代表する車両で特急、急行に使用された。11000系の一部は1973（昭和48）年の1500Ｖ昇圧時に冷房化され1000系となった。
貝塚
1970（昭和45）年４月５日
撮影：戸城英勝

南海本線淡輪－箱作間を走る7100系急行、このあたりは海岸線で現在では海浜公園が海側にあり、沖合に関西空港がある。
1985（昭和60）年頃
撮影：針谷光宣

南海は貨物列車も多く、南海名物の凸型電気機関車が多数活躍していた。写真の機関車はED5121型の重連で１両目はED5121型5130。ED5130は1922年製のED5101型5101を1951（昭和26）年に鋼体化した車両。和歌山市で国鉄和歌山線と接続し貨車の中継を行っていたため、国鉄の無蓋車が停まっている。
和歌山市
1970（昭和45）年４月５日
撮影：戸城英勝

和歌山市駅に停車する南海11000系の急行。11000系は1954（昭和29）年、（前面非貫通、湘南タイプの第２次車は1956（昭和31）年から）製造され、1973（昭和48）年の1500Ｖ昇圧時に一部が冷房化されて1000系となり四国連絡特急（南海四国ライン）に使用された。和歌山市駅は南海が所有し、ＪＲ和歌山線はホーム１面だけで業務は南海に委託。
1973（昭和48）年
撮影：針谷光宣

和歌山市駅で並ぶ南海7100系、左が急行、右が普通。南海本線の各駅停車は「普通」（今宮戎、萩ノ茶屋通過）で、高野線の「各停」と区別。背後の高島屋和歌山店（ワカヤマ高島屋）は南海和歌山市駅ビルに1973（昭和48）年に開店したが2014（平成26）年８月に撤退。
1976（昭和51）年
撮影：針谷光宣

和歌山港線の終点水軒に到着する1521系２両編成。先頭はクハ3901型3907。和歌山港ー水軒間は2002（平成14）年５月26日付で廃止された（最終運行は５月25日）。廃止直前は和歌山港ー水軒間は１日２往復だった。
水軒　1994（平成６）年４月
撮影：戸城英勝

南海の緩急車（車掌室付き貨車）ワブ501型515。1930（昭和５）年にワブ１型として登場。汐見橋線の起点汐見橋には貨物ホームがあり、貨物取扱いが相当あったことが写真から伺える。南海の貨物輸送は1984（昭和59）年に廃止された。
汐見橋
1970（昭和45）年９月21日
撮影：戸城英勝

汐見橋線汐見橋－岸ノ里間を折返し運転する1521系クハ3901型－モハ1521型の２両編成。汐見橋線は高野線の一部であったが、1985（昭和60）年６月に岸ノ里で分断され、汐見橋－岸ノ里間で折り返し運転になり、この区間は汐見橋線（通称）と呼ばれるようになった。1993（平成５）年４月に高架化に伴い岸ノ里駅は玉出駅と統合されて岸里玉出となり、汐見橋－岸里玉出間の折返し運転になる。
汐見橋　1991（平成３）年頃
撮影：戸城英勝

クハ3901型3904を先頭にした1521系２両の汐見橋－岸ノ里間区間運転電車。背後は阪神高速15号堺線。汐見橋線（正式には高野線の一部）は複線、地上線で、今でも建設時の面影が色濃く残る都会の中のローカル線。
木津川　1993（平成５）年頃
撮影：戸城英勝

通称汐見橋線の木津川駅は島式ホームで構内踏切が残り、かつては貨物ホームがあった。背後の高架は阪神高速17号西大阪線と国道43号。木津川は大阪市内を流れる川（淀川水系）で三重、京都の府県境付近を源流とし関西本線、奈良線、近鉄京都線と交差し京阪本線石清水八幡宮付近で淀川に合流する木津川とは別の川である。電車は1521系２両で手前はモハ1521型1525。
木津川　1993（平成５）年頃
撮影：戸城英勝

高野線帝塚山を通過する21000系、22000系（後部）併結の急行極楽橋行。後部の22000系２両は三日市町で切り離した。現在では特急、一部の快速急行、急行を除き難波－極楽橋間の直通運転は行われていない。
帝塚山　1994（平成６）年
撮影：戸城英勝

モハ1201型1239を先頭にした３両編成。２両目はクハ1801型1804。汐見橋－住吉東間の区間電車。モハ1201型は1935（昭和10）年から製造された18m車両。先頭のモハ1239は1942（昭和17）年製造のクハ1901型1912を戦後の1961（昭和36）年に電動車化してモハ1201型1239にした車両。後に水間鉄道に譲渡。
住吉東
1970（昭和45）年９月21日
撮影：戸城英勝

モハ1201型1232が最後部の住吉東発汐見橋行。モハ1232は戦災復旧の名目で1947（昭和22）年に製造。後に京福電鉄（福井）へ譲渡。２両目のクハ1801型1804は1948（昭和23）年にクハ1881型1887として製造され、1969（昭和44）年にクハ1801型1804と改番。1971（昭和46）年に廃車。
住吉東
1970（昭和45）年９月21日
撮影：戸城英勝

高野線を走るモハ1251型４両の急行極楽橋行。モハ1251型は1938（昭和13）年から高野線用として製造された15m車で、戦後に戦災復旧車の名目で増備された。橋本ー極楽橋間の急勾配に対応した発電制動、回生ブレーキを装備。1970（昭和45）年に22000系に置き換えられた。
堺東
1970（昭和45）年９月21日
撮影：戸城英勝

南海型の凸型電気機関車ED5121型5123。1926（大正15）年製造で、当初は電機５型1022と称した。戦後ED5123と改番された。
堺東
1970（昭和45）年９月21日
撮影：戸城英勝

南海20000系。1961（昭和36）年に登場した20000系はデラックスズームカーと呼ばれ、優れたデザインで人気があった。冬季間運休で、３月からの運転再開に備え試運転中。左は近鉄長野線。
河内長野
1963（昭和38）年２月
撮影：辻阪昭浩

南海モハ1251型1254を先頭にした高野線準急。光線状態から下り電車である。
河内長野付近
1963(昭和38)年12月
撮影：辻阪昭浩

南海の貨物列車　ED5121型5123が牽引、最後部は南海の緩急車。
紀見峠付近の旧線区間
1965(昭和40)年4月
撮影：辻阪昭浩

南海高野線モハ1251型1254先頭の難波－極楽橋間「快速急行」。紀見峠付近の旧線区間。1970(昭和45)年頃まで15mのモハ1251型なども急行に使用された。
1965(昭和40)年4月
撮影：辻阪昭浩

南海高野線デラックスズームカーⅡ世30000系こうや号。1983（昭和58）年に製造され20000系を置き換えた。
下古沢　1985（昭和60）年8月
撮影：山田亮

南海モハ561型565と563。元高野山電気鉄道の1928（昭和3）年製デ100型で戦後にモハ561型になる。
橋本～紀伊清水
1993（平成5）年7月31日
撮影：辻阪昭浩

紀ノ川橋梁を渡るズームカー21000系の高野線急行。橋本で国鉄（JR）和歌山線と接続し大きくカーブして紀の川を渡り高野山方面へ向かう。21000系は1958（昭和33）年から製造された17m、2ドアの車両でセミクロスシート車、ロングシート車の2種類があった。平坦線での高速運転、高野下ー極楽橋間50‰。急勾配の両方に対応しズームカーと呼ばれる。
撮影：戸城英勝

橋本に到着する南海21000系の急行極楽橋行。橋本は国鉄（JR）和歌山線との接続駅で、画面左側は和歌山線。和歌山線は国鉄時代の1984（昭和59）年10月に五条－和歌山間および紀勢本線和歌山－和歌山市間が電化された。（王寺－五条間は1980（昭和55）年３月に電化）
橋本
1993（平成５）年７月31日
撮影：戸城英勝

21000系モハ21001型21003を先頭にした急行難波行。橋本は島式１面２線で、ここで上下列車が交換するダイヤだった。和歌山線ホームから撮影。橋本駅は以前はＪＲ（国鉄）と南海の間には中間改札がなかったが、2011（平成23）年に南海側が橋上駅化され、これを機に改札は分離された。
橋本
1993（平成５）年７月31日
撮影：戸城英勝

南海デラックスズームカー20000系「こうや号」。画面左側が進行方向でモハ20002が先頭のため、座席の向きから下り列車である。紀見峠付近の旧線区間。
1965（昭和40）年４月
撮影：辻阪昭浩

南海高野線21000系と22000系のすれ違い。22000系は1969（昭和44）年から投入された17m 2ドア車で、当初は21000系急行の難波－三日市町間増結用として運行、後に極楽橋への急行にも使用された。
下古沢
1985（昭和60）年８月
撮影：山田亮

極楽橋に到着する新塗装になったズームカー21000系４両編成。写真では３両に見えるが、実際には４両編成である。21000系は1973（昭和48）年の昇圧（600Ｖ→1500Ｖ）時に更新工事が行われ冷房化された。南海では1992（平成４）年から順次新塗装になった。
極楽橋
1993（平成５）年７月31日
撮影：戸城英勝

高野線の終点極楽橋で並ぶ21000系と2000系。21000系車内の特徴である荷物棚下の照明が見える。左側には1990（平成２）年から製造された2000系（先頭はモハ2001型2002）が停車する。17m、２ドアのステンレス車で南海初のVVVF制御。極楽橋からは高野山ケーブル（南海鋼索線）が接続し高野山に向かう。
極楽橋
1993（平成５）年７月31日
撮影：戸城英勝

南海ズームカー21000系の並び、左側が特急「臨時こうや号」で21000系セミクロスシート車を使用。右側にモハ1251型が見える。
極楽橋
1965（昭和40）年８月
撮影：辻阪昭浩

南海鋼索線（高野山ケーブル）手前（極楽橋方）がコ21型21、後方の高野山方がコ11形11。1964（昭和39）年12月から2018（平成30）年まで運行。
1965（昭和40）年８月
撮影：辻阪昭浩

和歌山駅を発車する南海貴志川線（現・和歌山電鐵）の３両編成。先頭は元高野線ズームカーのクハ21201型21201、２両目と３両目はモハ1201型。手前は1978（昭和53）年10月に電化された国鉄（JR）紀勢本線。
和歌山　1982（昭和57）年頃
撮影：戸城英勝

和歌山駅７番線で発車を待つモハ1201型２両編成の貴志川線。貴志川線のモハ1201型は最後の南海スタイル旧形車としてファンに人気があったが1995（平成７）に引退した。貴志川線は2006（平成18）年４月、和歌山電鐵（株）に譲渡された。
和歌山　1982（昭和57）年頃
撮影：戸城英勝

貴志川線を走るモハ1201型２両編成。貴志川線もこのあたりまで来ると緑が多くミカン畑が続く。モハ1201型は1995（平成７）年に引退。貴志川線は2006（平成18）年４月から和歌山電鐵（株）に経営が移管された。現在の同線は南海から譲渡された2270系（南海22000系を改造）で運行。
山東～大池遊園
1982（昭和57）年頃
撮影：戸城英勝

難読駅として知られる貴志川線（現・和歌山電鐵）伊太祈曽（いだきそ）車庫に停まるモハ1201型。ここは前身の和歌山電気軌道時代から車庫があった。現在では伊太祈曽駅検査場、駅プラットホームおよび上屋、付近の西第二橋梁、大池第一橋梁。大池第二橋梁が国登録有形文化財に登録されている。（2014（平成26）年４月指定）
伊太祁曽
1982（昭和57）年頃
撮影：戸城英勝

貴志川線伊太祈曽車庫のモハ1201型と木造の検査場。1975（昭和50）年
撮影：針谷光宣

上町線天王寺駅前「電停」で折り返すモ501型501。モ501型は1957（昭和32）年に製造されたカルダン式駆動、空気バネ台車の高性能車。当時の大阪市電3000型に似ているが、窓が下降式である。天王寺駅前はあべのハルカスの前に位置し、線路は1線折返しで両側にホームがあり乗車用と降車用に分かれている。
撮影：戸城英勝

南海電気鉄道軌道線時代のモ301型307。モ301型はモ151型、モ161型の制御器を戦後に取り替えた車両で形態はモ161形などとほとんど変わらない。軌道線（阪堺線、上町線）は1980（昭和55）年12月1日付で南海電気鉄道から分離し、阪堺電気軌道（株）となった。
撮影：戸城英勝

上町線は阿倍野をでると専用軌道になり、北畠付近から道路上の併用軌道になる。姫松、帝塚山三丁目、帝塚山四丁目付近は大阪屈指の高級住宅街で帝塚山四丁目をでるとふたたび専用軌道になる。電車はモ161型166で天王寺駅前ー住吉公園間の運行系統だが、住吉ー住吉公園間は2016（平成28）年1月31日付で廃止され、現在では上町線は天王寺駅前ー我孫子道間（住吉ー我孫子道間は阪堺線）の運行系統になっている。
撮影：戸城英勝

上町線神ノ木に到着するモ205型224。運行系統は阪堺線に乗り入れ天王寺駅前ー浜寺駅前である。モ205型は1935（昭和10）～47（昭和22）年に木造車の台車、モーターを流用して南海天下茶屋工場で製造された11mの半鋼製車。
撮影：戸城英勝

軌道線（阪堺線）のモ301型306。運転系統は天王寺駅前ー浜寺駅前である。
撮影：戸城英勝

阪堺電気軌道阪堺線の起点、恵美須町に到着するモ701型702。モ701型は1987（昭和62）～95（平成7）年に製造された高性能車両。阪堺線は恵美須町から南海高野線と交差する東玉出付近まで専用軌道である。
撮影：戸城英勝

阪堺電気軌道阪堺線を走るモ351型354。モ351型は1962（昭和37）～63（昭和38）年製造で金属製車体、空気バネ台車でモ501型と似ているが釣掛式駆動である。外観は当時の大阪市電3000型に似ている。阪堺線は恵美須町－浜寺駅前間の運行。
撮影：戸城英勝

今では日本最古の営業用車両である阪堺電気軌道のモ161型162。モ161型は1928（昭和3）～31（昭和6）年に16両が製造された。この電車は上町線天王寺駅前－住吉公園間の運行で、住吉で阪堺線と平面交差して住吉公園（写真左方）に向かう。住吉公園（南海線住吉大社の高架下）－住吉間は200mしか離れておらず、2016（平成28）年1月31日付で廃止。（最終営業は1月30日）
撮影：戸城英勝

阪堺電気軌道モ161型161。2021（令和3）年にクラウドファンディングで資金を集めて大規模修繕工事が行われ、動態保存されている。
撮影：戸城英勝

国鉄和歌山駅前付近を行く南海電鉄和歌山軌道線1000型1004。1000型は1954～55（昭和29～30）年に6両が登場した。和歌山軌道線は1971（昭和46）年3月31日限りで全線廃止された。1970（昭和45）年4月5日
撮影：戸城英勝

南海電鉄和歌山軌道線の321型321。321型は1963（昭和38）年に登場した金属製車体で7両が製造された。軌道線は紀三井寺を経て国鉄海南駅前まで延びていたが、和歌浦口－海南駅前間は1971（昭和46）年1月9日限りで廃止。画面右側に海南駅前降車場の表示がある。
撮影：戸城英勝

和歌山市駅前の南海和歌山軌道線700型702。700型は元三重交通神都線の501型、580型（1929（昭和４）～33（昭和８）年製造）。同線の廃線（1961（昭和36）年）に伴い転入。
撮影：戸城英勝

海南駅前での南海電鉄和歌山軌道線300型311と1000型1004のすれちがい。1000型は1954（昭和29）～55（昭和30）年に登場。1960年代の国鉄紀勢本線は非電化で和歌山（1968（昭和43）年３月に東和歌山から改称）－海南間の普通列車はデイタイム毎時１本程度（所要15分）で、和歌山市の中心部と結ぶ軌道線の利用は多かったが、バス、マイカーへの移行で1970年代の初め（1971（昭和46）年）に廃止された。
1970（昭和45）年４月５日
撮影：戸城英勝

国鉄和歌山駅前で待機する南海電鉄和歌山軌道線の200型203。奥は300型。200型は1930（昭和５）、32（昭和７）年製で300型は1937（昭和12）、38（昭和13）年製。形態はほとんど変わらない。背後に国鉄電留線の架線柱が見える。和歌山駅は1968（昭和43）年３月１日に東和歌山から改称。その１ヶ月前の２月１日に和歌山（和歌山の中心駅で機関区などがあった）は紀和と改称。（南海が所有する和歌山市駅は変わらず）
撮影：戸城英勝

南海本線

NK01

難波《なんば》

中央区・浪速区

開業年 1885(明治18)年12月29日

所在地 大阪府大阪市中央区難波5-1-60

キロ程 難波駅から0.0km

駅構造 高架駅9面8線

乗降客 21万7969人(2023年)※以降同じ

大阪市の中央部を占める中央区。南端には南海の難波駅が置かれている。駅の南側は浪速区であり、JR難波駅も浪速区に位置している。一方で、近鉄・阪神の大阪難波駅は中央区に属し、大阪メトロ御堂筋線・千日前線・四つ橋線の難波駅は、中央区と浪速区に跨って存在している。

これらの駅の中で、南海本線・高野線の難波駅は、最も長い歴史を誇っており、1885(明治18)年12月、阪堺鉄道の駅として開業している。このときに建てられた初代駅舎は3年後の1888(明治21)年2月に焼失したが、同年9月に二代目駅舎が再建。1898(明治31)年10月に南海の駅となり、1911(明治44)年10月に三代目駅舎が誕生した。1932(昭和7)年7月には、高島屋百貨店が入る南海ビルディングが建設されて、四代目駅舎として長く使用されてきた。その後、天下茶屋駅までの高架複々線化の工事が進み、1938(昭和13)年9月に高架複々線化が完成して、始発駅である難波駅は、櫛型ホーム9面8線の巨大な高架駅に進化した。戦後はさらに駅改良工事が進められ、1980(昭和55)年11月に今宮戎駅寄りに0・2キロほど移転している。駅の所在地は中央区難波5丁目で、南側は浪速区難波中となっている。

さて、大阪市の中央区は1989(平成元)年に東区と南区が合併して誕生している。難波駅周辺は旧南区で、明治の大阪4大区のひとつだった南区は、1879(明治12)年に成立している。江戸時代には難波村だったが、そこから難波新地(現在の中央区部分)が市街地化して、難波新地は先に南区の一部となった。残りの部分の難波村は、1889(明治22)年に南区に編入された。その後、1925(大正14)年に難波新地を除く部分で浪速区が新設された。こうした歴史から、南御堂と呼ばれる真宗大谷派の難波別院や難波神社は、北側の本町駅付近にありながらも「難波」と名称が付けられている。難波駅周辺は、大阪の二大繁華街のひとつ、いわゆる「ミナミ」の中心部となっている。

博覧会門前駅

1903(明治36)年3月から7月まで、天王寺今宮で開催された第5回内国勧業博覧会は、入場者約530万人を集めた近代大阪の一大イベントだった。このとき、第一会場に人々を運ぶ手段として大阪市電が開通し、関西鉄道(現・JR関西本線・大阪環状線の東部)とともに、南海鉄道(現・南海)も会場付近に仮駅を設けて対応した。南海の博覧会門前駅は、難波駅から約1・2キロの地点に置かれており、現在の今宮戎駅付近にあったという。この駅は同年2〜8月の短期間の仮駅だったが、博覧会の第二会場が堺・大浜公園の水族館だったことにより、2つの会場を結ぶ交通手段として多くの来場者に利用された。

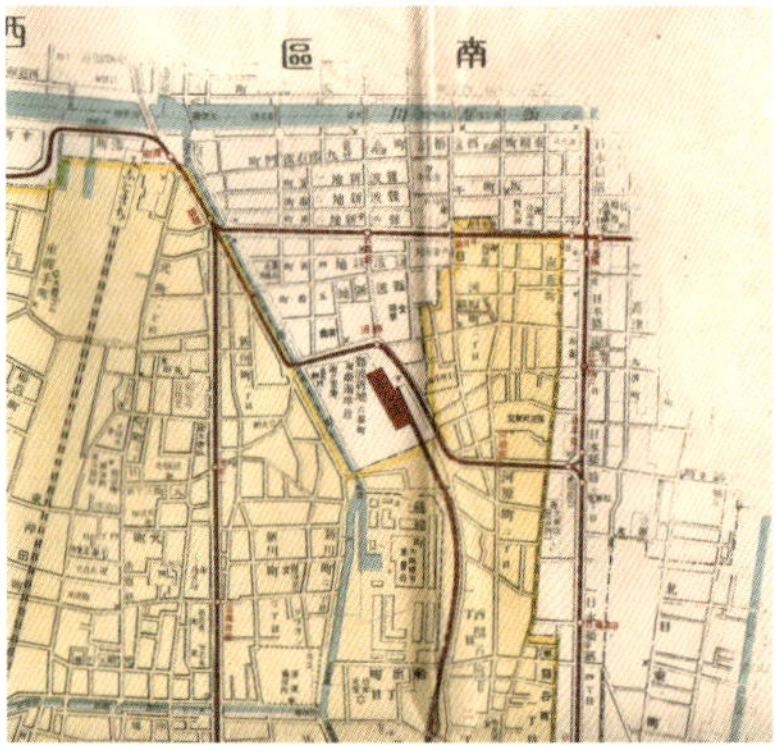

【最新浪速区地図(部分)(難波駅付近、明治後期)】
明治後期の浪速区の地図で、難波駅の西側には難波入堀川(新川)が流れている。駅の住所は難波新地六番地で、南側に大阪地方専売局があり、その南西に浪速区役所が置かれている。一方、北側には精華小学校と(南地)演舞場が存在している。精華小学校は1995(平成7)年に閉校。跡地はエディオンのなんば本店となっている。

【難波駅(明治後期)】
装飾の付いた屋根が美しい南海の難波駅の前を大阪市電が走っている。駅前にはパラソルを差して歩く女性らが見え、多くの人力車が集まっている。駅前の看板には「汽車のりば」と書かれて、沿線の地名が添えられている。

【千日前(昭和戦前期)】
角店に「鰻まむし喜楽」の看板が見える千日前の賑わいの風景。左は近代的なビルの映画館に変身した常盤座である。

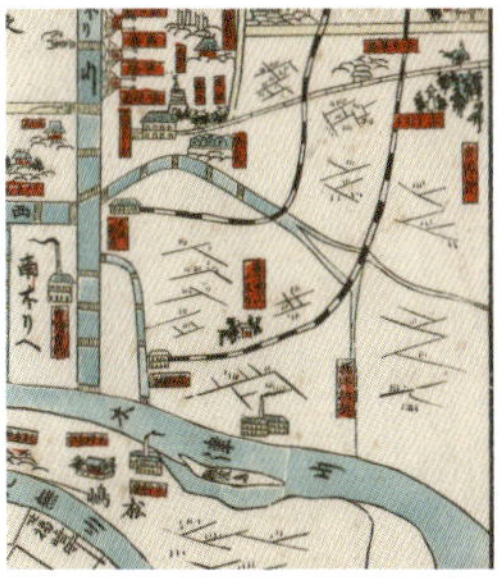

【大阪名所案内(明治中〜後期)】
木版多色刷で発行された明治期の大阪名所案内。難波付近からは、上から南海鉄道、大阪鉄道(現・JR)、高野鉄道の路線が延びている。

【難波駅(明治後期)】
難波駅の駅舎の壁には、「南海鉄道」の文字、社章とともに、難波〜和歌山市間を急行列車が2時間で結んでいること、沿線の観光地である浜寺公園、和歌の浦などの代表的観光地が書かれている。駅前の商店には仁丹の大きな看板が見える。

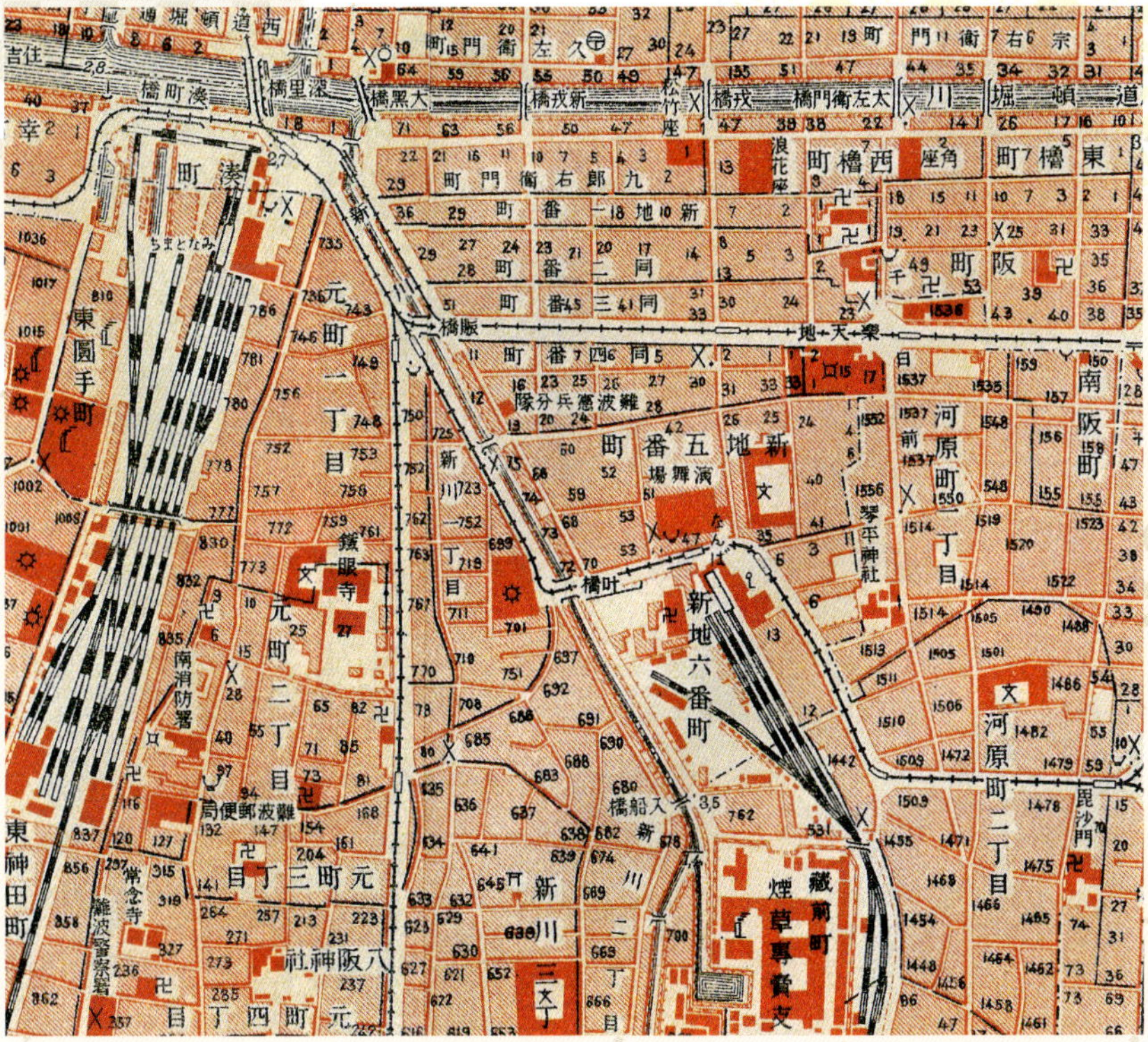

古地図探訪

◎難波駅付近(昭和4年)

戎橋、太左衛門橋などが架かる道頓堀川の南側、(難波)新地六番町に置かれている南海の難波駅。このときは規模が小さく、まだ高島屋百貨店が入る南海ビルは誕生していない。駅の南側の蔵前町には煙草専売支局があり、北側には(南地)演舞場が存在していた。一方、西側に置かれている国鉄の湊町駅は、明治期に比べるとホームなどが増加・拡大しているように見える。

大阪高島屋と南海サウスタワービル

江戸時代、京都で創業した高島屋は、1898（明治31）年に大阪に進出し、心斎橋に店を構えた。1922（大正11）年には長堀橋に百貨店形式の新店舗を開店。1930（昭和5）年には、南区の難波新地に新しい店舗を設けた。これが現在の南海ビルにある大阪本店で、当初は一部の開店だったが、1932（昭和7）年に全館がオープンした。1939（昭和14）年には長堀店を統合して、大阪店（なんば高島屋）と名称を改めている。2011（平成23）年には増床・改築が完成し、グランドオープンしている。

【高島屋大阪店】
南海の難波駅と一体化されている高島屋大阪店。

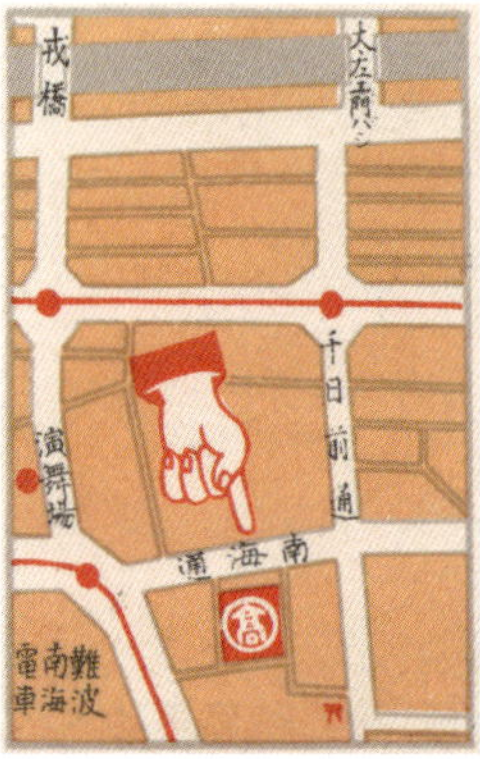

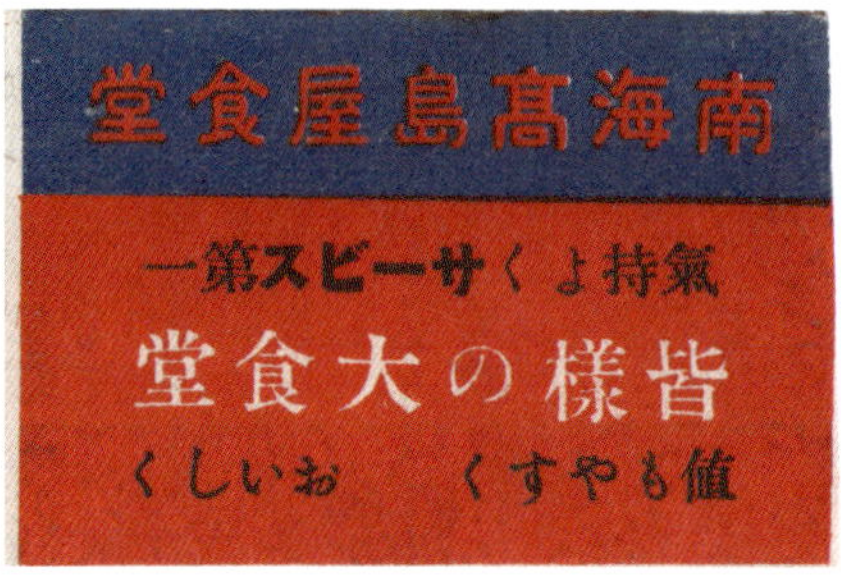

【高島屋マッチラベル（昭和戦前期）】
高島屋大阪店は長堀橋から難波に移り、南海の駅と同居することになる。ターミナル・デパートとなった高島屋は、大食堂などの施設を充実させて多数の買い物客を店に引き寄せた。ここでは同店が顧客に配った、モダンなマッチラベルを集めてみた。

南海駅の難波駅は、高島屋大阪店の南側に位置し、ホーム・改札口は3階に置かれている。1980（昭和55）年には南海ビルの南側に大型商業施設「なんばCITY」が開業。さらに1990（平成2）年の改築により、難波駅の上に地上36階建ての南海サウスタワービルが建設された。ここには、グループ会社の南海サウスタワーホテル大阪（現・スイスホテル大阪南海）が入っている。

大阪球場

大阪球場（大阪スタヂアム）は、かつての人気プロ野球チーム、南海ホークスの本拠地で、読売ジャイアンツとの日本シリーズをはじめとする数々の名勝負が演じられた場所である。1950（昭和25）年、戦前からの中百舌鳥球場に代わる本拠地として、難波の地に開場した。収容人員は3万2000人で、両翼84メートル。観客席の下にテナントを入れたため、スタンドは急傾斜となり、すり鉢球場とも呼ばれた。翌年（1951年）には関西では初めて夜間照明設備が設置され、ナイター試合が開催

【高島屋サロン大食堂（昭和戦前期）】
高島屋大阪店の7階にあったサロン大食堂。1938（昭和13）年に開設され、当時は東洋一の大食堂といわれた。

【南海高島屋（昭和戦前期）】
大阪における高島屋の旗艦店として開店した高島屋難波店。南海の難波駅と一体化していることで、南海高島屋と呼ばれていた。壁面には「毎日のお買い物は南海高島屋で」という垂れ幕が見えている。

された。この後、名将・鶴岡一人監督のもとで南海ホークスは黄金時代を迎え、1951（昭和26）年から1953（昭和28）年にかけての3年連続で、大阪球場で南海対巨人の日本シリーズが開催された。この後も、黄金期だった南海は、パ・リーグで優勝を重ねて、大阪球場は大いに沸き上った。

　その後、南海ホークスは常勝軍団ではなくなり、1988（昭和63）年、経営母体が変わったことで、チームはダイエーホークスと変わり、本拠地も福岡に移転した。球場施設はそれまでもオフシーズンなどにはプロレスの試合、音楽コンサートの会場として使用されていた。また、スタンド階下はアイススケートリンク、ウインズ難波、卓球場、古書店街などとして利用され、球場としての性格は薄れていった。しかし、施設は老朽化し、1998（平成10）年、さよならイベントが行われた後に球場は解体。跡地には2003（平成15）年に大型商業施設「なんばパークス」が誕生した。隣接する場所には、地上46階のザ・なんばタワーが誕生している。

【大阪球場（昭和戦後期）】
「祝ホークスナイトウイーク」の看板が壁面に見える大阪球場。広告のシスコキャラメルの「シスコ」は、シスコ製菓（現・日清シスコ）の製品で、名称は米・サンフランシスコから採られている。

【大阪球場（昭和戦後期）】
ナイター試合が開催されている大阪球場のグラウンド。すり鉢型スタンドの上には、シスコーンのほかにも、懐かしい前田クラッカーの看板も見える。

地下鉄難波駅

日本で二番目の地下鉄となる、現・大阪メトロの御堂筋（市営地下鉄1号線）線は、1933（昭和8）年5月に梅田～心斎橋間が開業。2年後の1935（昭和10）年10月に難波駅まで延伸した。さらに南のターミナル、天王寺駅まで至るのは、1938（昭和13）4月である。この難波駅（地下）周辺には、1957（昭和32）年、大阪初の地下街である「ナンバ地下センター」がオープンする。この地下街は、「ナンバなんなんタウン」、「NAMBAなんなん」と名称を変えながら、地元民に親しまれてきた。

御堂筋線の単独駅だった難波駅

【大阪市電気局100形電車(1935年)】
地下鉄御堂筋線の開業に合わせて造られた大阪市電気局の100形電車。大阪市高速電気軌道全通記念のスタンプが押されている。

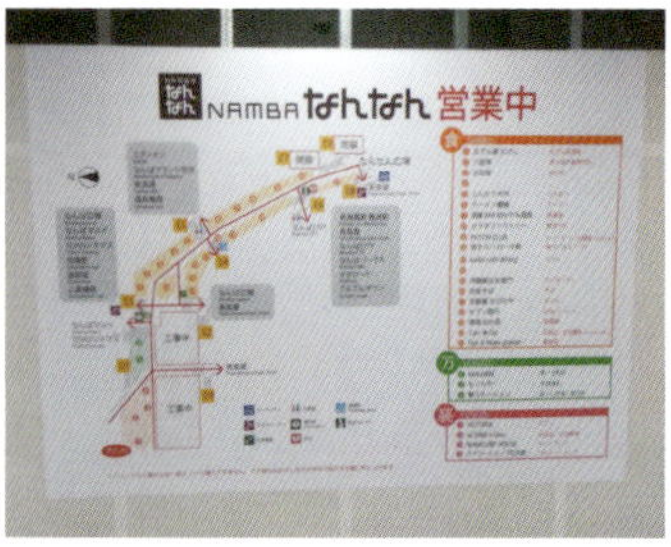

【NAMBAなんなんの案内板】
改装工事中を示す難波なんなんの案内板。

【地下鉄の難波駅
(昭和戦前期)】
緩やかにカーブしている地下鉄1号線(現・御堂筋線)の難波駅。1935(昭和10)年に心斎橋～難波間が延伸し、この難波駅が開業した。

【湊町駅前(明治後期)】
現在はJR難波駅に改称している関西本線の起終点駅、湊町駅の駅前風景。駅前では四つ橋筋と千日前通りが交わり、多くの大阪市電がやって来た。

【御堂筋線の電車（昭和戦前期）】
1938（昭和13）年に難波～天王寺間が延伸する前まで、御堂筋線の電車は梅田～難波間で運転されていた。

だが、１９６５（昭和40）年10月、西側の四つ橋筋に四つ橋（市営地下鉄3号）線が開通し、難波元町駅が開業した。１９７０（昭和45）年3月には、東西を結ぶ千日前通を走る千日前線が開通して2つの駅が結ばれ、3線の駅がすべて「難波」の駅名となった。

なんなんタウン（なんば地下センター）

１９５７（昭和32）年、大阪で初の地下街として誕生した「ナンバ地下センター」。現在の大阪メトロ御堂筋線（当時・1号線）しか通っていなかった時代、ミナミで唯一、雨や雪の日でも快適に買い物ができる地下商店街として注目された。その後、１９７４（昭和49）年に「ナンバなんなんタウン」と改称。大阪ミナミのターミナル駅として成長を続ける難波駅とともに、商店街も発展してきた。２００６（平成18）年の全面リニューアルにより、新たな名称「ＮＡＭＢＡなんなん」に。２０２５（令和7）年の関西万博に向けて、さらなるリニューアルが行われている。現在は、大阪地下街株式会社が運営し、難波駅付近には、同社が運営する「なんばウォーク」（旧・ミナミ地下センター、虹のまち）も存在している。

【なんばウォーク地上出入口】
エスカレーターが付けられているなんばウォークの地上出入口。

【NAMBAなんなんの案内板】

【難波駅付近の空撮(1959年)】
難波の街に圧倒的な存在感を示していた頃の大阪球場(スタヂアム)。中百舌鳥球場を本拠地としていた南海球団(ホークス)が1950(昭和25)年、新しいフランチャイズとして難波駅の南側に建設した。1950～60年代は南海ホークスの黄金時代で、パ・リーグで優勝を重ねて、セ・リーグの覇者となっていた読売巨人軍(ジャイアンツ)との間で日本シリーズを争い、大阪球場でも名勝負が繰り広げられた。
撮影：朝日新聞社

南海本線

NK02

今宮戎《いまみやえびす》

浪速区

開業年 1907(明治40)年10月5日

所在地 大阪府大阪市浪速区敷津東3-2-11

キロ程 難波駅から0.9km

駅構造 高架駅1面2線

乗降客 1464人

新年の行事のひとつ「十日戎」(1月9～11日)が行われる際、大いに賑わいを見せるのが次の今宮戎駅である。その名の通り、今宮戎神社の最寄り駅で、1907(昭和40)年10月に開業した。当初の駅名は「恵美須」で、1915(大正4)年7月に現在の駅名に改称した。駅の構造は、島式ホーム1面2線の高架駅で、所在地は浪速区敷津東3丁目である。現在は、南海本線のすべての列車は通過し、高野線の各駅停車のみが停車する。

地図を見れば明らかなように駅の東側、堺筋を越えた一帯には新世界の街が広がり、大阪のシンボルタワー・通天閣がそびえている。現在の通天閣は二代目で、1956(昭和31)年に完成した。また、初代の通天閣は1912(明治45)年から1943(昭和18)年まで存在した。初代の塔は、一帯に広がっていた遊園地「新世界ルナパーク」のメイン・タワーであり、当初はもうひとつの塔である、ホワイトタワー(白塔)との間がロープウェイで結ばれていた。しかし、ルナパークは大正時代に閉鎖され、この地域は興行街・歓楽街に姿を変えていく。戦後、戦災で荒廃した新世界のイメージは一時、下落したものの、映画やドラマの舞台となったこともあり、再び賑わいを増していった。レトロな雰囲気が残る街は、若者や外国人に注目されるようになり、現在はインバウンドの旅行客が注目し、訪れる街となっている。

今宮戎神社

大阪を代表する商売繁盛の神様として崇敬されてきた今宮戎神社。最も近い鉄道駅は、西側にある南海の今宮戎駅だが、東側の堺筋には大阪メトロの恵美須町駅、さらには阪堺電気軌道の始発駅(停留場)、恵美須町駅があり、神社の周囲には「戎本町」「恵美須西」「恵美須東」の地名が広がっている。神社の所在地は恵美須西1丁目、通天閣の所在地は恵美須東1丁目である。この地域の発展は、神社の歴史と深く結びついてきた。

創建は飛鳥時代の600(推古天皇8)年。四天王寺の西方の守護神として、聖徳太子が建立したといわれる。江戸時代初期には豊臣秀頼が社殿を寄進し、元禄時代からは十日戎の祭事も始まった。古い社殿は1945(昭和20)年の大阪大空襲で焼失し、現在の本殿・拝殿は1956(昭和31)年に再建された。主祭神は天照皇大神、事代主神(えびす)ほかである。

【初代の通天閣】
1912(明治45)年に誕生した初代の通天閣。パリの凱旋門の上にエッフェル塔を乗せた外観で、高さは当時、東洋一の75メートルだった。

【二代目通天閣】
戦後の1956(昭和31)年に再建された二代目通天閣。高さは初代をしのぐ108メートルとなった。

【今宮戎神社】
「えべっさん」の顔のイラストの提灯が並ぶ今宮戎神社の門前。

【今宮戎神社】 縁起物の福笹が揺れる「十日戎」の宵戎（夜）の風景。

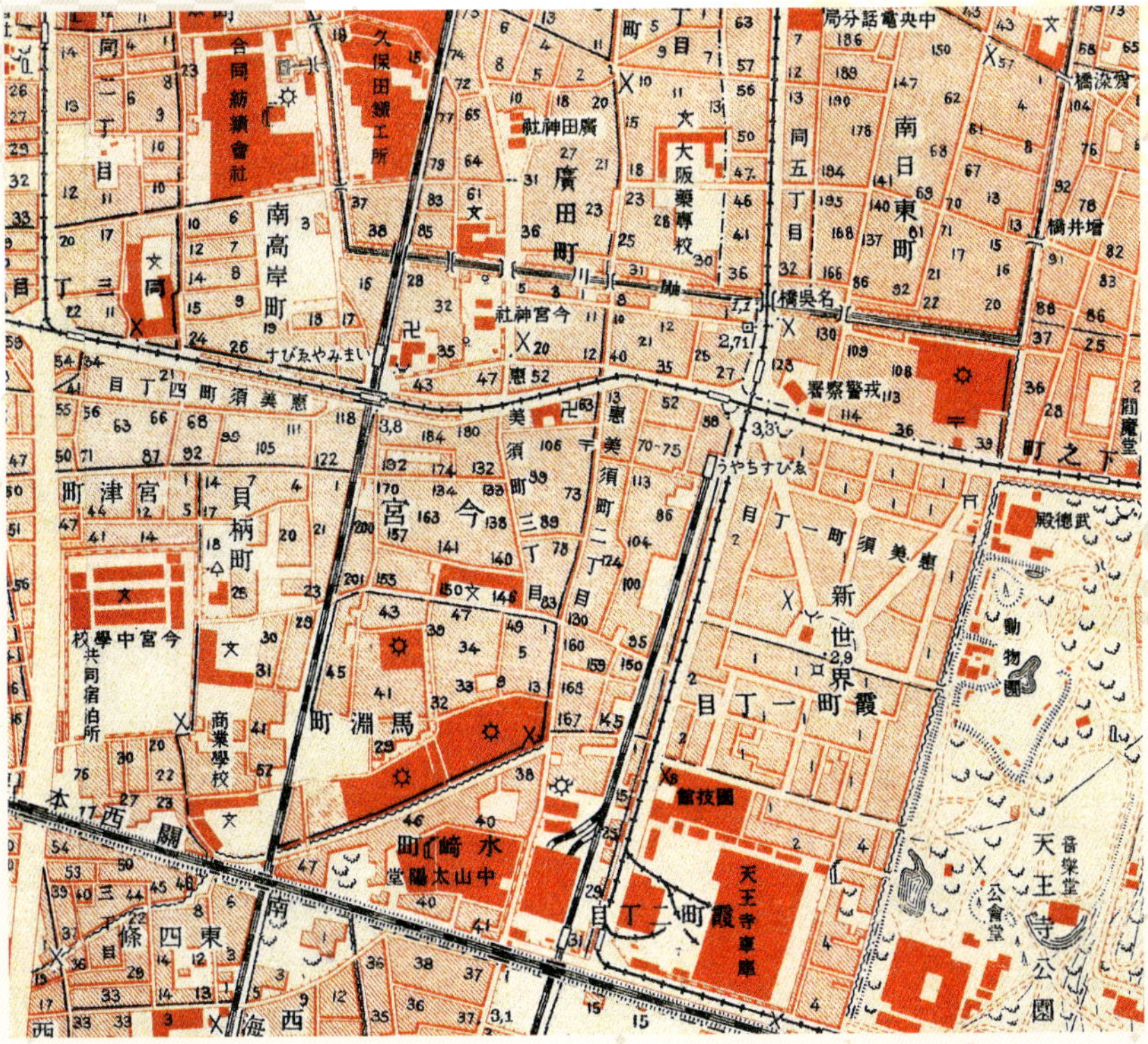

古地図探訪

◎今宮戎駅付近（昭和4年）

北東に廣田神社、今宮神社（今宮戎）が鎮座している今宮戎駅付近の地図である。現在は阪神高速1号環状線が通り、周辺の風景は大きく変わっている。久保田鉄工所の跡地はZepp Namba（ゼップ難波）に変わっている。地図の右下、大きな面積を占めているのは通天閣を中心にして、きれいに区画整理されている新世界と、その東側に広がる天王寺公園である。南側には市電の天王寺車庫がある。

NK03
NK04

新今宮《しんいまみや》、萩ノ茶屋《はぎのちゃや》

西成区

新今宮
開業年　1966（昭和41）年12月1日
所在地　大阪府大阪市西成区萩之茶屋1-2-24
キロ程　難波駅から1.4km
駅構造　高架駅3面4線
乗降客　9万1096人

萩ノ茶屋
開業年　1907（明治40）年12月20日
所在地　大阪府大阪市西成区萩之茶屋3-5-38
キロ程　難波駅から2.0km
駅構造　高架駅1面2線
乗降客　1361人

難波駅を出た南海線（本線・高野線）は、やがてJR大阪環状線の上を超えて進むことになる。交差する場所に置かれているのが新今宮駅である。JRにも同名の駅が存在するが、このあたりは浪速区と西成区の境界であり、JR駅は浪速区、南海駅は西成区に置かれている。南海駅の所在地は西成区萩之茶屋1丁目で、高野線の隣駅である萩ノ茶屋駅は同地区の萩之茶屋3丁目に存在している。また、阪堺電気軌道の新今宮駅前停留場は萩之茶屋1丁目にある。

この3つの駅・停留場では、阪堺の開通・停留場設置が最も早く、1911（明治44）年12月に南霞町停留場として誕生している。その後、1915（大正4）年に南海に譲渡された後、1980（昭和55）年に分社化された阪堺の所属となり、2014（平成26）年に現在の名称（新今宮駅前）となっている。JRの新今宮駅の開業は、1964（昭和39）年3月である。

南海の新今宮駅は1966（昭和41）年12月に国鉄（現・JR）駅との乗換駅として設置された。駅の構造は、島式・相対式3面4線のホームをもつ高架駅で、JR駅の西側に位置している。「新今宮」という地名・駅名は、「新＋今宮」という成り立ちである。

新今宮駅の周辺には、今宮を冠した学校、施設が多数存在している。例を挙げれば、駅の北西には今宮高校、西には今宮工科高校、南西には今宮中学校がある。

新今宮駅からわずか0・6キロ。次の萩ノ茶屋駅は西成区萩之茶屋3丁目に置かれている。地名・駅名の由来は、かつてこのあたり（住吉街道）に「萩の茶屋」と呼ばれる茶屋が存在したことによる。駅の開業は1907（明治40）年12月で、戦前の1938（昭和13）年8月に高架駅となっている。駅・ホームの構造は島式1面2線である。南海本線の駅ではあるが、1970（昭和45）年11月以降、高野線の各駅停車のみの停車駅となっている。約200メートル離れた東側には阪堺電気軌道の今池停留場、同様の距離の南西には大阪メトロの花園町駅が置かれている。

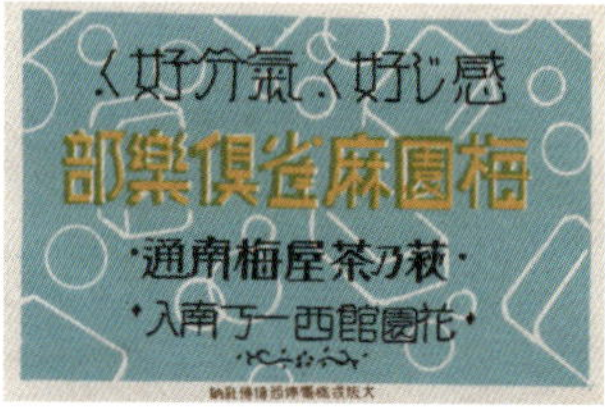

【萩ノ茶屋駅付近のマッチラベル（昭和戦前期）】
地名・駅名が示唆するように、人々が集まる場所であった萩ノ茶屋駅付近のマッチラベル。洒落たデザインのもの3種。

【新今宮駅ホーム】
大阪環状線との連絡駅となっている新今宮駅のホーム。本線、高野線の全列車が停車する。

右下駅舎写真：上から新今宮駅、萩ノ茶屋駅

【新今宮駅付近の空撮】
大阪環状線と南海線が立体交差している新今宮駅付近を空から見た風景。

【OMO7大阪by星野リゾート】
2022（令和4）年にオープンしたOMO7大阪by星野リゾート。

【甘党・喫茶ハマヤ】
萩ノ茶屋駅付近の高架下で見つけたレトロな雰囲気の喫茶店「甘党・喫茶ハマヤ」。

【萩之茶屋本通商店街】

古地図探訪

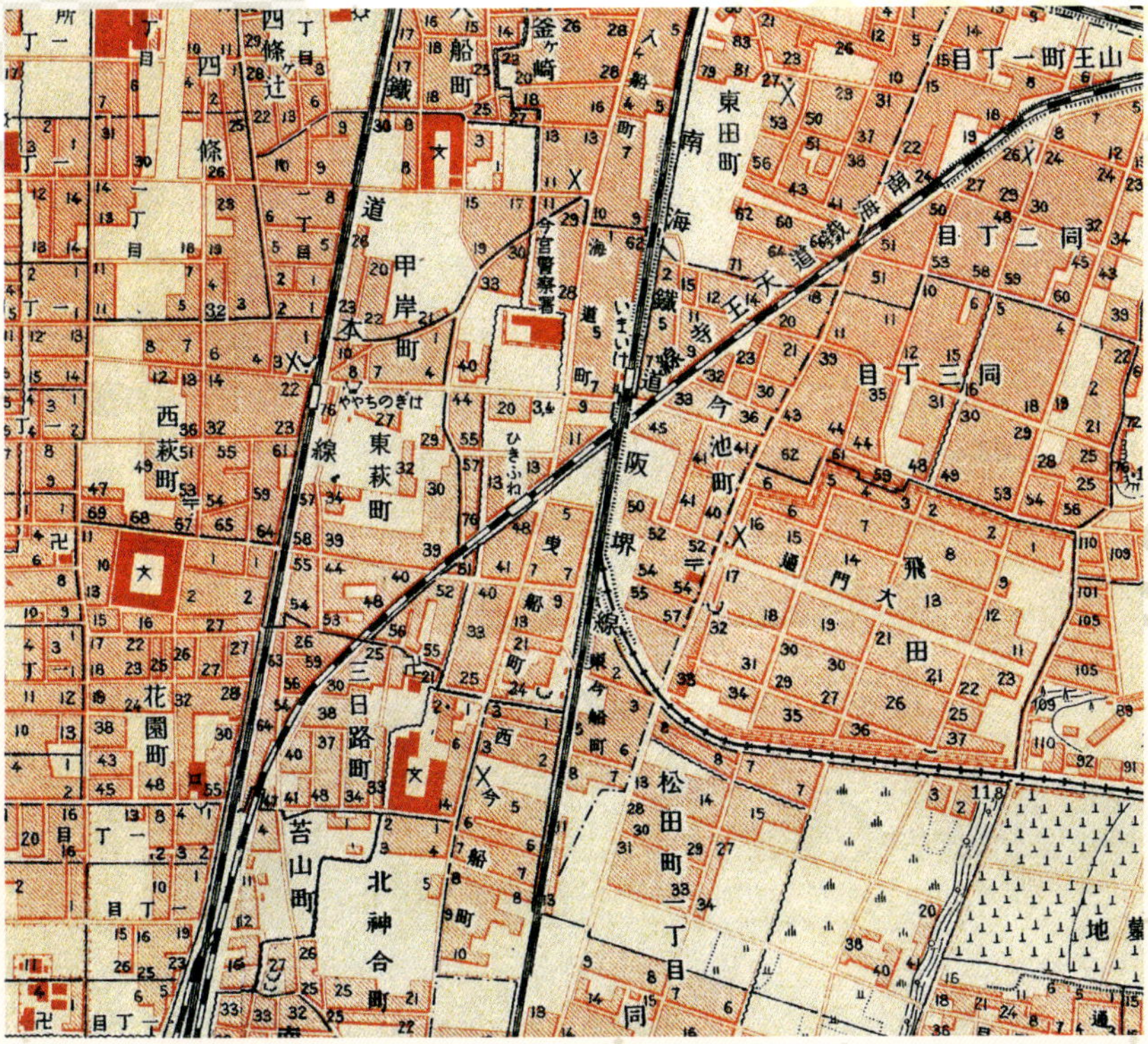

◎新今宮駅付近（昭和4年）

南海本線と阪堺線が南北に走る中、この当時は天下茶屋駅から分岐する南海の天王寺支線が斜めに延びていた。南海本線には萩ノ茶屋駅が置かれている。一方、阪堺線には今池駅（停留場）が存在しているが、今船駅（停留場）は1980（昭和55）年の開業のため、この地図には記されていない。萩ノ茶屋駅と今池駅との中間付近に見える今宮警察署は現在、西成警察署となっている。

NK05
NK06

天下茶屋、岸里玉出

てんがちゃや、きしのさとたまで

西成区

天下茶屋
開業年　1885(明治18)年12月29日
所在地　大阪府大阪市西成区岸里1-1-9
キロ程　難波駅から3.0km
駅構造　高架駅3面4線
乗降客　7万2088人

岸里玉出
開業年　1993(平成5)年4月18日
所在地　大阪府大阪市西成区玉出東1-1-17
キロ程　難波駅から3.9km、汐見橋駅から4.6km
駅構造　高架駅4面5線
乗降客　6706人

天下茶屋駅は、南海線の中で最も歴史の古い駅のひとつ。「天下茶屋」という地名・駅名は、太閤・豊臣秀吉が住吉大社の参詣の途中に、この地にあった茶屋に立ち寄り、千利休に茶をたてさせたことによる。名水を使った茶の味に秀吉が感動・絶賛したことで、「殿下茶屋」「天下茶屋」の名が生まれたという。この茶屋は、利休の師・武野紹鷗が茶室を建て、「紹鷗の森」と呼ばれた場所の西側にあり、秀吉の時代に楠正行の子孫が茶の店を出していた。その後、江戸初期の1609(慶長14)年にこの付近で天下茶屋の仇討があり、歌舞伎などとなったことで、その名が日本中に広まった。もともとは摂津国西成郡勝間村で、勝間新家という場所だったが、後に東成郡天王寺村に編入された。明治維新後、天下茶屋周辺は大阪市の郊外別荘地となり、住宅地が広がっていく。天王寺村、西成区今宮村(後に町)、勝間村(後に玉出町)は1925(大正14)年に大阪市に編入された。もともと東成郡だった部分は住吉区、西成郡だった部分は西成区となっている。

天下茶屋駅は1885(明治18)年12月、阪堺鉄道の駅として開業している。1898(明治31)年10月に南海鉄道の駅となり、1900(明治33)年10月に天王寺線の分岐点となった。1901(明治34)年に車庫(後に移転)、1903(明治36)年に工場が誕生している。天下茶屋工場は1982(昭和57)年に廃止されて、千代田工場に移転した。駅の所在地は西成区岸里1丁目である。

次の岸里玉出駅は西成区玉出東1丁目に置かれている。1900(明治33)年9月、高野鉄道の勝間駅として開業。1903(明治36)年2月、阿部野駅と改称した。一方、南海鉄道は1907(明治40)年10月、玉出駅を開業し、1913(大正2)年7月に天下茶屋～玉出間に岸ノ里駅を加えた。1925(大正14)年2月、岸ノ里駅と阿部野駅を統合して岸ノ里駅に。1993(平成5)年4月、南海本線の高架化に伴って、さらに岸ノ里駅と玉出駅を統合して、現在の岸里玉出駅が誕生した。駅の構造は4面5線のホームをもつ高架駅で、南海本線と高野線(汐見橋線)を利用することができる。

天王寺支線

天下茶屋駅と天王寺駅の間を結んでいた南海の天王寺支線は、1900(明治33)年10月に開業した。当時の天王寺駅(現・JR)は、大阪鉄道(後の関西鉄道)の駅であり、東海道本線の大阪駅との間を結んでいた(現・大阪環状線の東側の路線)。南海の列車は天下茶屋駅を経由して、この支線と大阪鉄道線を通り、大阪駅に乗り入れることができた。天王寺支線の全長は

【阿部野神社(昭和戦前期)】
後醍醐天皇のために戦った南朝方の武将、北畠顕家とその父である北畠親房を祀る神社。創建は明治維新後の1882(明治15)年である。

【夫婦池、天下茶屋遊園地(大正期)】
現在の阿倍野区橋本町にあった天下茶屋遊園地の夫婦池。明治中期に橋本兄弟が開発した公園で、料亭などがあった。この池は鯨池ともいわれたか。

右下駅舎写真：上から天下茶屋駅、岸里玉出駅

わずか2・4キロで、途中駅は曳舟駅、今池町駅、大門通駅、飛田本通駅の4駅だった。今池町駅では今池町停留場と平野停留場を結ぶ南海平野線（軌道線）と連絡していた。

その後、1961（昭和36）年4月に天王寺～西九条間（西側）が開業して、大阪環状線の全線が開通。さらに1966（昭和41）年12月、南海本線に新今宮駅が開業して、南海線と国鉄線との乗り換えが便利になると、天王寺支線の役割が低下して乗客数が大きく減少した。1984（昭和59）年11月には天下茶屋～今池町間が廃止。1993（平成5）年4月に今池町～天王寺間も廃止されて、天王寺支線は姿を消した。

【天下茶屋付近、立体交差（明治後期）】
南海本線と高野登山鉄道（現・南海高野線）は、天下茶屋駅付近（現・岸里玉出駅付近）で立体交差している。下を走る南海本線は既に電車が走り、1901（明治34）年には3線化されていた。上を走る高野登山鉄道（1907年までは高野鉄道）は、汽車が牽引する列車が走っている。

【芽木邸（大正期）】
天下茶屋に茶店を開いた芽木家は、この土地の富豪となり立派な屋敷を構えた。芽木邸には紀州藩主ら参勤交代の大名も宿泊したという。しかし、芽木邸は大阪大空襲で焼失し、跡地はマンション、住宅に変わった中、一部は大阪市により顕彰史跡天下茶屋跡として整備されている。

古地図探訪

◎天下茶屋・岸ノ里駅付近（昭和4年）

大阪市内を南下してきた南海本線、高野線、阪堺線は、やがて岸ノ里（現・岸里玉出）駅付近に集まってくる。一方、北側では南海本線に天下茶屋駅、阪堺線に東天下茶屋駅（停留場）があり、地図外の西には高野線の西天下茶屋駅が存在している。このあたり一帯に広がっている「天下茶屋」の地名だが、もともとの茶屋は現在の岸里東2丁目にあったといわれ、現在も「天下茶屋北」と「天下茶屋東」の地名が存在している。

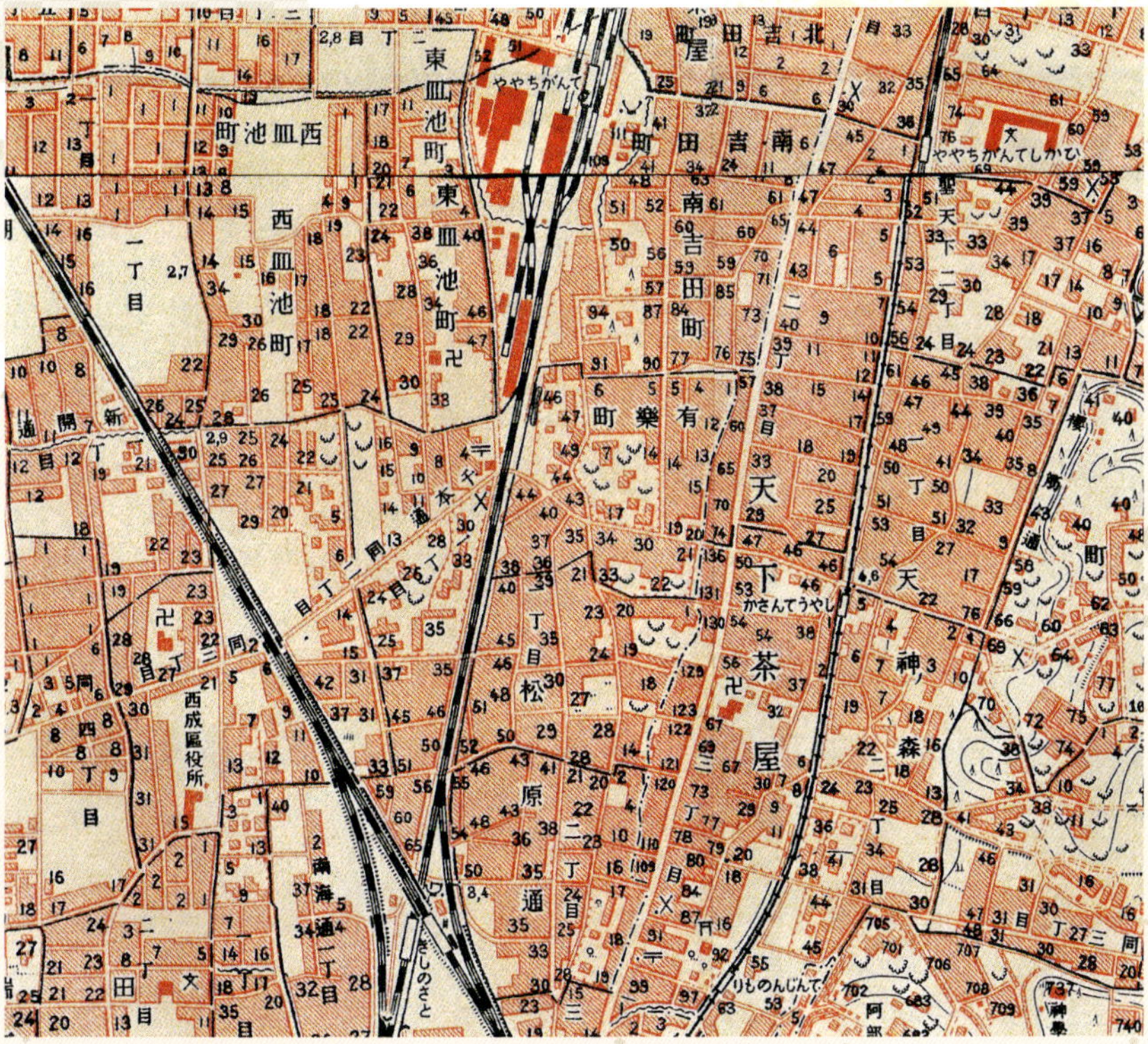

NK07
NK08

粉浜、住吉大社

こはま、すみよしたいしゃ

住吉区

粉浜
開業年　１９１７（大正６）年４月21日
所在地　大阪府大阪市住吉区東粉浜３-23-25
キロ程　難波駅から５・１km
駅構造　高架駅２面４線
乗降客　４０１３人

住吉大社
開業年　１９１２（明治45）年２月17日
所在地　大阪府大阪市住吉区長峡町３-14
キロ程　難波駅から５・７km
駅構造　高架駅２面４線
乗降客　７８６６人

粉浜駅と住吉大社駅は住吉区の北東に位置し、このあたりでは南海本線は住之江区との境界上を走っている。粉浜駅は１９１７（大正６）年４月に開業、現在は島式２面４線の高架駅となっている。駅の所在地は住吉区東粉浜３丁目である。駅周辺は古くからの住宅地である。

「粉浜」という地名・駅名は、昔このあたりが海岸で、住吉大社の式年遷宮のための木材を置く浜（木浜）だったことに由来する。また、染色のための砂（粉）の採れる浜（粉浜）だったという説もある。江戸時代から続く西成郡の中在家村、今在家村が１８８６（明治19）年に粉浜村となり、１９２５（大正14）年に大阪府に編入された。当時は西成区の所属だったが、後にほとんどが住吉区に変わり、１９７４（昭和49）年に住之江区が誕生し、両区に分かれた。粉浜駅の東側、住吉区北西部から阿倍野

【住吉大社前、阪堺線（大正期）】
住吉大社の鳥居前で交差している、阪堺線の電車。南海本線の東側を走る阪堺電気軌道の阪堺線は1911（明治44）年に開通している。阪堺線は、住吉大社の前に住吉鳥居前停留場を置いている。

【住吉公園（昭和戦前期）】
現在は住之江区浜口東1丁目に存在する大阪府営の住吉公園。1974（昭和49）年の分区前には住吉区に含まれていた。もともとは住吉大社の境内であり、1873（明治6）年の開園時には現在以上の面積だった。

右下駅舎写真：上から粉浜駅、住吉大社駅

区南西部までの一帯は、帝塚山地区と呼ばれ、関西を代表する高級住宅地として知られている。ここには、高野線の帝塚山駅が置かれており、高野線のページで詳しく紹介する。

住吉大社駅は文字通り、住吉大社の玄関口である。東に住吉大社、西に住吉公園があり、1912(明治45)年2月の開業時には、「住吉公園」の駅名を名乗っていた。1979(昭和54)年5月に現在の駅名(住吉大社)に改称している。駅の構造は、島式2面4線のホームを有する高架駅となっている。なお、駅の東、住吉大社との間には、阪堺電気軌道の上町線の住吉公園停留場が存在していたが、慢性的な赤字のため、2016(平成28)年に廃止された。所在地は住吉区長峡町である。なお、住吉大社については、別頁で紹介する。

【住吉区地図(部分、大正期)】
南海本線の粉浜駅、住吉公園駅が見える住吉区地図で、住吉公園停留場を起点とする南海の上町線も通っている。

古地図探訪

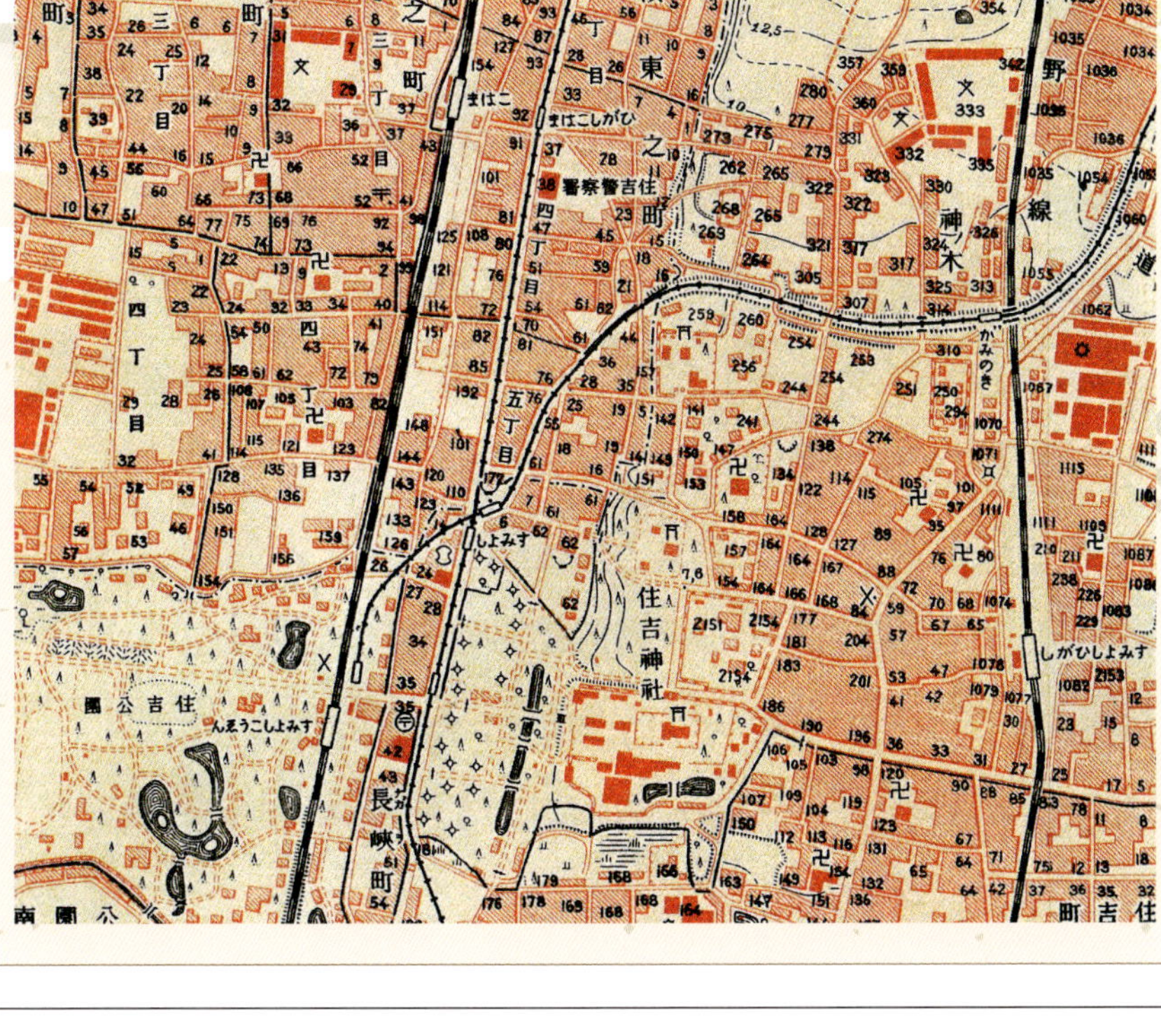

◎粉浜・住吉大社駅付近(昭和4年)

この地図の下部分では、住吉大社と住吉公園が大きな面積を占めている。阪堺線には東粉浜、住吉、住吉鳥居前の駅(停留場)があり、南海本線には住吉公園(現・住吉大社)駅が置かれている。また、上町線には神ノ木駅、住吉(停留場)などがある。上部分には南海本線に粉浜駅があり、「粉浜東之町」の地名が見える。現在、住吉区には「東粉浜」の地名があるが、「粉浜」「粉浜西」は住之江区の地名である。

住吉大社と住吉高燈籠

　住吉大社は、摂津国一宮。旧官幣大社で、大阪府・市を代表する神社のひとつである。創建は神功皇后摂政11年（伝）だが、日本書記に7世紀後半に幣が奉られたという記録がある。主祭神は海の神・筒男三神、神功皇后で、航海・海の神として崇敬され、奈良・平安時代の遣唐使船にも祀られていた。また、平安時代以降は、祈雨の神、和歌の神としても崇められていた。境内は約３万坪と広大で、本殿４棟は国宝に指定されている。独特の「住吉造」という様式で、現在の建物は１８１０（文化7）年の造営である。また、角鳥居前の池に架かる、参道の反橋（太鼓橋）は有名で、参道には約６００基の石燈籠が並んでいる。

　また、住吉といえば、日本最古といわれる住吉の高燈籠が有名である。日本最古の燈台として、鎌倉時代末期に建てられたと伝わり、高さ16メートルの常夜灯だった。もともとは住吉大社境内前の浜にあったが、１９５０（昭和25）年に大阪を襲ったジェーン台風で大破した。その後の１９７４（昭和49）年、東側に２００メートル離れた住吉公園の西側に、鉄筋コンクリート造で高さ21メートルの現在の高燈籠が再建された。ここでは台風により破損する前の姿を絵葉書で紹介する。

【住吉高燈籠（明治後期）】
住吉公園・住吉大社のシンボル的な存在となっている高燈籠。水辺に建つ姿は美しく、抒情を誘うものだった。ここでは水の上を行く舟や、手前で花の出荷をする人々の姿とマッチしている。

【住吉大社】　色とりどりの装束に身を包んだ神官、巫女が連なる住吉大社の神殿前。

【住吉大社の御田植神事】
住吉大社の御田植神事には、「斎牛」と呼ばれる神聖な牛が登場する。

【住吉大社の御田植神事(1931年)】
豊作を祈る行事として受け継がれてきた住吉大社の御田植祭。

【住吉反橋(明治後期)】
高燈籠と並んで住吉大社の名物だった反橋。慶長年間(16～17世紀)に豊臣秀頼あるいは淀君が造営したという説がある。石の基礎部分は当時のものだが、木製の橋桁や欄干は更新されており、現在のものは2009(平成21)年に架け替えられている。

【住吉大社(明治後期)】
女性の参詣客が見える住吉大社の社殿前。「住吉造」による本殿4棟は国宝に指定されており、幣殿などは国の重要文化財となっている。

【住吉大社】
1903(明治36)年に建立された住吉大社の西大鳥居。かつての西門に建てられていたが、昭和中期の地震で倒壊して現在は見ることができない。

南海本線

NK09

住ノ江《すみのえ》

住之江区

開業年 1907(明治40)年8月21日

所在地 大阪府大阪市住之江区西住之江1-1-41

キロ程 難波駅から6.7km

駅構造 高架駅2面4線

乗降客 1万947人

次の住ノ江駅は、住之江区西住之江1丁目に置かれている。駅の開業は1907(明治40)年8月。1916(大正5)年12月に一旦、廃止されて、1928(昭和3)年2月に再開業した歴史がある。現在の駅の構造は、島式ホーム2面4線のホームを有する高架駅である。駅の西側には、住ノ江検車区が置かれている。

住之江(住ノ江)は区の名称であり、住之江区は1974(昭和49)年に誕生した、大阪市で最も面積の広い区である。区の西側部分は埋立地として誕生している。古くからあった現・住之江区の東部は、かつては住吉区の一部で、さらにさかのぼれば、住吉郡墨江村、敷津村、安立村、住吉村、西成郡粉浜村などに分かれていた。1925(大正14)年に大阪市に編入されて住吉区となり、旧粉浜村は西成区の一部となった(その後、大部分が住吉区になる)。

住之江区といえば、住之江公園

【住ノ江駅ホーム(明治40年頃)】
1907(明治40)年8月に開業した住ノ江駅のホーム風景。奥に見える南海の住の江発電所は、墨江村(現・住之江区西住之江)に同時に建設されて、火力発電による送電を行っていた。

【N.KLASS住ノ江】
南海本線住ノ江駅の商業施設「N.KLASS住ノ江」。

【南海本線住ノ江駅の空撮】
上空から見た南海本線住ノ江駅。上に見えるのは大和川。

【住ノ江駅・駅舎（明治後期）】
両側に電車が停車しているホームの横には、ユニークな形をした住ノ江駅の駅舎が見えている。駅名の看板には「住の江」と書かれている。

と住之江競艇場（ボートレース住之江）があることで知られている。住之江公園は、大阪府の都市公園として、1930（昭和5）年に開園している。戦前から野球場、テニスコート、プールなどの施設があり、スポーツ公園として市民に親しまれてきた。1948（昭和23）〜1964（昭和39）年には、園内に競輪場が存在した。また、1940（昭和15）年には、園内に大阪護国神社が創建されている。住之江競艇場は1956（昭和31）年の開場し、ボートレースのメッカ的な場所である。なお、住之江公園は南海本線の少し離れた西側にあるため、最寄り駅は新なにわ筋（府道29号）を通る、大阪メトロ四つ橋線の住之江公園駅となっている。

【住の江公園開園記念えはがき（たとう、昭和戦前期）】
新阪堺電車（阪堺電鉄）が発行した「住の江公園開園記念絵葉書」のたとう（ケース）で、電車とともに野球場と球児の姿が描かれている。住之江公園は1930（昭和5）年に開園した。

古地図探訪

◎住ノ江駅付近（昭和4年）

南海本線には住ノ江駅と住ノ江車庫が見え、阪堺線には安立町、我孫子道の駅（停留場）が置かれている。我孫子道駅が開業するのは1911（明治44）年12月である。

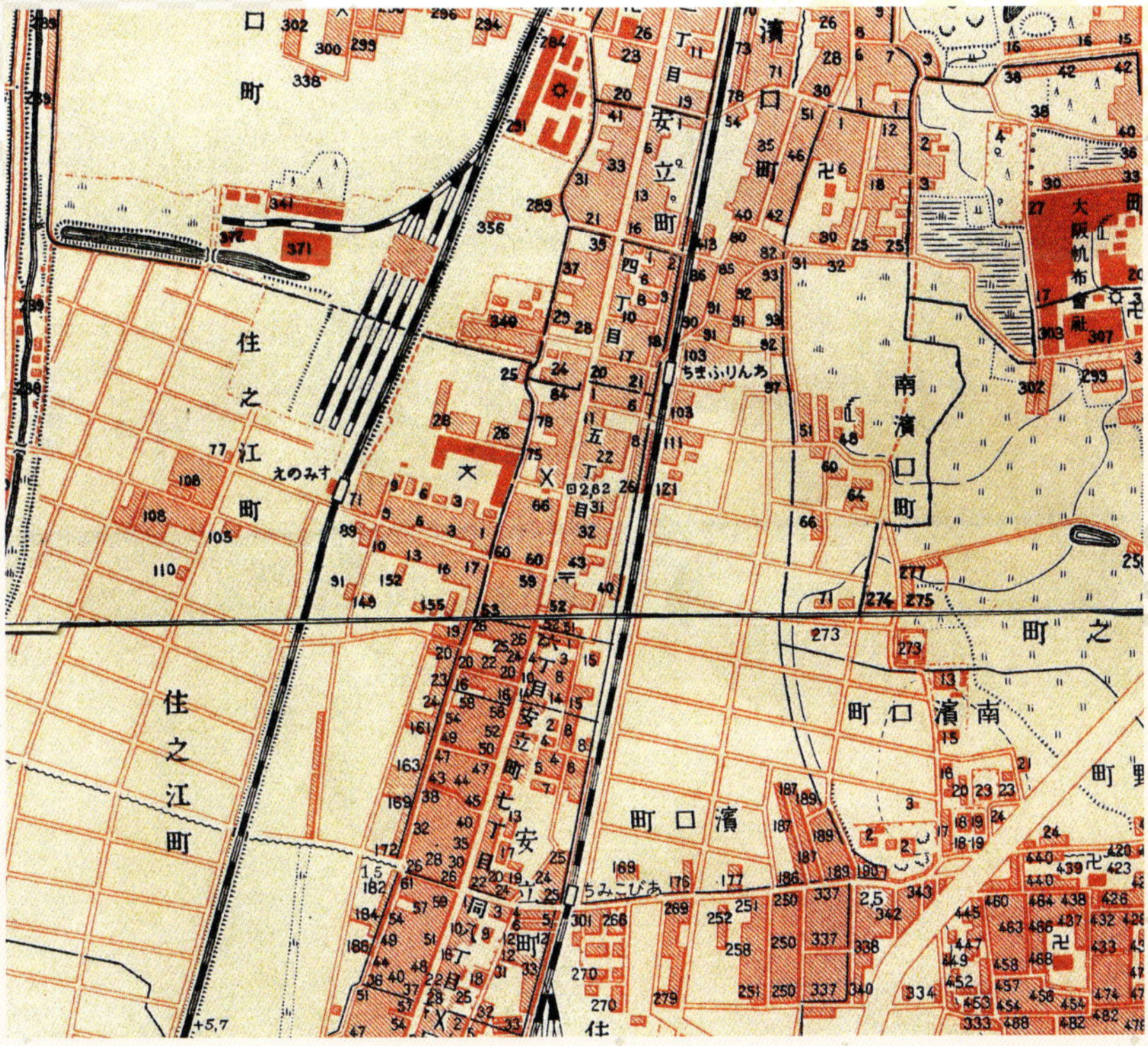

住ノ江駅の東側に見える「文」マークは、1910（明治43）年に開校した東成郡（現・大阪市立）安立小学校である。2本の路線に挟まれた部分は、かなり市街地化が進んでいるものの西側と東側は開発されておらず、東端には農地が広がっている。

南海本線

NK10

七道《しちどう》

堺市堺区

開業年 1917（大正6）年4月21日

所在地 大阪府堺市堺区鉄砲町1-22

キロ程 難波駅から8.2km

駅構造 高架駅1面2線

乗降客 1万1016人

大和川を越えると、南海本線は堺市内を走ることとなる。大和川橋梁は、古くから南海電車の撮影スポットとして、明治時代の絵葉書にも残されている。堺市内で最初となる駅は、七道駅である。堺区鉄砲町に置かれている七道駅は、1917（大正6）年4月に開業している。駅の構造は島式ホーム1面2線の高架駅。西口側のロータリーには、この駅付近（堺区北旅籠町）出身の僧侶で、探検家としても有名な河口慧海の銅像が建てられている。

「七道」の地名・駅名は、一説には駅の南東にある真宗大谷派の寺院、浄得寺に由来するという（あるいは廃寺となった高渚寺によるという説も）。この寺が七堂伽藍を備えていたことから、「七堂」の地名が生まれ、やがて「七道」に変わったとされる（他にも説あり）。このあたりは七道村となっていたが、江戸時代の大和川の開削により、北の大阪市住之江区側、堺市堺区側の2つに分割された。堺側では1889（明治22）年、大鳥郡の七道村、北庄村などが合併して、向井村が成立。向井村の大字となった七道地区は、1894（明治27）年に堺市に編入された。

【河口慧海の銅像】
七道駅前に置かれている堺出身の仏教学者、河口慧海の銅像。

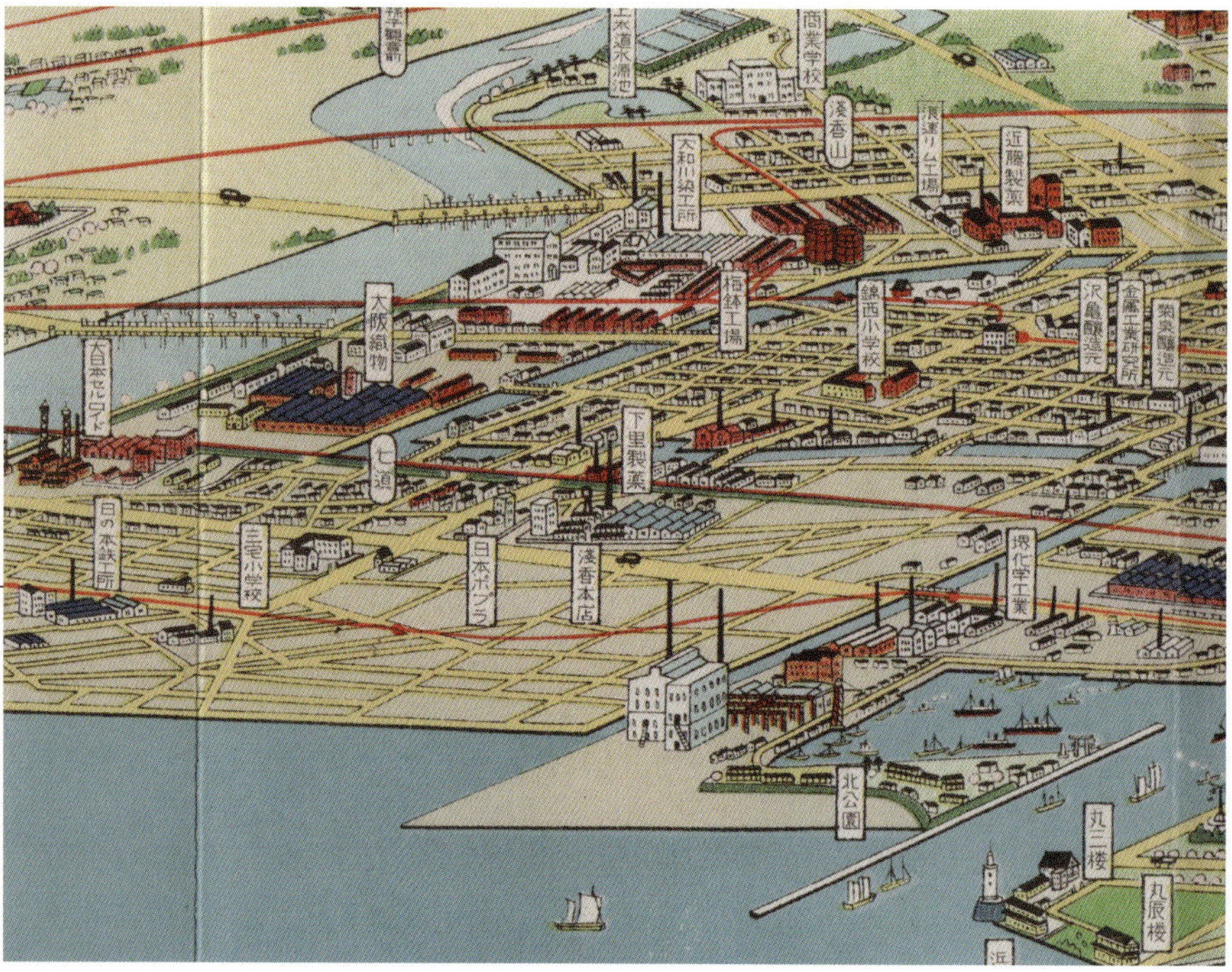

【堺市鳥瞰図、七道駅付近（部分、1935年）】
鳥瞰図の名手である絵師、吉田初三郎が描いた「堺市名所図会」の七道駅付近の部分。大和川を渡った先、南海本線の七道駅付近には、堺を代表する著名な工場が集まっていた。中でも鉄道ファンにとって重要なのは、東側（右上）に見える鉄道車両メーカーだった梅鉢工場。その他にも大阪織物、日本セルロイド、下里製薬などの企業が見える。

【堺市北部の空撮(昭和戦前期)】
南海本線の七道駅南東にあたる、現・堺市堺区の錦小学校(中央)付近の空撮写真。左下の寺院は本願寺堺別院(北の御坊)である。

【大和川橋梁(明治後期〜大正期)】
「堺名所　遊覧案内」のスタンプが押された大和川橋梁の絵葉書で、1枚目よりは少し時代が下がった時期のものである。前面5枚窓の車両は、大正時代に関西の私鉄で大いに流行した。

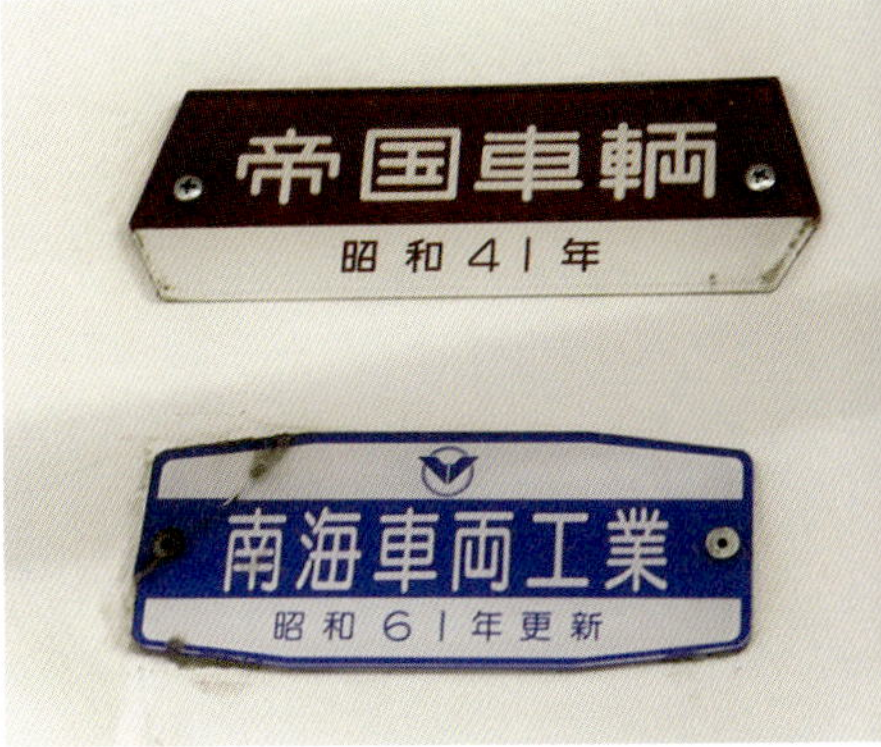

【帝国車両・南海車両工業の車内銘板】
帝国車両は、梅鉢鉄工所の後継企業。1968(昭和43)年に東急車輛製造と合併した。

古地図探訪

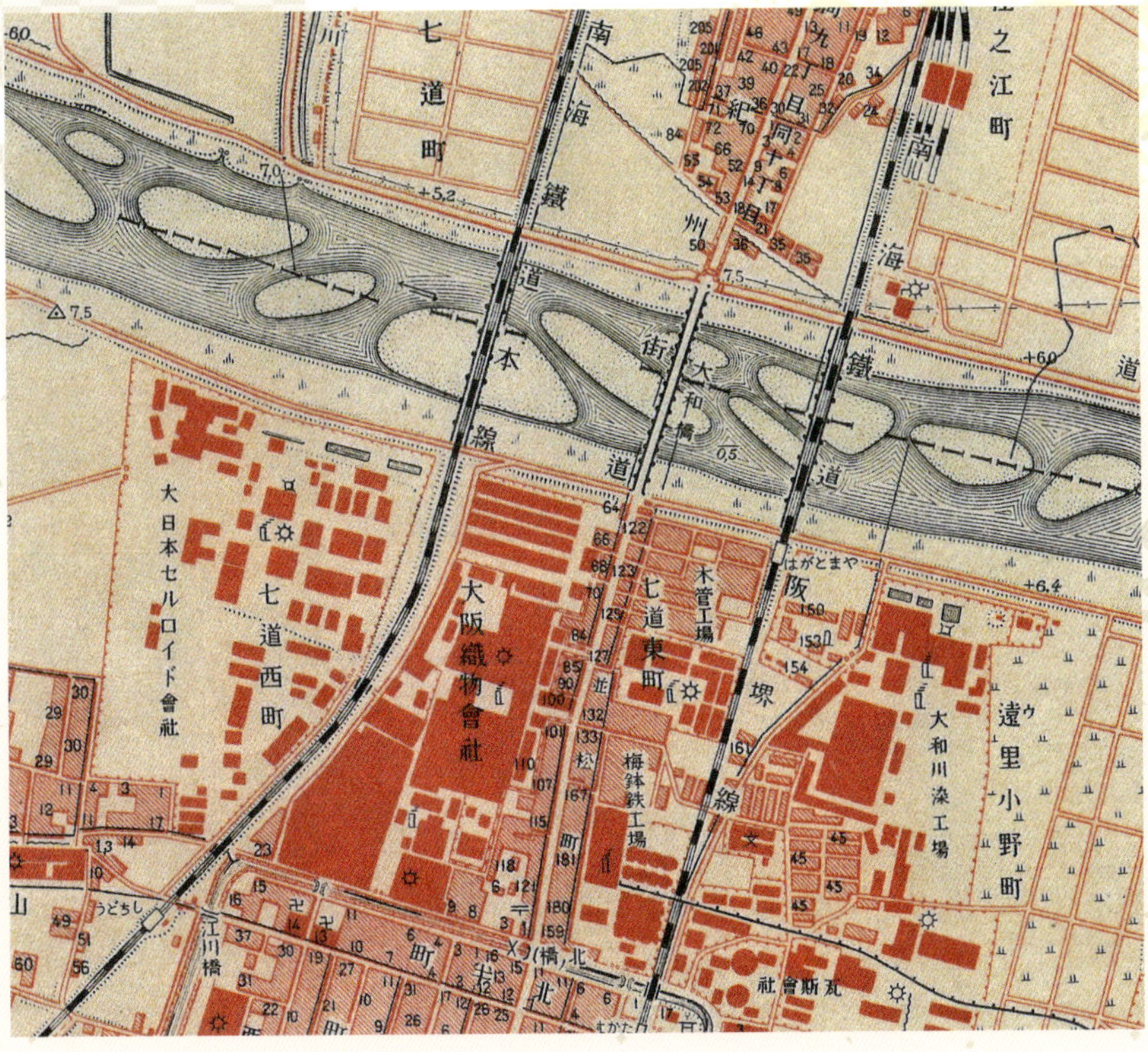

◎七道駅付近(昭和4年)

大和川を渡る2本の鉄道と道路。この頃の阪堺線は南海の傘下にあった。七道駅が置かれている堺市には七道西町、七道東町の地名が見えるが、川の北側の大阪市内にも七道町が存在している。これはかつての住吉郡に七道(領)村があり、堺市の北部も住吉郡に含まれていた。七道駅の東側には大阪織物会社、梅鉢鉄工場、大和川染工場が存在している。また、北側には大日本セルロイド会社の工場がある。

大和川

大和川は、まさに大和国（奈良県）を流れる川で、西に流れて大阪湾に注いでいた。下流では河内平野を形成し、たびたび氾濫を起こす暴れ川だった。古くは淀川などと合流し、上町台地の北側を流れており、仁徳天皇や和気清麻呂、豊臣秀吉らが治水工事を行った記録がある。その後、江戸時代に付け替え工事が実施され、大阪市と堺市の境界を流れて大阪湾に注ぐ、現在の流路が確定し、北側の旧水路は寝屋川などとして残された。

大和川に架かる橋としては、江戸時代の1704（宝永元）年に幕府が公儀橋として架けた大和橋が有名である。紀州街道が通る橋で、現在の橋は1974（昭和49）年に竣工している。大和橋のすぐ上流に架かるのが南海本線の大和川橋梁である。1888（明治21）年3月に阪堺鉄道の橋梁として竣工。同年5月に大和川（後に廃止）～吾妻橋（現・堺）間が開業した。関西の私鉄の中では、古い時代からある鉄道橋梁として、明治後期の絵葉書の中にも登場する橋である。

【大和川橋梁】 浜寺駅前に向かう車両が見える阪堺線の大和川橋梁。

梅鉢鉄工場（所）

鉄道車両メーカーとして知られていた帝国車輌は、堺市堺区七道東町に本社を構えていた。同社のルーツは、1890（明治23）年頃に堺市で冶金業を営んでいた梅鉢安太郎が設立した、梅鉢鉄工場である。当初は地方の路面電車、鉄道の車両や客車といった小規模な鉄道車両を製作していたが、やがて規模を拡大して、大都市の路面電車や旧植民地への輸出用の大型車両も手掛けるようになった。1936（昭和11）年に梅鉢車両株式会社となり、1939（昭和14）年に京成電気軌道（現・京成）の傘下に入った。1941（昭和16）年に帝國車輌工業株式会社（帝国車輌）に改称。1968（昭和43）年に東急車輛製造と合併し、現在の総合車両製作所に引き継がれている。

堺市内には、堺区七道東町に本社、西工場をもち、堺区砂道町に東工場、西区鳳南町に鳳工場が存在した。南海のお膝元であり、南海には多くの電車を提供。高野線の浅香山駅から梅鉢鉄工所への専用線も存在した。

【鉄炮鍛冶屋敷】
「鉄炮鍛冶屋敷」として公開されている井上関右衛門住宅。江戸時代の鉄砲鍛冶の作業場兼住宅である。

【大和川橋梁（明治後期）】
「南海電車開通」のスタンプが押された、大和川橋梁を渡る南海鉄道の上り電車の絵葉書で、1907（明治40）年頃の風景であることがわかる。この時期にはまだ七道駅は開設されていなかった。

【梅鉢工場製品（大正期）】
客車、機関車、信号機、ポイントなどの商品がデザインされている梅鉢鉄工所（工場）の絵葉書。菅原道真ゆかりの梅鉢の家紋を、会社の登録商標にしていたことがわかる。

【梅鉢工場（1921年）】
「大正十年　梅鉢工場製作」の文字が見える広告絵葉書で、車両の内部から梅鉢工場を見た仕上がりとなっている。この1921（大正10）年には、梅鉢鉄工所（工場）が鉄道省客車指定工場となっている。

【梅鉢工場製の電気機関車（大正期）】
梅鉢工場が製作した小型の電気機関車で、1005のナンバーが付けられている。

【梅鉢工場製の電車（大正期）】
梅鉢工場が製作した前面5枚窓の電車。2両編成となっており、161のナンバーが見えている。

南海本線

NK11
NK12

堺《さかい》、湊《みなと》

堺市堺区

堺 開業年 1888(明治21)年5月15日
湊 開業年 1897(明治30)年10月1日

所在地 大阪府堺市堺区戎島町3-22
所在地 大阪府堺市堺区出島町2-4-9

キロ程 難波駅から9.8km
キロ程 難波駅から11.2km

駅構造 高架駅2面4線
駅構造 高架駅1面2線

乗降客 3万5058人
乗降客 6337人

右下駅舎写真：上から堺駅、湊駅

続いては堺駅で、1888(明治21)年5月に開業した堺市最古の駅である。当時は阪堺鉄道の終着駅で、吾妻橋駅とも呼ばれていた。1897(明治30)年10月には、南海鉄道が開業して共同使用駅となり、1898(明治31)年10月に阪堺鉄道が買収されて、南海の単独駅と変わった。その後、湊駅との間に龍神駅が開業するが、1955(昭和30)年4月に堺駅に統合された。南海では、堺東駅とともに堺市の代表駅となっている。駅の所在地は堺区戎島町で、駅の構造は島式ホーム2面4線の高架駅である。

堺区で3つ目の駅は、出島町にある湊駅。1897(明治30)年10月、南海鉄道が堺～佐野(現・泉佐野)間を開通した際に開業している。駅の構造は島式ホーム1面2線の高架駅である。さて、このあたりになると、南海線は海に近い場所を走ることになる。堺～湊間では、西を走る阪神高速4号湾岸線と接近するが、その間には堺市のシンボルとなっている旧堺燈台と大浜公園が存在している。両者については、続く見開きページで紹介したい。

宿院駅と宿院頓宮

南海本線の東側、大道筋をほぼ並行して走る阪堺電気軌道には、南海線よりも多数の停留場(駅)が置かれている。その中で、特筆すべき駅は、阪堺線の基幹駅だった宿院駅である。駅名の由来となっているのは、南側の宿院東町にある住吉大社の宿院頓宮(御旅所)で、地名としての宿院東町・宿院西町も存在している。

宿院駅は1912(明治45)年3月に開業。同年4月には大浜線(後に廃止)も開業して、分岐点となった。所在地は堺区大町西である。北東には、地元で「大寺さん」

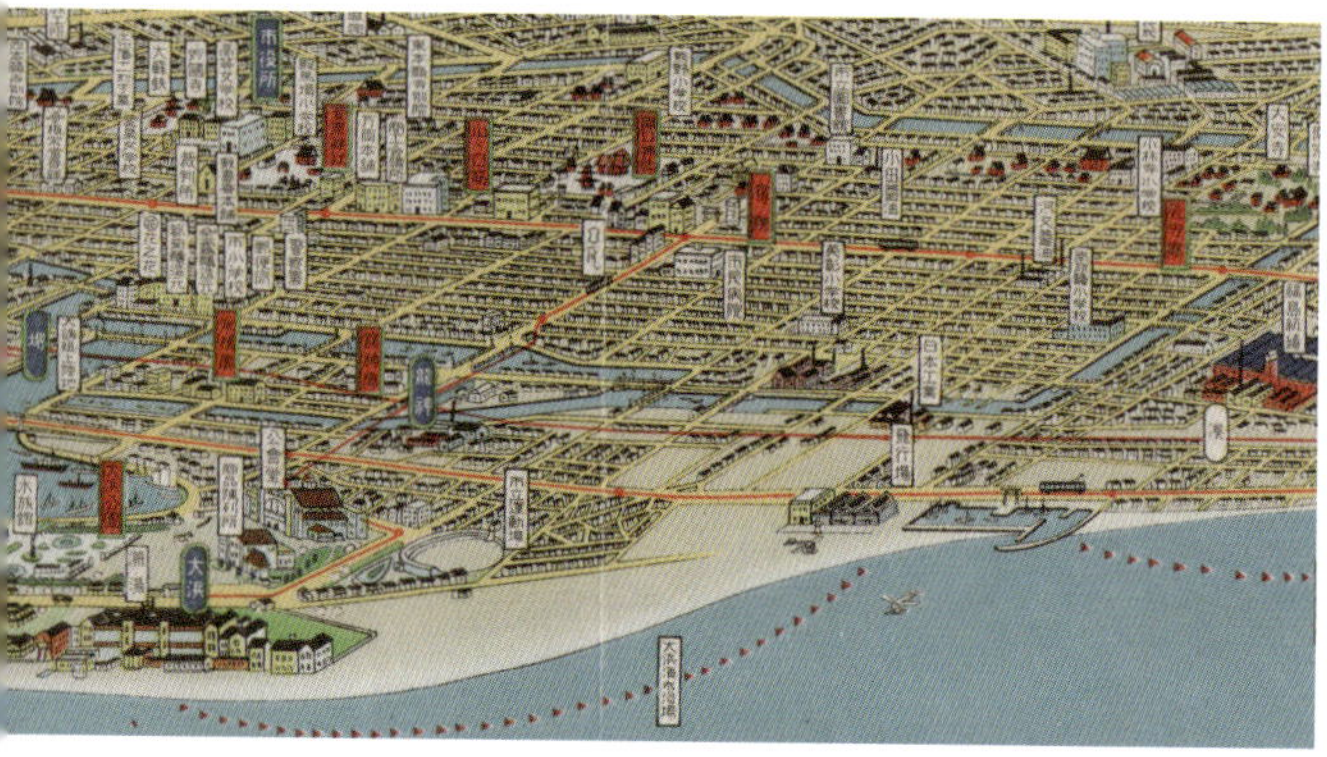

【堺市鳥瞰図、堺駅付近(部分、1935年)】
南海本線には、堺駅と龍神駅、湊駅が置かれており、海岸線には大浜公園の潮湯、一力楼、市立運動場とともに大浜海水浴場、飛行場が見える。龍神駅は1912(明治45)年に開業し、一時は堺市の中心駅となっていたが、戦後のルート変更により廃駅となった。

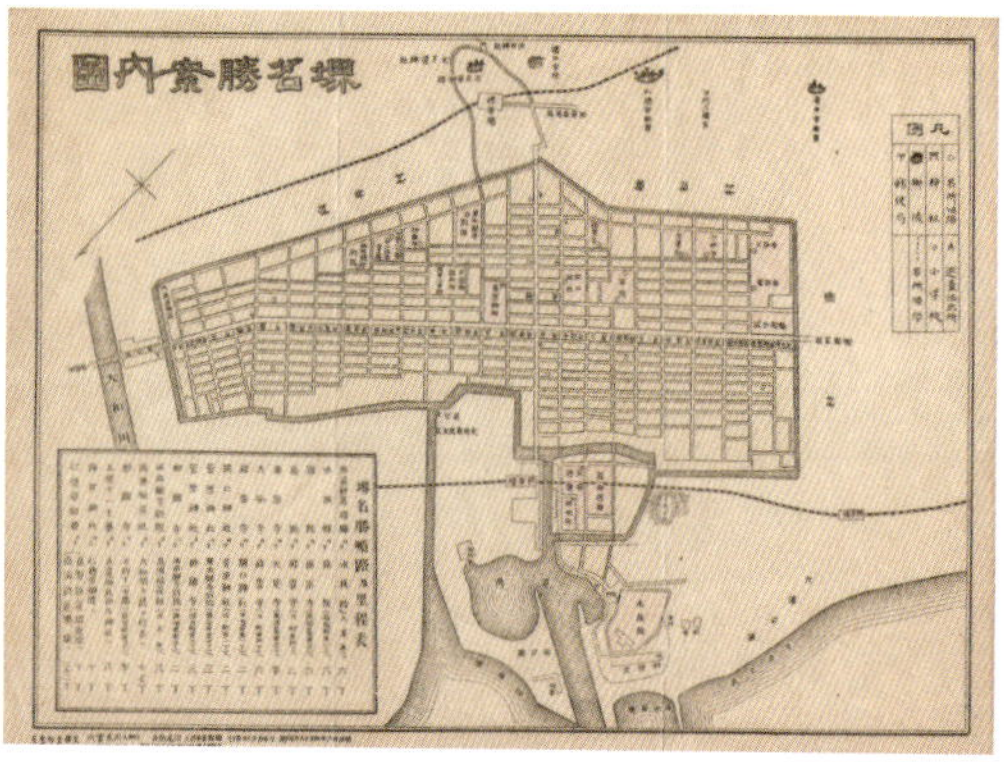

【堺名勝案内図(1903年)】
1903(明治36)年に発行された堺名勝案内図で、東側を上にして描かれている。停車場(堺駅)付近には、当時、大いに賑わっていた遊郭の栄橋廓、龍神廓が描かれている。第5回内国勧業博覧会の第2会場となった大浜公園には水族館が設けられており、周辺には料亭や料理店ができている。

と呼ばれる開口（あぐち）神社があり、中世までは周辺が開口村と呼ばれていた。また、南東には、五葉松で有名だった臨済宗大徳寺派の寺院、祥雲寺があり、庭園が大阪府の名勝に指定されている。

【堺山之口（筋）商店街（昭和戦前期）】
開口神社の門前町として発展した堺の山之口（筋）商店街。賑わいを見せている昭和戦前期の風景である。なお最寄り駅となるのは、南海本線の東側を走る阪堺電気軌道の大小路駅、宿院停留場（駅）である。

【堺駅（明治後期）】
1888（明治21）年に阪堺鉄道の駅として開業した堺駅。1897（明治30）年までは堺側の起終点駅としての役割を果たしており、堂々たる駅舎を構えていた。その後、中心駅は龍神駅、現・高野線の堺東駅に変化していった。

古地図探訪

◎堺・龍神駅付近（昭和4年）

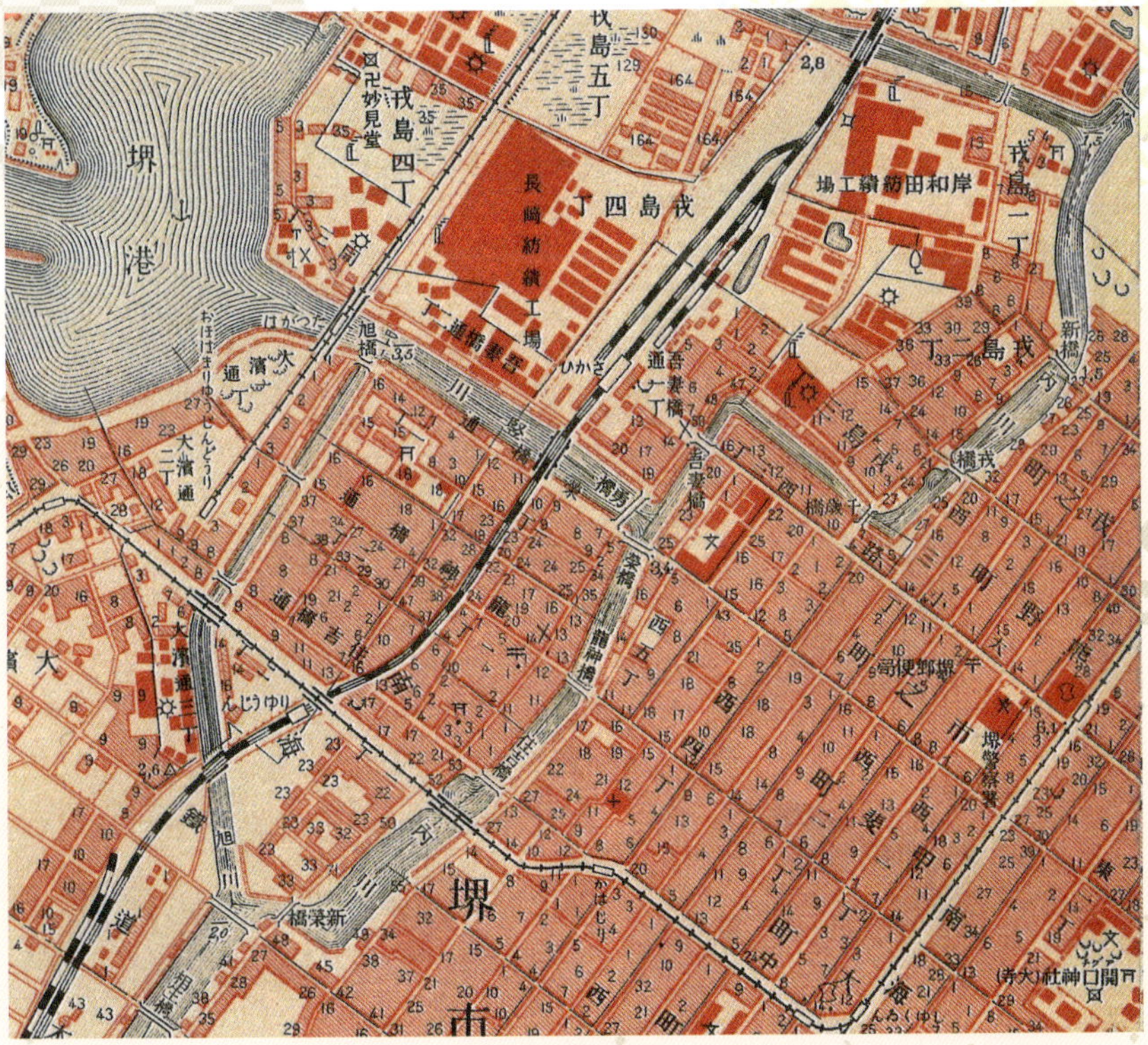

堺市中心部の西側の地図であり、南海本線には堺駅と龍神駅が置かれている。堺駅と龍神駅は、1945（昭和20）年の堺大空襲で大きな被害を受け、堺駅は旅客営業を停止。1955（昭和30）年に両駅が統合されて、龍神駅付近に新しい堺駅が誕生した。その後、1985（昭和60）年に開業時の場所である現在地に再移転している。この時期、堺駅の西側、竪川の北には長崎紡績会社が存在していた。

大浜公園

堺・大浜の地では、住吉大社の神事に際し、地元の漁師が神前に魚を奉納したことに始まる魚市が開催されていた。これが現在まで続く大魚夜市となり、この魚市・夜市は一時は他所でも開催されたが、現在は大浜公園で行われている。

大浜公園が1879（明治12）年、当時の堺県の手で開園した。幕末、明治初期には、陸軍の砲台が置かれた場所で、公園に変わった後には一力楼や丸三楼、川芳楼などの料亭・旅館が建ち並ぶようになった。このうちの一力楼は、1894（明治27）年、将棋の坂田三吉が関根金次郎五段（十三年名人）と対局したことでも知られている。また、1903（明治36）年には、第5回内国勧業博覧会の第二会場となり、水族館が設けられた。この堺水族館は戦後まで存在し、1961（昭和36）年に閉鎖されている。

戦前期には遊園地や潮湯、公会堂などの施設が誕生し、大浜公園はテーマパークのような賑わいを見せるようになる。1922（大正11）年には、日本航空輸送研究所が水上飛行場を開場し、四国などへの航路を開設した。1934（昭和9）年には、堺大浜球場も開場している。しかし、この年には室戸台風の来襲で大きな被害を受け、太平洋戦争下では公会堂が焼失するなどの影響を受けた。

戦後は、1948（昭和23）年に南海が遊園地「大浜パーク」を開園。一方で、大浜海水浴場のあった海岸は工場地帯に姿を変えて、海水浴場は閉鎖された。現在は体育館、

【宿院停留場（明治後期～大正初期）】
1912（明治45）年3月に開業した阪堺電気軌道阪堺線の電車と宿院停留場。戦前においては大浜線との接続停留場となっていた。中央奥に見えているのは開口神社の鳥居だろうか。

【空から見た大堺市（昭和戦前期）】
戦前、航空機から撮影された大浜公園付近の空撮写真である。写真上には潮湯の建物が建ち、公会堂や水族館なども並んでいる。右側には漁港の船溜まりが見えている。

【堺水族館】
1903（明治36）年の第5回内国勧業博覧会の開催時に建てられた水族館は、閉幕後は堺水族館として大浜公園の人気施設となった。

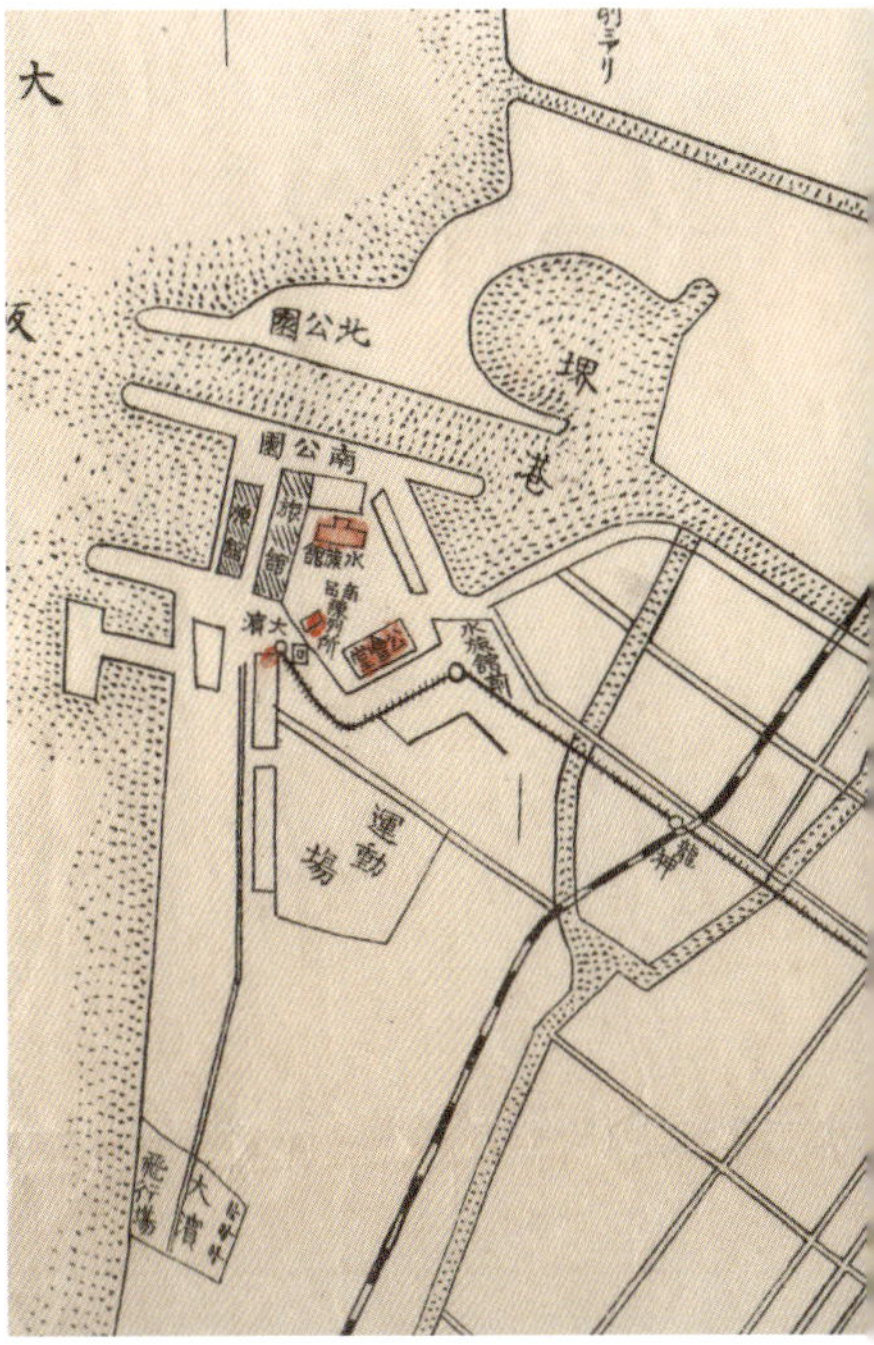

【堺市内案内図（部分、大正期）】
堺港、大浜公園付近を拡大した明治後期の堺市内案内図。水族館、公会堂、商品陳列所などの施設が見える。南には大浜飛行場が設けられている。

【大浜公園】
歴史を感じさせる大浜公園のゲート。

武道館、相撲場、野球場、プール、テニスコートといった、スポーツ施設が充実した堺市営の公園となっている。

堺水族館と龍女神（乙姫）像

1903（明治36）年に開催された第5回内国勧業博覧会の第二会場となった堺水族館は、3～6月の122日間の会期中に約80万人の入館者を集めたという。博覧会の閉幕後は、同年8月に堺水族館として再開館した。その後、1934（昭和9）年の室戸台風の高潮で大きな被害を受け、翌年（1935年）には火災にも遭遇した。そのため、復旧に長い時間を要し、1937（昭和12）年に再び開館した。戦後も営業を続けていたが、1961（昭和36）年に閉館している。

また、内国勧業博覧会では、水族館前に龍女神像が設置されて話題を呼んだ。「乙姫さん」の愛称で親しまれたこの像は、水族館の閉館・解体とともに撤去されていたが、2000（平成12）年の堺市制110周年記念事業として、北波止場に復元・設置された。現在は、高さ16メートルの台座の上に設置された、10メートルの乙姫像が堺の新たな観光名所となっている。

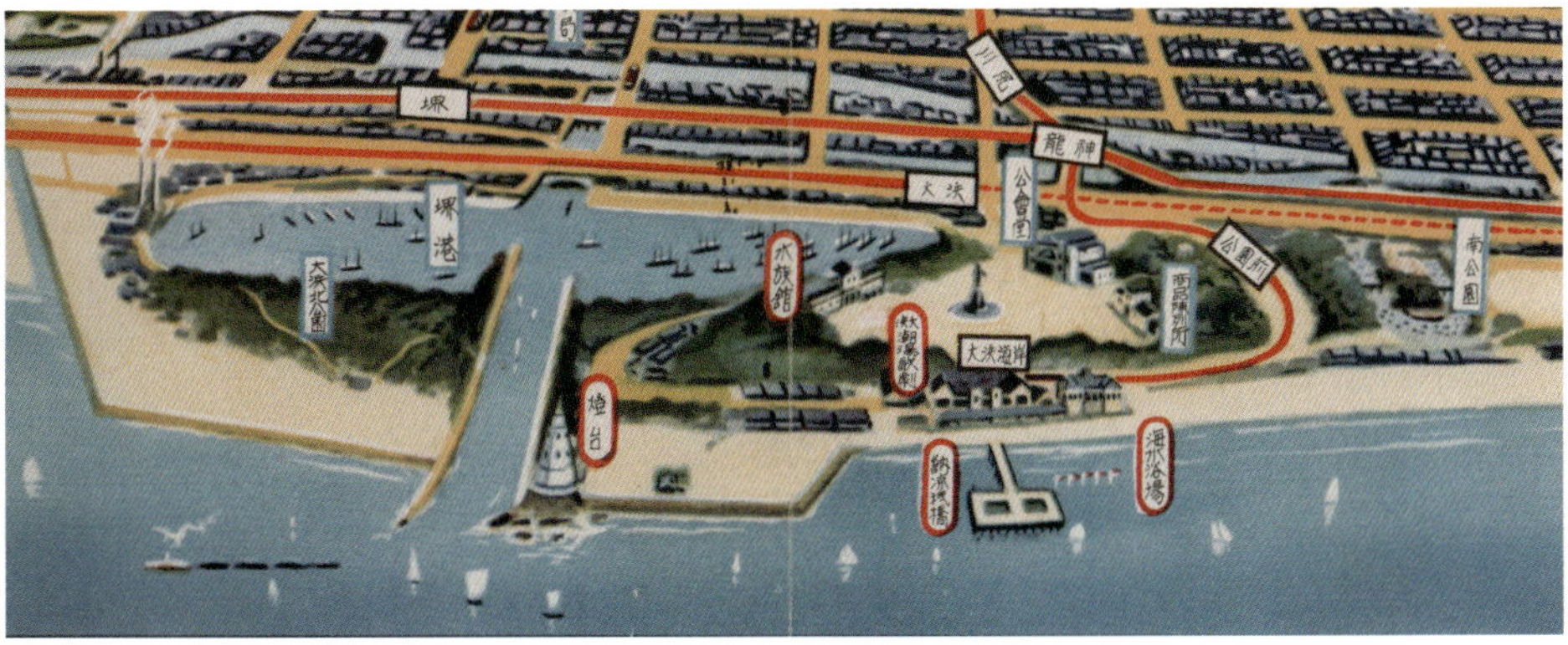

【堺市の鳥瞰図（部分、昭和戦前期）】
海に張り出した納涼桟橋、海水浴場が描かれている大浜公園付近の鳥瞰図。「大浜潮湯歌劇」が行われていた時代のもの。

大浜公会堂・潮湯

後に南海に吸収される阪堺電気軌道は大正初期、大浜公園に２つの文化・娯楽施設をオープンした。それが大浜公会堂と大浜潮湯である。１９１２(明治45)年に辰野金吾の事務所が設計して誕生した大浜公会堂では、菊人形ほかのさまざまな催し物が行われた。その中では、昭和戦前期に定期的に公演が行われた大浜少女歌劇が有名である。もともとは、大正末期に大浜潮湯のアトラクションとして誕生し、後に大浜公会堂を活動の舞台とし、１９２８(昭和３)年には専用劇場も設けられた。この少女歌劇団の活動期間は、１９２４(大正13)年から１９３４(昭和９)年とされている。

潮湯は１９１３(大正２)年に開業した、食事や入浴、娯楽、スポーツが楽しめる総合レジャー施設だった。夏には海水浴場が開かれ、納涼用の桟橋も名物となっていた。一時は劇場も備え、大いに賑わったが、太平洋戦争が激化した１９４４(昭和19)年に営業を停止している。現在、その跡地は公園の市民広場となり、夏の大魚夜市の会場にもなっている。

旧堺燈台

堺を代表する観光名所のひとつが、堺港にある旧堺港燈台である。堺の港では、江戸時代から商人たちにより、燈台が設けられていた。明治維新後の１８７７(明治10)年には、堺旧港の南波止場に初の洋式燈台が誕生し、１９６８(昭和43)年まで、90年以上にわたり使用されていた。高さは１１・３メートル、六角形の木製である。１９７２(昭和47)年に国の史跡となり、観光名所として多くの人が訪れている。また、７月の海の日前後には内部も公開されているほか、時期を決めてのライトアップも行われている。堺駅の西、約１キロの場所にあり、所在地は堺区大浜北町である。

一力楼

戦前の浜寺公園には、大浜海岸とともに、堺を代表する有名な料亭・旅館が多数存在した。その中でも有名だったのが、大浜に本店があった一力楼の浜寺支店である。「一力」の名称は京都・祇園の料亭名から採用したとされている。このほかに川芳楼、丸三楼などがあり、寿命館は１９００(明治33)年、与謝野(鳳)晶子が後に夫となる・

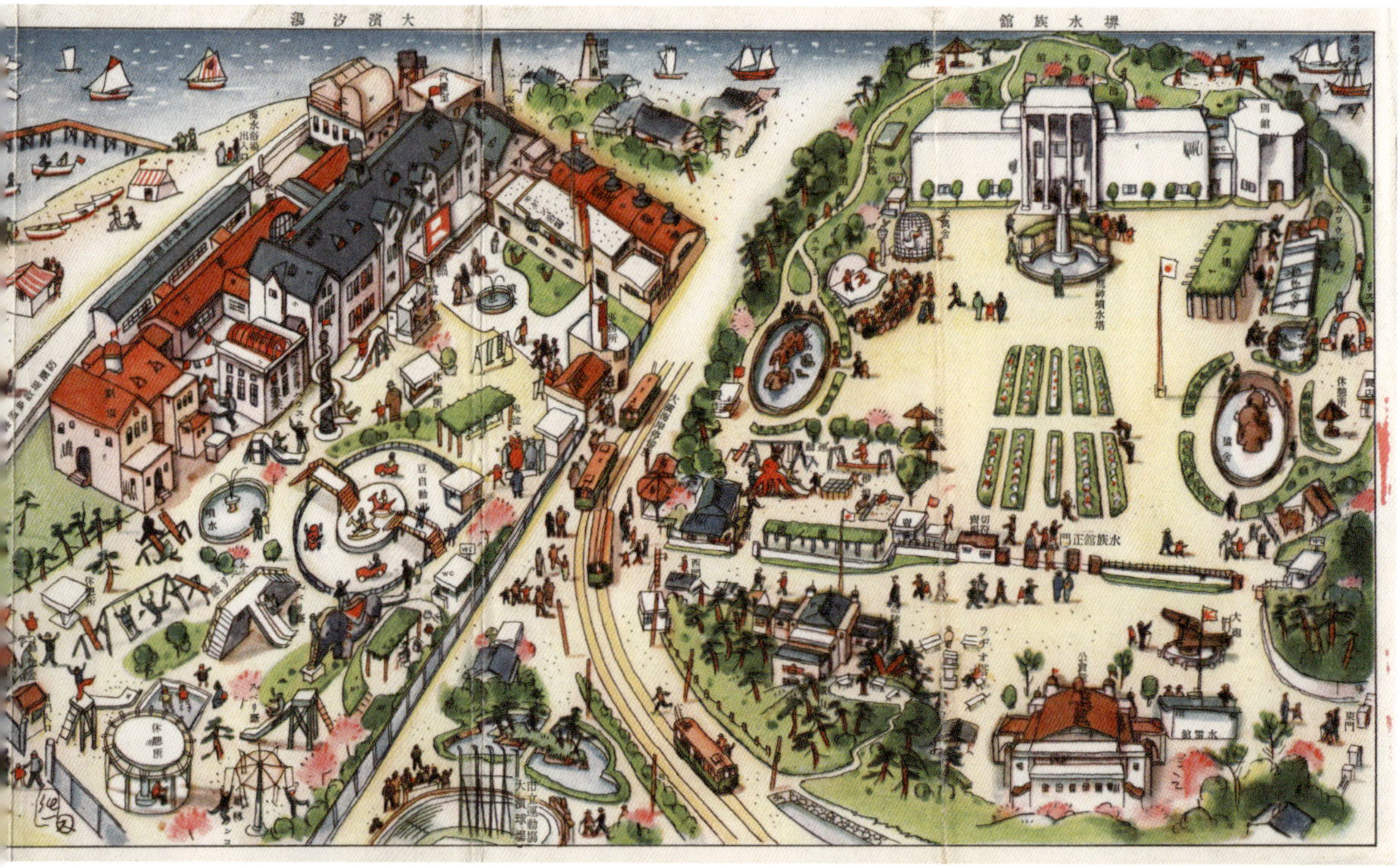

【大浜潮湯堺水族館(昭和戦前期)】
南海電車が発行した大浜潮湯堺水族館のパンフレット。海水浴場・温泉・運動場・遊園地・動物園などの施設が一体となった総合レジャー施設だったことがわかる。

与謝野鉄幹に会った場所であり、跡地には晶子の歌碑が建てられている。

【大浜停留場と潮湯(大正期)】
宿院停留場と大浜海岸停留場を結んでいた大浜支線の電車の奥には、大浜潮湯の瀟洒な建物が見えている。大浜線は1912(明治45)年に開業し、大浜公園に向かう人々を運んでいた。

【堺燈台(明治後期)】
1877(明治10)年、洋式の木造燈台として堺港に建設された堺燈台。1968(昭和43)年にその役目を終えたものの、解体・修理が行われて国の史跡として保存・公開されている。

【旧堺燈台】
国指定の史跡となっている旧堺燈台。

【大浜の納涼桟橋(大正期)】
巨大なデッキの上でくつろぐ人々が見える大浜の納涼桟橋。

【日本航空輸送研究所(昭和戦前期)】
堺の大浜水上飛行場を拠点として、西日本各地に定期航路を開いた日本航空輸送研究所。格納庫前の風景。

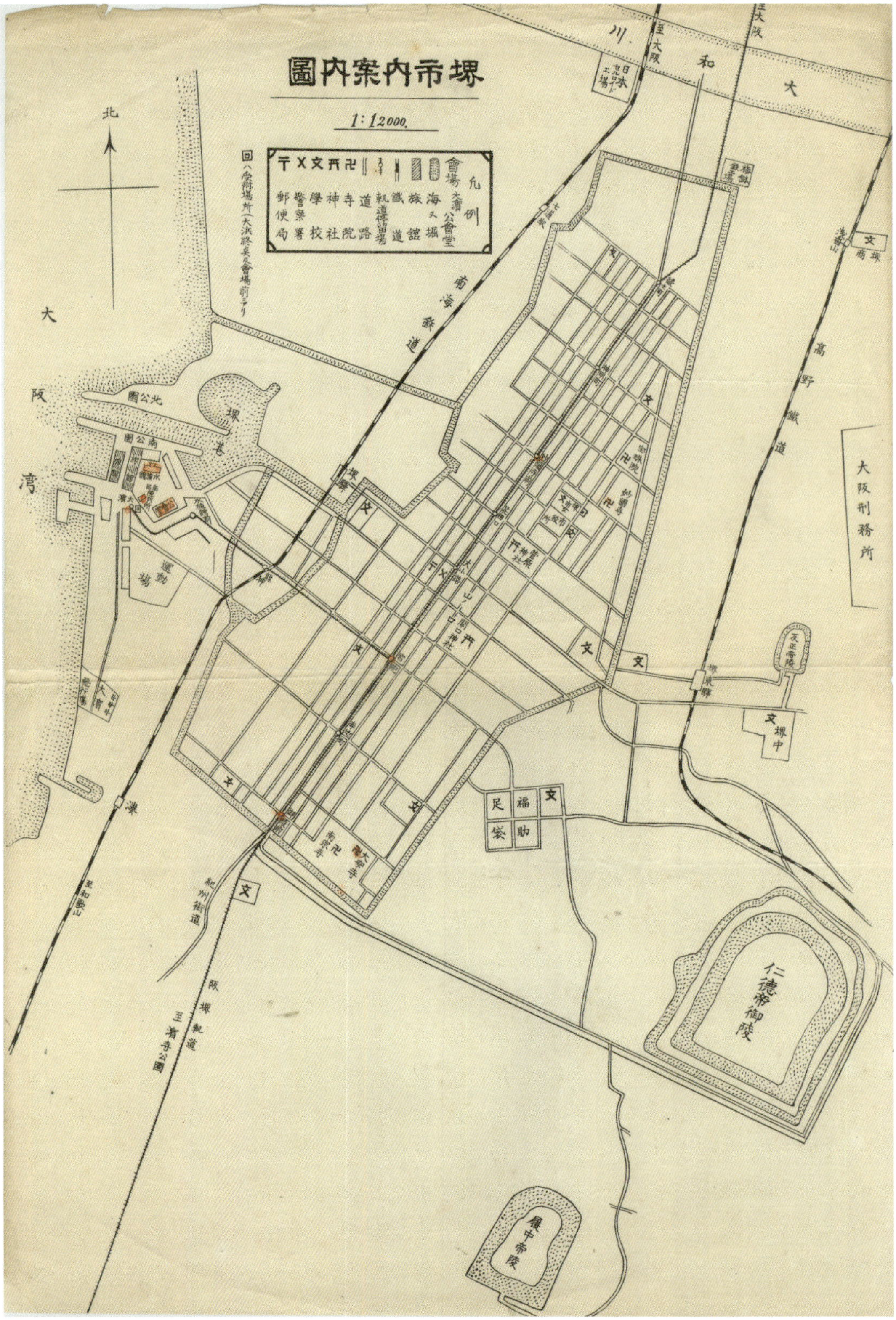

【堺市内案内図】

南海鉄道、高野鉄道、阪堺軌道が走る堺市内の案内図で、この頃はまだ浜寺地区、百舌鳥地区などは、堺市に含まれておらず、仁徳天皇陵などは市外として描かれている。地図上で目立つのは西側の堺港、大浜公園で、大浜には既に飛行場が誕生している。一方、東側には仁徳帝御陵と履中帝御陵があるが、市街地からやや離れた場所に福助足袋の工場がある。福助足袋は1882（明治15）年、堺市において足袋装束の卸問屋「丸福」として創業。1900（明治33）年に「福助」を商標として、1915（大正4）年に堺市堺区市之町西に本社、工場を移転した。1919（大正8）年、現在の大阪事業所がある堺市堺区永代町に新しい工場を建設し、東京支店を開設した。

【堺の線香とマッチラベル（昭和戦前期）】

線香は室町時代に日本にもたらされ、江戸時代に長崎で製造が始まったといわる。その後、堺で現在のような形状となり、堺が一大産地となっていた。戦前に堺で発された「堺案内」（地図）のパンフレットは、堺線香同業組合がスポンサーとなり、市内に約70の製造業者があることが紹介されている。その中のひとつ、現在も営業を続けている老舗メーカー、中田梅栄堂はユニークなイラストのマッチラベルを多数、製造していた。

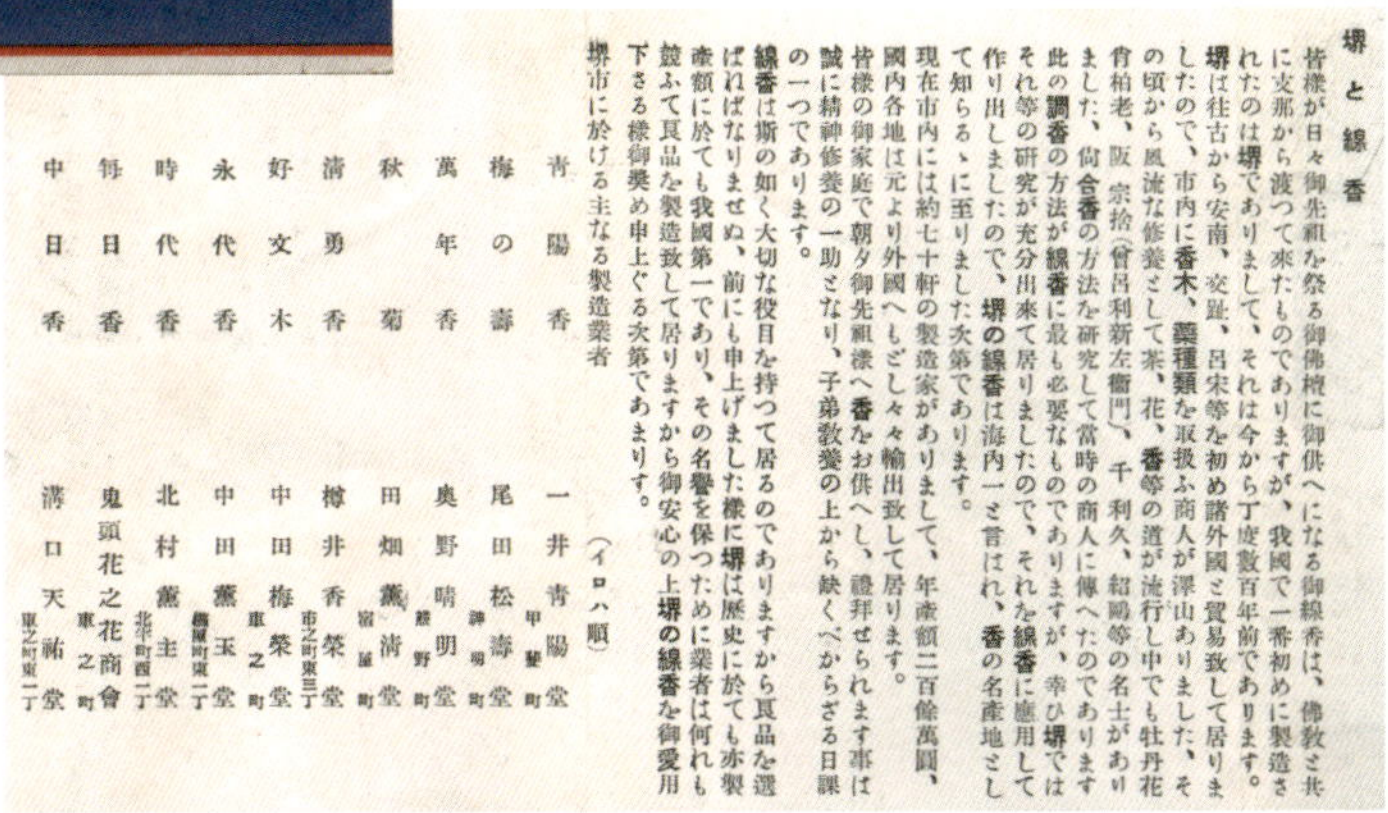

堺と線香

皆様が日々御先祖を祭る御佛檀に御供へになる御線香は、佛教と共に支那から渡つて來たものでありますが、我國で一番初めに製造されたのは**堺**でありまして、それは今から丁度數百年前であります。

堺は往古から安南、交趾、呂宋等を初め諸外國と貿易致して居りましたので、市内に**香木**、**藥種類**を取扱ふ商人が澤山ありました、その頃から風流な修養として茶、花、**香**等の道が流行し中でも牡丹花肖柏老、阪 宗拾（曾呂利新左衞門）、千 利久、紹鷗等の名士がありました、尙**合香**の方法を研究して當時の商人に傳へたのでありますこの**調香**の方法が**線香**に最も必要なものでありますが、幸ひ**堺**ではそれ等の研究が充分出來て居りましたので、それを**線香**に應用して作り出しましたので、**堺の線香**は海内一と言はれ、**香**の名産地として知らるゝに至りました次第であります。

現在市内には約七十軒の製造家がありまして、年産額二百餘萬圓、國内各地は元より外國へもどしどし輸出致して居ります。

皆様の御家庭で朝夕御先祖様へ**香**をお供へし、禮拜せられます事は誠に精神修養の一助となり、子弟教養の上から缺くべからざる日課の一つであります。

線香は斯の如く大切な役目を持つて居るのでありますから眞品を選ばねばなりませぬ、前にも申上げました様に**堺**は歴史に於ても亦製産額に於ても我國第一であり、その名譽を保つために業者は何れも競ふて眞品を製造致して居りますから御安心の上**堺の線香**を御愛用下さる様御奬め申上ぐる次第であまります。


堺市に於ける主なる製造業者　（イロハ順）

青陽香	一井青陽堂	甲斐町
梅の壽	尾田松壽堂	神明町
萬年香	奥野晴明堂	綾野町
秋菊	田畑薫清堂	宿屋町
清勇香	樽井香榮堂	市之町東三丁
好文木	中田梅榮堂	車之町
永代香	中田薫玉堂	櫛屋町東一丁
時代香	北村薫主堂	北半町西一丁
毎日香	鬼頭花之花商會	車之町
中日香	溝口天祐堂	車之町東一丁

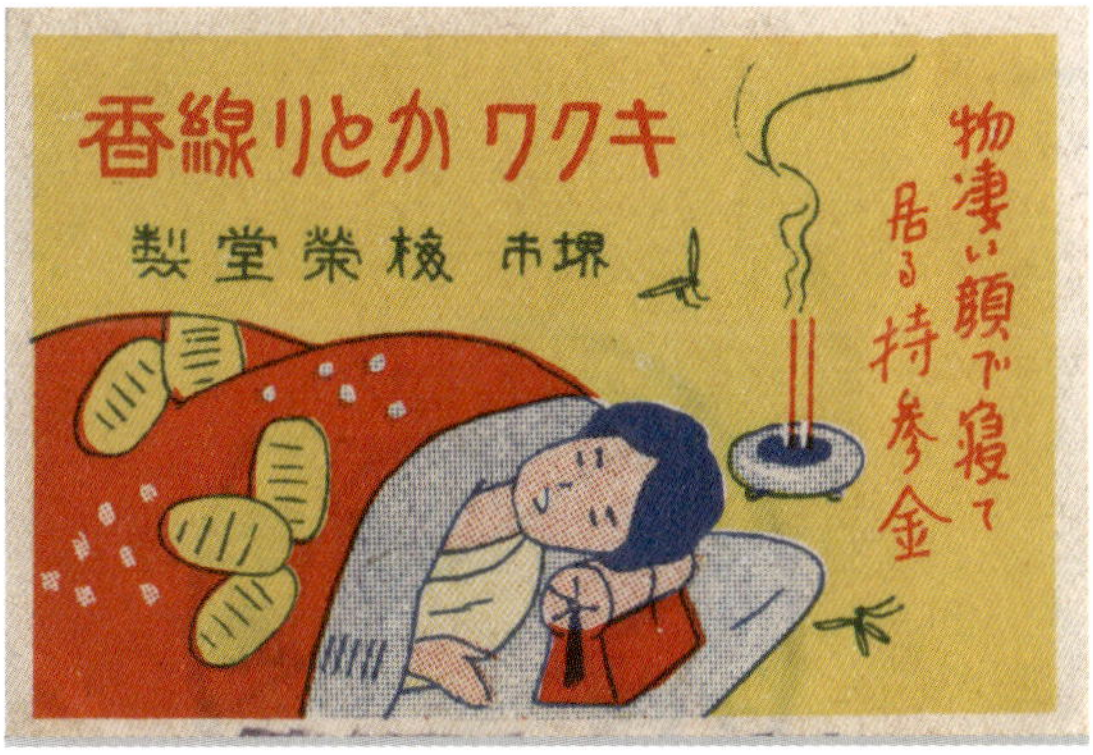

NK13 NK14 NK15

石津川《いしづがわ》、諏訪ノ森《すわのもり》、浜寺公園《はまでらこうえん》

堺市西区

	開業年	所在地	キロ程	駅構造	乗降客
石津川	1919（大正8）年6月1日	大阪府堺市西区浜寺石津町中3-15-19	難波駅から12.7km	高架駅2面2線	1万3168人
諏訪ノ森	1907（明治40）年12月20日	大阪府堺市西区浜寺諏訪森町西2-78	難波駅から13.8km	地上駅2面2線	6736人
浜寺公園	1897（明治30）年10月1日	大阪府堺市西区浜寺公園町2-188	難波駅から14.8km	地上駅2面4線	3614人

石津川駅の南側には、二級河川の石津川が流れており、大阪湾に注ぐ河口には石津漁港（堺泉北港）がある。また、付近には「石津」の名称のある施設が多く存在し、南東には阪堺線の石津停留場、北東には石津北停留場が置かれている。石津神社（大社）、石津太（いわつた）神社が鎮座しており、どちらも「日本最古の戎社」と称している。「石津」という地名・神社名の由来は、この地に流れ着いた蛭子命が、浜に五色の神石を置いたことから生まれたという。そこに蛭子命を祀る社殿が建てられ、朝廷の崇敬を受けたという。石津川駅の開業は1919（大正8）年6月、構造は相対式ホーム2面2線をもつ高架駅で、所在地は西区浜寺石津町中である。この駅は堺泉北臨海工業地帯の玄関口のひとつとなっている。

諏訪ノ森駅は、西区浜寺諏訪森町西に置かれている。1907（明治40）年12月に北浜寺駅として開業し、1908（明治41）年12月に現在の駅名「諏訪ノ森」に改称した。駅の構造は千鳥式配置の単式2面2線のホームをもつ地平駅で、高架化の工事が行われており、将来は相対式ホームに変わる予定である。

駅の東側には、阪堺線の船尾駅が置かれている。このあたりはかつての大鳥郡船尾村で、神功皇后が三韓征伐から戻る際、船団最後尾の船が着いたことから「船尾」という地名が生まれたという。船尾村の産土神の諏訪神社から、「諏訪ノ森」の駅名が誕生した。

浜寺公園駅は、1897（明治30）年10月、南海鉄道の浜寺駅として開業。1907（明治40）年8月、「浜寺公園」の駅名に改称した際、辰野金吾の設計で建て替えられた木造平屋建ての駅舎は、2016（平成28）年1月に使用停止となるまで、私鉄では現役で最古の駅舎だっ

【石津川】
石津川を渡る車両には、アドベンチャーワールドの人気物、パンダのイラストが見える。

【堺泉北臨海工業地帯】
堺市から泉大津市まで南北に続く、堺泉北臨海工業地帯。日本製鉄、クボタなどの大企業の工場が並んでいる。

【浜寺公園駅（明治後期）】
1897（明治30）年に開業した浜寺駅。1907（明治40）年に浜寺公園駅に駅名を改称し、辰野金吾・片岡安による辰野片岡事務所の設計による駅舎が完成した。2016（平成28）年に駅舎としての役目を終えた建物は、現在、カフェとなって市民に利用されている。

右下駅舎写真：上から石津川駅、諏訪ノ森駅、浜寺公園駅

た。現在は移築されてギャラリー、カフェなどとして使用されている。駅の所在地は堺市西区浜寺公園町。島式と単式の2面3線のホームをもつ地平駅だが、現在は改築中で、将来的に高架駅に変わる予定である。この浜寺公園駅は、西側に広がる大阪府営浜寺公園の玄関口である。浜寺公園については、次のページで紹介する。

【浜寺公園駅の旧駅舎】
浜寺公園駅の旧駅舎は2018（平成30）年から、ギャラリー、カフェ、イベントスペースなどに使用されている。

【諏訪ノ森駅の旧駅舎】
旧駅舎の窓には、浜寺から淡路島方面を見た風景のステンドグラスがはめ込まれている。

【諏訪ノ森駅の旧駅舎】
高架化により役目を終えて、市民の憩いの場として活用されている諏訪ノ森駅の旧駅舎。

古地図探訪

◎石津川・諏訪ノ森・浜寺公園駅付近（昭和4年）

南海本線には石津川の北に石津川駅、南に諏訪ノ森、浜寺公園駅が置かれている。阪堺線は南海本線と交差して、浜側の浜寺駅前駅（停留場）まで延びている。このあたりの海岸は美しい砂浜が続く景勝地、浜寺公園となっていた。一方、山側を走るのは小栗街道と阪和電気鉄道（現・阪和線）。熊野詣で有名な熊野街道は、小栗判官の逸話から「小栗街道」とも呼ばれてきた。

【浜寺の漁師(明治後期)】
浜寺の海岸で地引網を引く漁師たちの姿である。大魚夜市で知られる堺では、街に近い浜でこんな風景が見られた。

浜寺公園

堺市から高石市の海岸に広がる浜寺公園は、明治時代から大阪府営の都市公園として、多くの人に親しまれてきた。この地に続く高師浜（現・高石市）は、小倉百人一首の祐子内親王家紀伊の和歌に歌われた場所であり、白砂青松の海岸は古くから有名だった。１８７３（明治6）年、日本最古の公立公園として開園。１８９７（明治30）年に南海が浜寺（現・浜寺公園）駅を開業し、１９０５（明治38）年には海水浴場を開設した。１９１２（明治45）年には、阪堺電気軌道が浜寺駅前停留場を設けている。この間、日露戦争の勃発時には、ロシア人捕虜を収容する俘虜収容所が公園の南側に開設されていた。１９３２（昭和7）年には農業博物館が開館し、建物は戦後、高石町立（現・市立）中学校の校舎に転用されていたが、移転後の跡地は大阪府羽衣青少年センターとして使われていた（現存せず）。

浜寺公園の明治から昭和にかけての様子は、絵葉書に見ることができるが、代表的なものは海水浴と名高い松の姿である。毎年夏には、（大阪）毎日新聞が海水浴場を開き、テント村も運営していた。このほか、同社が運営する浜寺水練学校は有名で、現在は公園内のプールで継続されている。また、海岸の松林を彩る著名な松として、「千両松」「白蛇松」「羽衣松」という3本の著名な松が存在。このうちの「羽衣松」は、南海の羽衣駅の由来となった。現在は「鳳凰松」が名高い松となっている。

【浜寺公園付近の夜景】
浜寺公園からは浜寺水路を挟んで、美しい工場夜景を見ることができる。

【浜寺公園碑と公会堂(明治後期)】
1908(明治41)年に建設された浜寺公会堂と浜寺公園碑。「惜松碑」ともいわれる石碑は、1898(明治31)年に建てられたもので、明治の元勲、大久保利通の歌が刻まれている。

【浜寺付近の紀州街道(明治後期)】
人力車が走る浜寺付近の紀州街道。既に電柱が見える、明治後期の長閑なリゾート地の風景である。

【浜寺公園のばら庭園】
国内でも珍しい演出の工夫がされている浜寺公園のばら庭園。

【浜寺海水浴場(昭和戦前期)】
1936(昭和11)年のスタンプが押されている浜寺海水浴場の絵葉書。この海水浴場は大阪毎日新聞社が運営を行い、浜寺水練学校の開催でも有名になった。

【浜寺公園の汽車】 浜寺公園の交通遊園で運行されていた汽車。

NK16
NK17

羽衣《はごろも》、高石《たかいし》

高石市

羽衣
開業年　1912（明治45）年3月1日
所在地　大阪府高石市羽衣1-15-16
キロ程　難波駅から15・6km
駅構造　高架駅2面3線
乗降客　2万94人

高石
開業年　1901（明治34）年3月1日
所在地　大阪府高石市千代田1-10-18
キロ程　難波駅から17・3km
駅構造　高架駅2面4線
乗降客　9525人

　南下する南海本線は、堺市から高石市に入り、最初の駅は羽衣駅となる。羽衣駅は1912（明治45）年3月に開業し、1918（大正7）年10月に高師浜線との分岐駅となった。駅の構造は2面3線のホームをもつ高架駅である。駅名の「羽衣」は、浜寺公園の名物である「羽衣松」に由来している。駅の所在地は高石市羽衣1丁目であるが、かつての地名は泉北郡高石村の大字である「今在家」だった。西側に南北に続いている、浜寺公園の南側の窓口の駅となっている。

　高石駅は、人口5万4000人の高石市の玄関口となっている。高石市の歴史をさかのぼれば、1889（明治22）年に高石北村、高石南村、新村、今在家村が合併して、大鳥（後に泉北）郡高石村が成立。1915（大正4）年に高石町となり、1966（昭和41）年に高石市に変わった。その中で、1901（明治34）年4月に葛葉駅（当初は簡易停車場）が開業し、1941（昭和16）年8月に高石町駅に改称した。1966年12月、市制施行に伴い、高石駅となった。駅の所在地は高石市千代田1丁目で、島式ホーム2面4線を有する高架駅である。

　開業時の「葛葉」という駅名は、駅の南側に存在する信太森葛葉稲荷神社に由来する。神社の所在地はお隣の和泉市の北部にあるが、かつては泉北郡信太村だった。ここは葛の葉伝説の発祥の地で、キツネの化身とされる葛の葉は、陰陽師で有名な安倍晴明の母ともいわれる。葛の葉伝説は、歌舞伎や

【羽衣駅】
羽衣駅に停車している高師浜線の電車と、通過する特急ラピート。

【浜寺水路】
浜寺公園（右）と泉北一区臨海埋立地に挟まれた浜寺水路。

【信太森葛葉稲荷神社（大正期）】
「信太森神社」「葛葉稲荷大神」の提灯が左右に見える、信太森葛葉稲荷神社の本殿。歌舞伎や文学で有名な「葛の葉物語」の舞台となった場所である。

右下駅舎写真：上から羽衣駅、高石駅

文楽で広く知られるようになり、信太森葛葉稲荷神社も日本七稲荷、関西三大稲荷として崇敬されるようになった。

高石プラザの歌

関西在住・出身なら、「南海でんしゃ高石駅を東へ6分ぶーらぶら・・・」という、懐かしいCMソングを覚えておられる方も多いのではないだろうか。高石駅の南東には現在も朝日放送（ABC）ラジオの高石送信所が置かれているが、以前はここに隣接して、ABCハウジング高石住宅公園（高石プラザ）が存在した。モデルハウスが建ち並んだ「高石プラザ」のCMソングが、関西のテレビで頻繁に流されていたのだ。この高石ラジオ送信所は、1960（昭和35）年から送信を開始している。このほか、高石市には1961（昭和36）年から送信を行っている、毎日放送の高石ラジオ送信所もある。

【信太森葛葉稲荷神社（明治後期～大正期）】
和泉市葛の葉町に鎮座している信太森葛葉稲荷神社。1960（昭和35）年に和泉市が成立する前には信太村が存在していた。このとき、大字中が葛の葉町に改称している。また、現在の高石駅は戦前には葛葉駅と呼ばれていた。

古地図探訪

◎羽衣・葛葉駅付近（昭和4年）

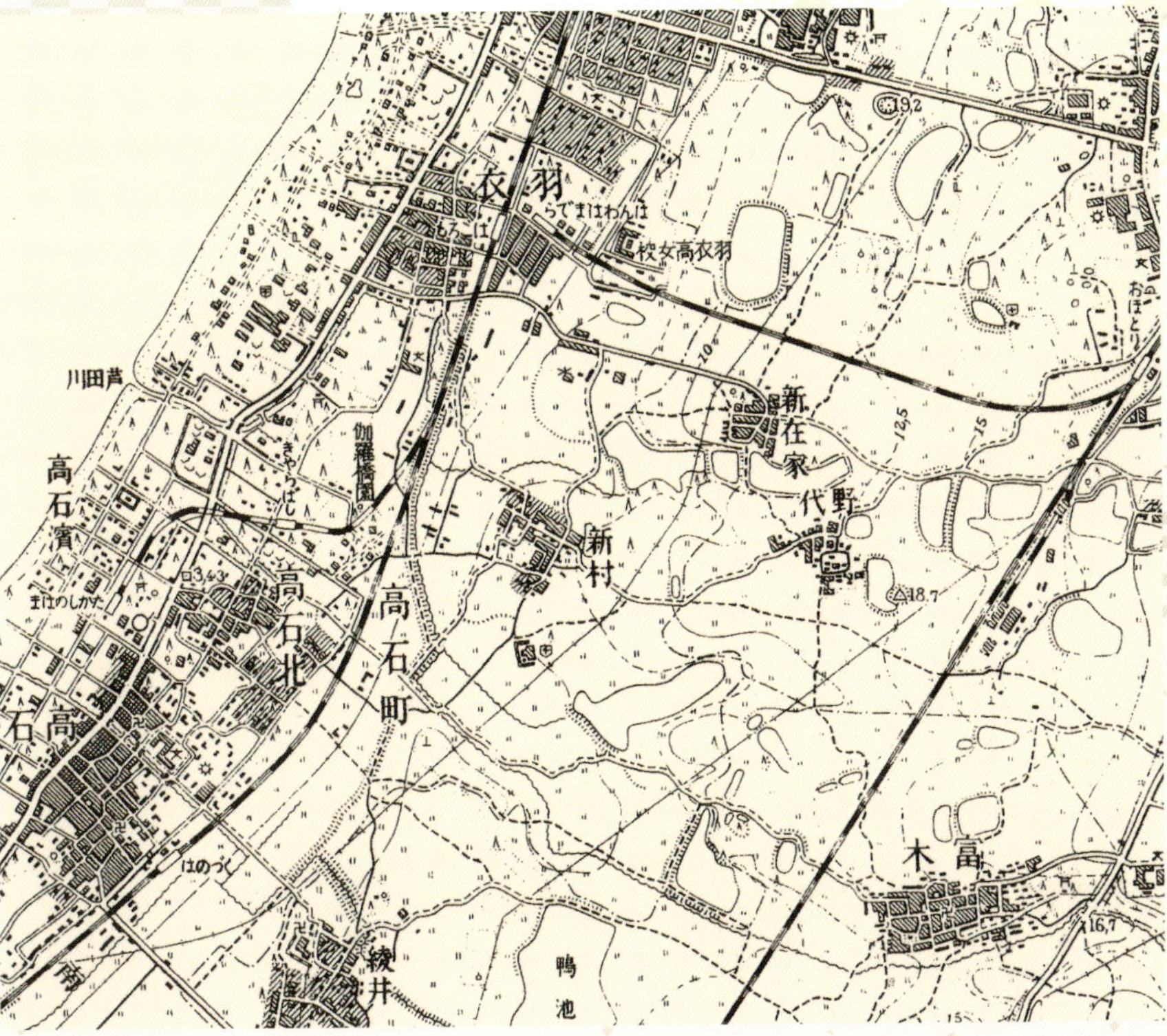

海側を走る南海本線には羽衣、葛葉（現・高石）駅が置かれている。羽衣駅からは高師浜駅に至る高師浜支線が延びている。山側を走るのは阪和電気鉄道（現・阪和線）で、北側の鳳駅からは阪和浜寺（現・東羽衣）駅に至る支線（現・東羽衣支線）が延びている。葛葉駅は1941（昭和16）年に「高石町」、1966（昭和41）年に現在の駅名「高石」に改称している。

NK18
NK19
NK20

北助松《きたすけまつ》、松ノ浜《まつのはま》、泉大津《いずみおおつ》

泉大津市

	開業年	所在地	キロ程	駅構造	乗降客
北助松	1957（昭和32）年12月28日	大阪府泉大津市東助松町1-11-1	難波駅から18・5km	地上駅2面2線	1万1087人
松ノ浜	1914（大正3）年12月10日	大阪府泉大津市二田町1-1-15	難波駅から19・5km	高架駅2面2線	3853人
泉大津	1897（明治30）年10月1日	大阪府泉大津市旭町19-1	難波駅から20・4km	高架駅2面4線	2万4862人

北助松駅は、高石市と泉大津市の境界付近に置かれている。駅の所在地は泉大津市東助松町1丁目で、駅の構造は相対式2面2線のホームをもつ地平駅である。開業は1957（昭和32）年12月、助松団地の最寄り駅として開設された、南海本線では比較的新しい駅である。

続いては松ノ浜駅で、こちらは1914（大正3）年12月、助松駅として開業している。1960（昭和35）年12月、現在の駅名である「松ノ浜」に改称したが、当時はこの駅の存在から、北側の新駅の駅名は「北助松」となった。駅の構造は、相対式ホーム2面2線の高架駅である。所在地は泉大津市二田町1丁目で、大阪府立弥生文化博物館の最寄り駅のひとつとなっている。

泉大津駅は、人口2万9000人の泉大津市の玄関駅。「泉大津」は、（和）泉（国名）＋大津（港）で、古代からこの地域の大きな港町だった。平安時代には、四国方面に赴いた貴族、紀貫之や菅原孝標女が、それぞれ「土佐日記」や「更級日記」で触れている場所である。古くから二田城、中世には大津城（真鍋城）が置かれており、江戸時代には綿花の積み出し地となり、明治以降は毛布の産地として有名になった。1889（明治22）年に和泉郡の下条大津村と宇多大

【大阪府立弥生文化博物館】
1991（平成3）年に開館した、日本で唯一の弥生時代をテーマにした歴史博物館である。

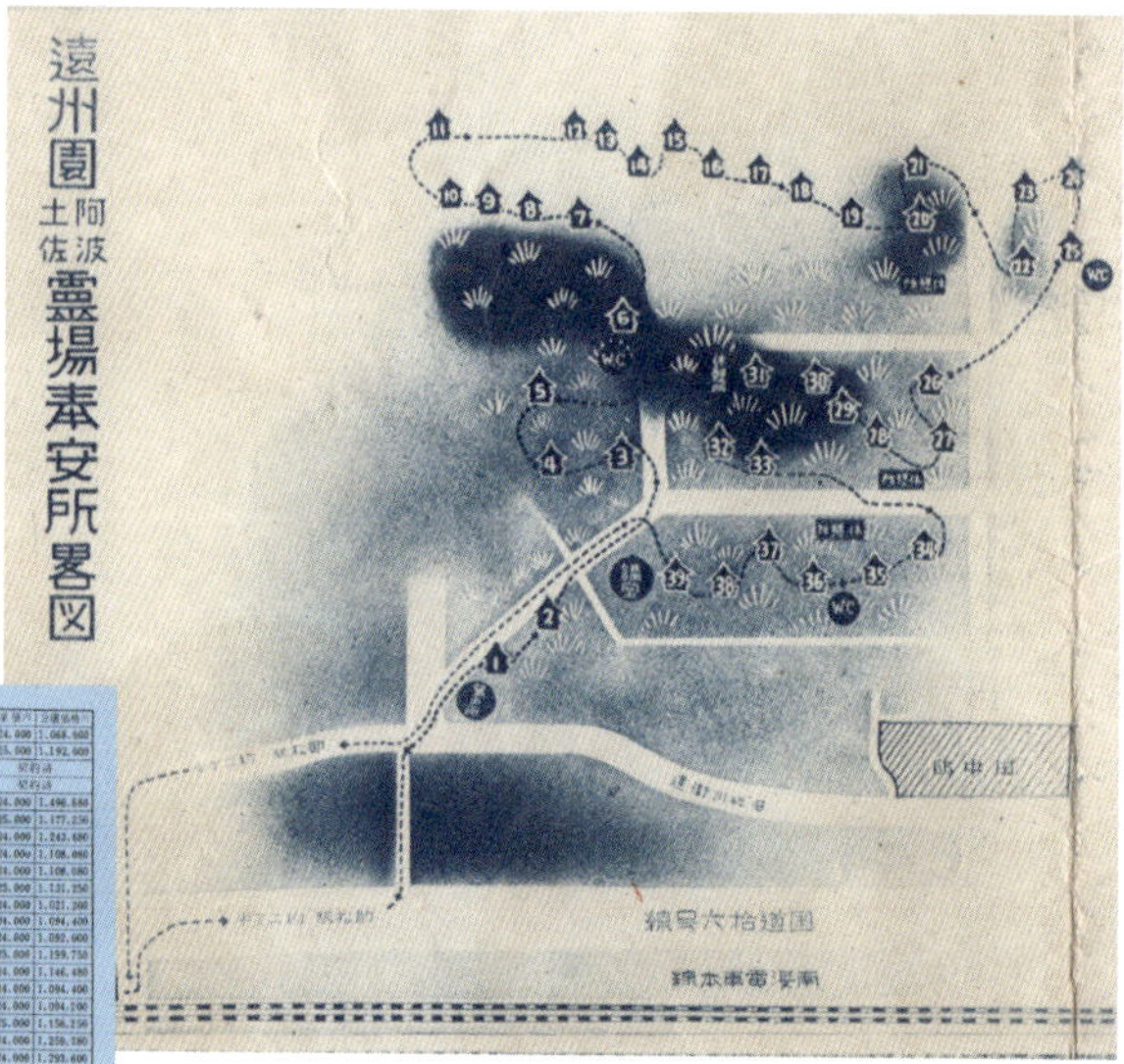

【遠州園案内図（1937年）】
助松駅から遠州園への案内図。入り口付近には案内所があり、続いて1番から39番までの札所の位置が示されている。

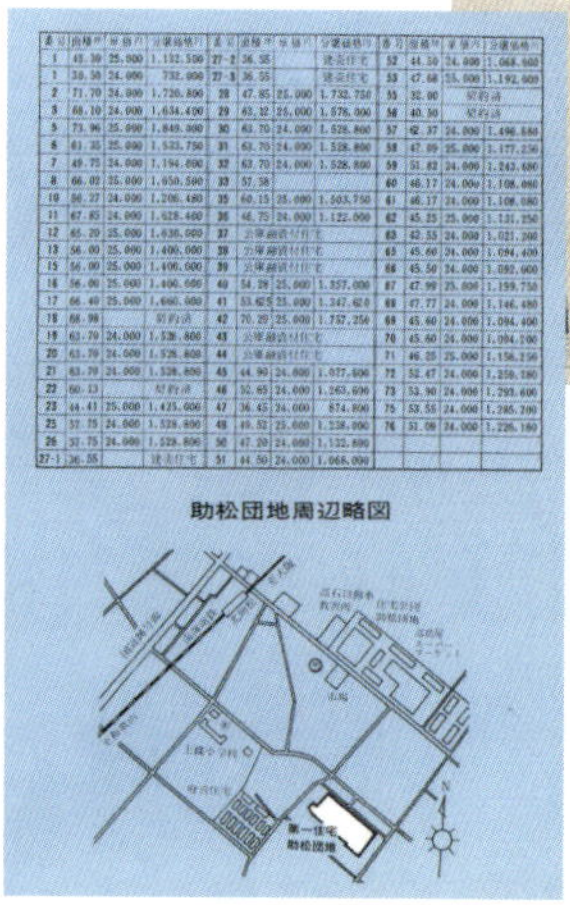

【助松団地パンフ（昭和戦後期）】
第一住宅が手掛けた助松団地のパンフレット。略図によると、付近には住宅公団の助松団地や高島屋スーパーマーケットが存在していた。

右下駅舎写真：上から北助松駅、松ノ浜駅、泉大津駅

津村が合併して大津村が成立し、1915（大正4）年に泉北郡の大津町に。その後、上条村、穴師村を吸収し、1942（昭和17）年に泉大津市が誕生した。

泉大津駅は1897（明治30）年10月に大津駅として開業。1942年7月に泉大津駅に改称した。「大津」の駅名については、東海道本線（滋賀県）に大津駅があることから、市制施行に伴い、改称する運びとなった。駅の構造は島式ホーム2面4線の高架駅で、所在地は泉大津市旭町である。

【北助松駅（1957年）】

【泉大津駅（1952年）】

【助松団地地図（昭和戦後期）】
第一住宅が手掛けた助松団地のパンフレットの表紙。付近にある近代的なマーケットと、泉大津市立上條小学校が紹介されている。

【北助松団地】
サクラの花が咲く春の頃の北助松団地。

古地図探訪

◎助松、泉大津駅付近（昭和7年）

この地図に見える助松駅は、1914（大正3）年に誕生しているが、1960（昭和35）年に松ノ浜駅と改称されている。北助松駅は1957（昭和32）年の開業で、この時期は置かれていなかった。南側に見えるのは1897（明治30）年に開業した、当時の大津町（現・泉大津市）の玄関口、大津（現・泉大津）駅である。この駅は1942（昭和17）年に泉大津駅に改称した。地図の上は当時、上條（条）村だった。

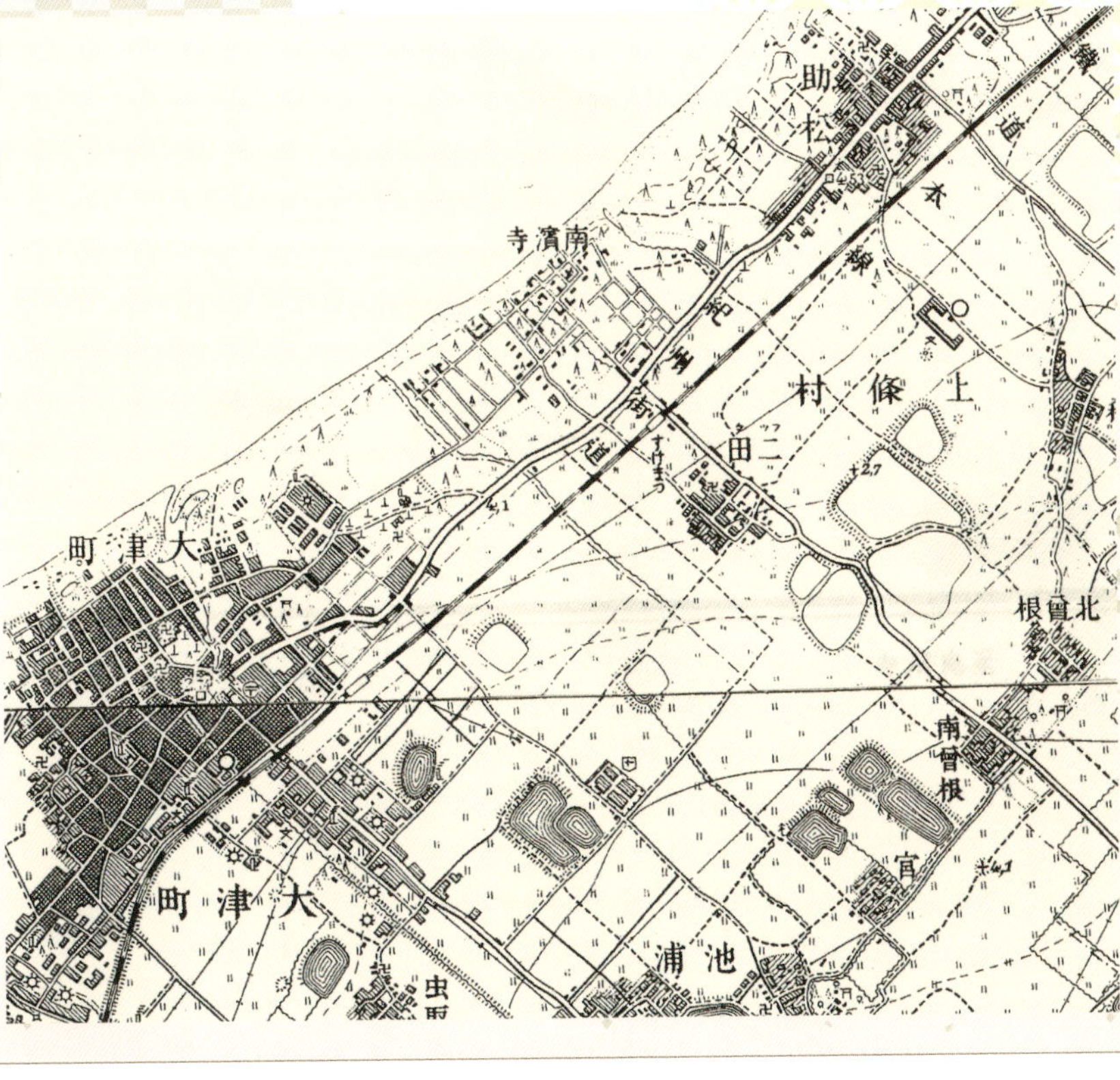

南海本線

NK21

忠岡《ただおか》

忠岡町

開業年 1925（大正14）年7月11日

所在地 大阪府泉北郡忠岡町忠岡南1-5-1

キロ程 難波駅から22.3km

駅構造 地上駅2面2線

乗降客 8361人

大津川を渡った先にあるのが忠岡駅。この駅がある忠岡町は、日本一面積が狭い町（3・97平方キロ）として知られている。しかも、南海本線とは直角に延びる町域のため、南海線が通っている長さは1キロにも満たない。駅のすぐ南側は岸和田市で、町の東側ぎりぎりを阪和線が走っているが、こちらには駅が置かれていない。忠岡駅は、1925（大正14）年7月の開業。駅の構造は相対式2面2線のホームをもつ地平駅。駅の所在地は忠岡町忠岡南1丁目である。

1889（明治22）年、和泉（後に泉北）郡の忠岡村、馬瀬村、北出村、高月村が合併して忠岡村が成立し、1939（昭和14）年に忠岡町になった。平成に入り、岸和田市と合併する案も浮上したが、住民投票で否決されたことがある。西側には忠岡港が存在する。また、忠岡駅から徒歩15分ほどの北西にある正木美術館は、素封家の正木孝之氏が収集した日本・東洋美術を展示する美術館で、国宝3件、重要文化財作品13件を含む優れたコレクションで有名である。美術館の西側に建つ正木記念邸は、主屋や中門などが国の登録有形文化財に指定されている。

【正木美術館】
1949年に建築された正木記念邸。美しい庭園に面した主屋の廊下側。

【忠岡駅（昭和40年頃）】
現在も相対式2面2線の構造となっている忠岡駅。これは大阪府道229号に面した下りホームの改札口風景か。学生、親子連れの姿が目立っている。

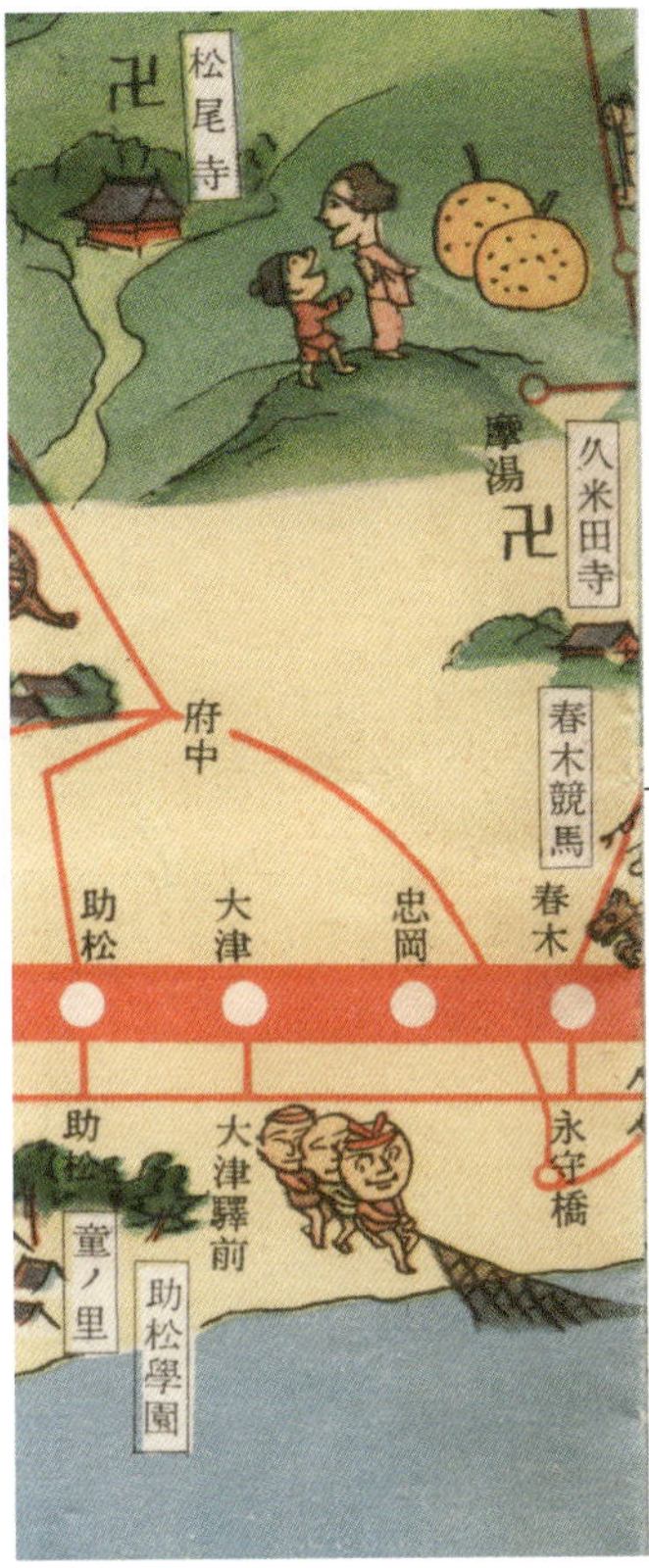

【南海沿線案内、忠岡駅付近（部分、昭和戦前期）】
昭和戦前期の南海沿線案内図の忠岡駅付近である。海岸では地引網による漁を行っている漁師の姿がある。山側には久米田寺や松尾寺などが描かれており、春木競馬の文字も見えている。

【だんじり】
見事な木彫りの装飾が施されているだんじりの一部。

【だんじり】
見事な木彫りの装飾が施されているだんじりの一部。

古地図探訪

◎忠岡駅付近（昭和4年）

このあたりの自治体は、北から大津町（現・泉大津市）、忠岡村（現・忠岡町）、春木町（現・岸和田市）と分かれている。現在は岸和田市の一部となっている春木町は、戦前から戦後にかけて、春木競馬が開催されて大いに賑わった場所である。一方、忠岡村は1939（昭和14）年に町制を施行して忠岡町となったが市町村合併には参加せず、現在は日本一面積の小さい町となっている。

NK22
NK23
NK24
NK25

春木《はるき》、和泉大宮《いずみおおみや》、岸和田《きしわだ》、蛸地蔵《たこじぞう》

岸和田市

駅名	開業年	所在地	キロ程	駅構造	乗降客
春木	1914（大正3）年10月18日	大阪府岸和田市春木若松町14-6	難波駅から23・7km	地上駅2面3線	1万3247人
和泉大宮	1937（昭和12）年4月10日	大阪府岸和田市上野町東13-1	難波駅から25・0km	地上駅2面2線	4512人
岸和田	1897（明治30）年10月1日	大阪府岸和田市宮本町1-10	難波駅から26・0km	高架駅2面4線	1万9338人
蛸地蔵	1914（大正3）年4月1日	大阪府岸和田市岸城町16-1	難波駅から26・9km	地上駅2面2線	4333人

岸和田市における最初の南海駅は、春木駅である。駅手前（北側）の線路沿いに見える岸和田競輪場の最寄り駅である。また、「春木」の名を聞いて、オールドファンが思い出すのは、1974（昭和49）年まで存在した春木競馬場。戦前においては、地方競馬としては全国最高の売り上げを記録するほどの賑わいを見せており、戦後の収益などもまずまずだったが、市民団体の反対などで廃止された。跡地には岸和田市中央公園が誕生している。春木駅は1914（大正3）年10月の開業。現在の駅の構造は単式・島式のホームを組み合わせた2面3線の地平駅である。所在地は岸和田市春木若松町。

　次の和泉大宮駅は、岸和田市上野町東に置かれている。駅の開業は1937（昭和12）年4月。駅の構造は相対式ホーム2面2線の地平駅。「和泉大宮」と呼ばれる兵主神社の最寄り駅で、ここから駅名が採用された。安土桃山時代に豊臣秀吉が再建した本殿は、国の重要文化財に指定されている。

　岸和田駅は、人口18万4000人の岸和田市の玄関口。岸和田市は、1922（大正11）年、大阪府で3番目に市制を施行している歴史のある街である。岸和田城とだんじり祭りが有名で、この2つについては次の見開きで紹介する。中心駅の岸和田駅は、1897（明治30）年10月に開業。1994（平成6）年7月に高架駅となった。島式ホーム2面4線を有し、所在地は岸和田市宮本町である。

　1914（大正3）年4月に開業した蛸地蔵駅は、駅の北西にある浄土宗の寺院、天性寺の通称「蛸地蔵」から駅名が採用された。「蛸地蔵」は、豊臣秀吉の家来の中村一氏が岸和田城を守っていた際（1584・天正12年）、紀州の一向一揆に攻められた窮地を救ったのが、蛸に乗った地蔵菩薩だったという逸話に基づいている。寺の創建は1570（元亀元）年の創建とされるが、古い記録は失われている。また、南北朝時代に岸和田城を襲った大波を、大蛸に乗った法師が鎮めたという伝説も存在する。

【蛸地蔵（昭和戦前期）】
南海本線の駅名になっている「蛸地蔵」は、岸和田市南町にある浄土宗の寺院。14世紀の建武年間、岸和田港城を津波が襲ったとき、津波の後に地蔵菩薩像が発見されて城の下に埋められた。安土桃山時代になり、豊臣秀吉の家臣、中村一氏が守る岸和田城が攻められた際、蛸に乗った法師と蛸の群れが現れて敵を退散させ、一氏は地蔵菩薩像を掘り出して、寺に祀ったことが由来とされる。

【蛸地蔵】
蛸地蔵天性寺の門前。蛸を一切食べずに願を掛ける蛸絵馬で知られる。

右下駅舎写真：上から春木駅、和泉大宮駅、岸和田駅、蛸地蔵駅

【岸和田中学校（昭和戦前期）】
岸和田名所として紹介されている大阪府立岸和田中学校（旧制、現・岸和田高校）。1897（明治30）年に創立の名門校である。

【岸和田市街の俯瞰（大正～昭和戦前期）】
岸和田駅の北西にあたる筋海町に置かれている、岸和田天主堂（カトリック岸和田教会）の塔上から見た岸和田市街西部の風景。岸和田港に近い場所に建つ、工場の煙突が見えている。

【岸和田港（昭和戦前期）】
1791（寛政3）年、岸和田藩の第8代藩主、岡部長備（ながとも）が古城川の河口に開いた小さな港が岸和田港の起源とされる。1950年代から近代的な港湾の整備が行われ、1968（昭和43）年には忠岡港、貝塚港と統合されて、阪南港と呼ばれるようになった。

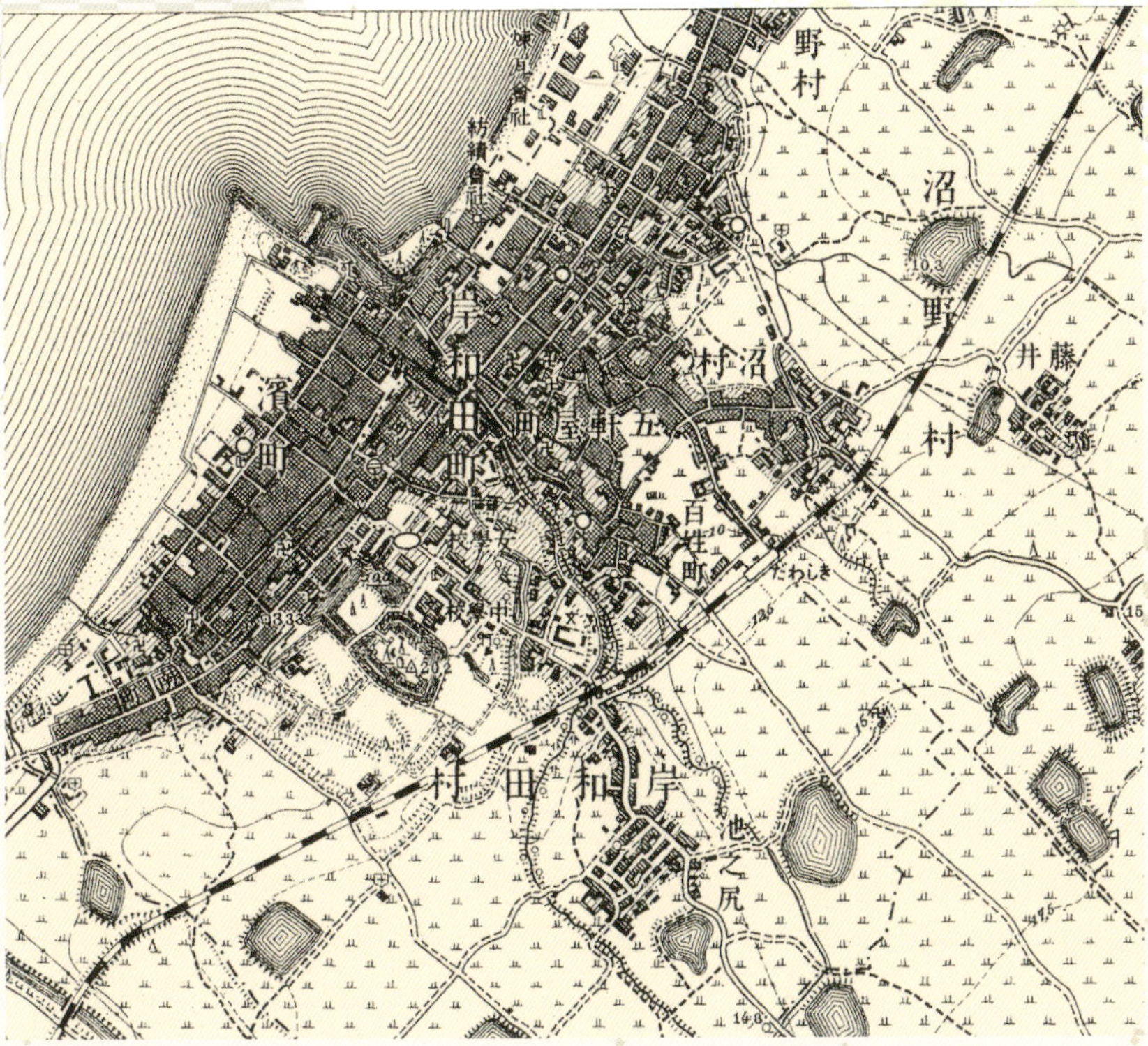

古地図探訪

◎岸和田駅付近（明治42年）

岸和田駅が置かれている現在の岸和田市北部の地図だが、ここでは岸和田町と（岸和田）浜町、岸和田村の町村名が見えている。岸和田町・岸和田浜町・岸和田村と沼野村が合併して新しい岸和田町となるのは1912（明治45）年。1922（大正11）年には、大阪府で3番目の市である岸和田市が成立する。南海本線は城下町（市街地）を離れた東側を走っており、駅のすぐ西側には「百姓町」の地名がある。

岸和田城

　江戸時代の岸和田は、岡部家が治める岸和田藩5～6万石の城下町だった。その中心となる岸和田（千亀利）城は、豊臣秀吉配下の武将、小出秀政が本格的な構えの城郭にしたもので、江戸時代にさらに整備されて輪郭式の平城となった。天守閣は1827（文政10）年に焼失し、幕末に再興されることはなく、明治維新で廃城となった。戦後の1954（昭和29）年に天守閣が再建され、その後も多門櫓などが復興再建された。現在は、本丸庭園が国の名勝となっているほか、城跡は大阪府の史跡となっており、一帯は千亀利（ちぎり）公園として整備されている。

　この城（跡）内には岸和田市役所、大阪府立岸和田高等学校のほか、岸城神社、岸和田戎神社など多くの施設が存在している。1897（明治30）年に城内で開校した大阪府第六尋常中学校は、大阪府立岸和田中学校をへて、戦後の1948（昭和23）年に大阪府立岸和田高校となっている。また、城内には、岸和田名物のだんじり、祭

【春木駅（1942年頃）】

【和泉大宮駅（1948年頃）】

【コシノ洋装店付近（1955年）】
世界的ファッションデザイナーとして有名なコシノ三姉妹を生んだ、岸和田のコシノ洋装店付近の賑わい。

【岸和田駅（平成元年）】
1929（昭和4）年に建てられた二代目岸和田駅舎。高架化工事のために1989（平成元）年、現在の駅舎にバトンタッチすることになった。

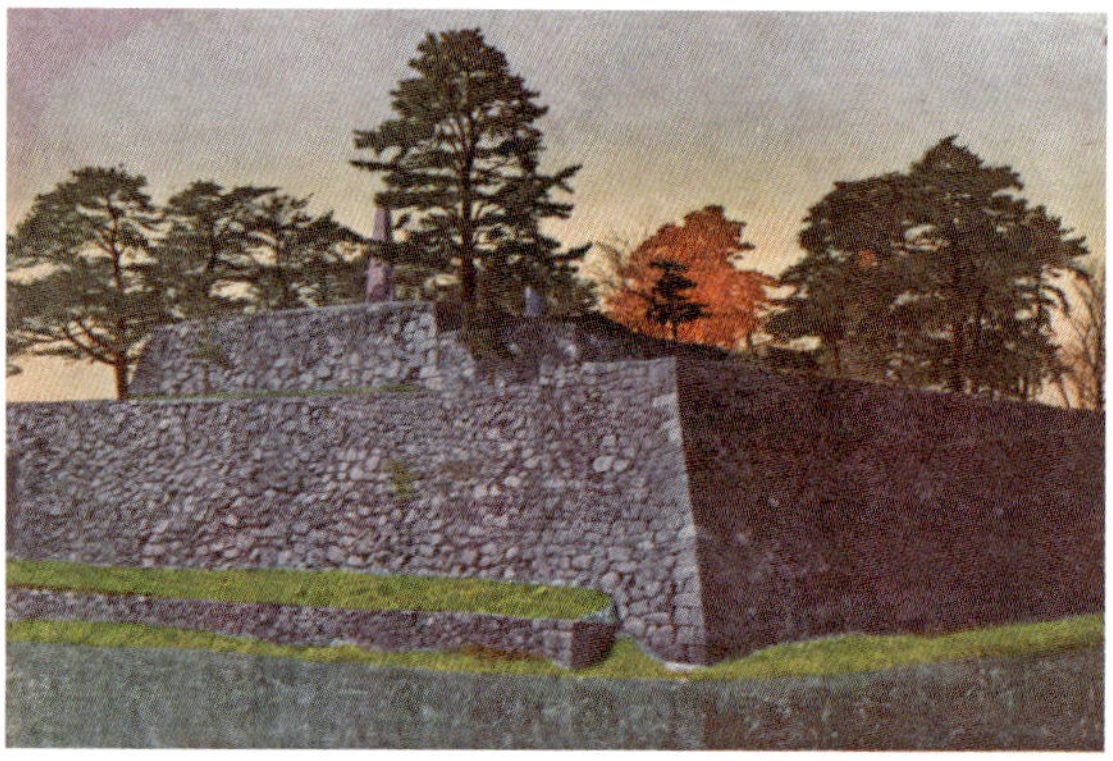

【岸和田城（昭和戦前期）】
南北朝時代に楠木正成の家来だった和田高家が築いたといわれる岸和田城。城郭施設は江戸末期から明治維新時に焼失。破壊されて堀と石垣だけが残った。現在の天守閣は1954（昭和29）年に再興された。

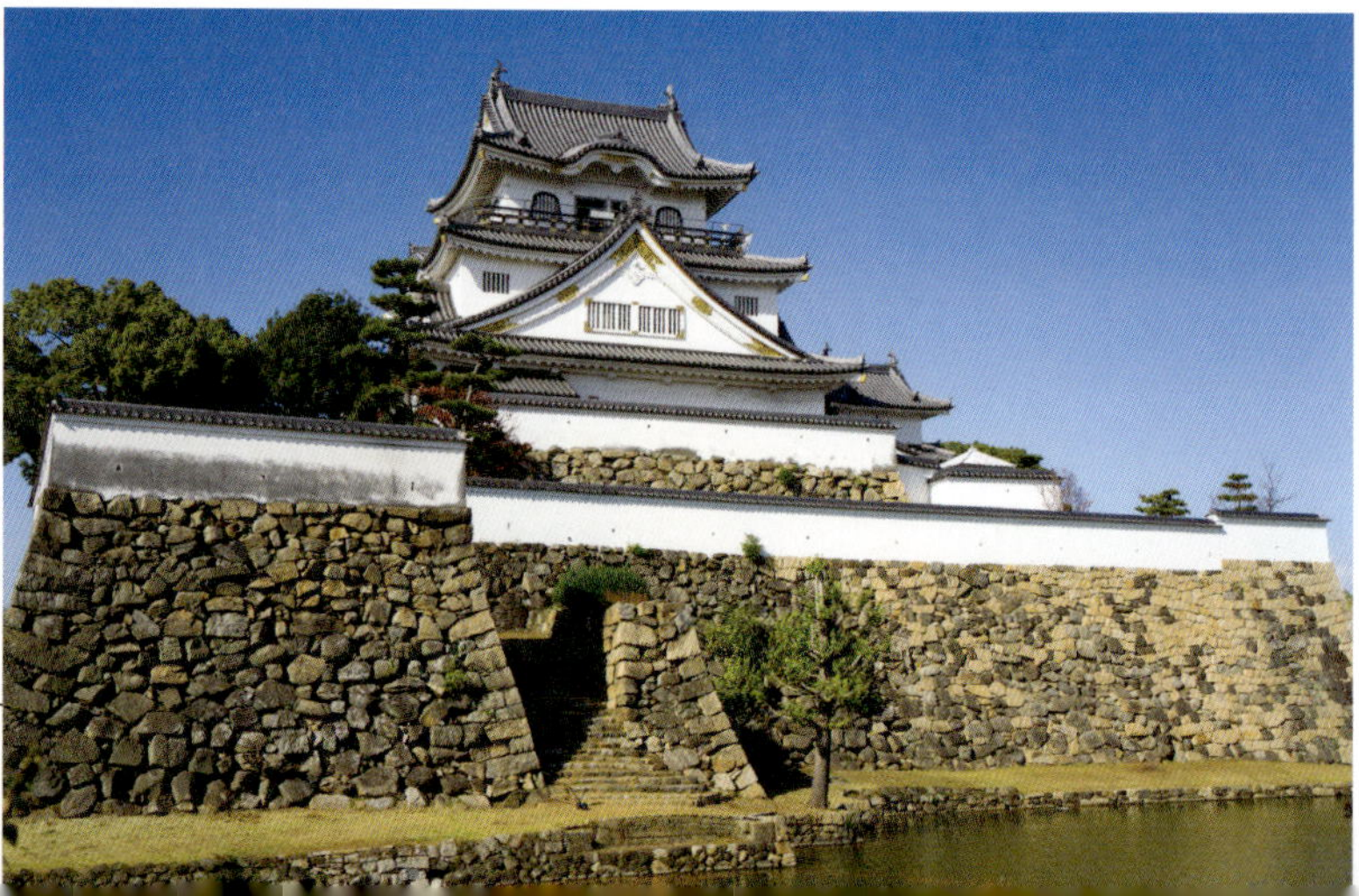

【岸和田城】
岸和田の街のシンボル、岸和田城。戦後に天守などが再建された。

りに関する資料を展示する岸和田だんじり会館も建てられている。

だんじり祭

岸和田を全国的に有名にしているものに、毎年秋に行われるだんじり祭がある。「だんじり」とは、西日本における「山車（だし）」の呼び名で、岸和田市以外の各地の祭りにも登場するが、9月に行われる岸和田だんじり祭、春木だんじり祭は規模が大きく勇壮で、テレビなどで紹介されて全国的に有名になった。岸和田では岸城神社、岸和田天神宮、弥栄神社に属する22の町会があり、それぞれが所有するだんじり（地車）を順番に曳行（パレード）、神社に入る（宮入り）を見物するために多くの観客が岸和田にやってくる。中でも街角を曲がる際に行われる「やりまわし」が見どころとなっている。

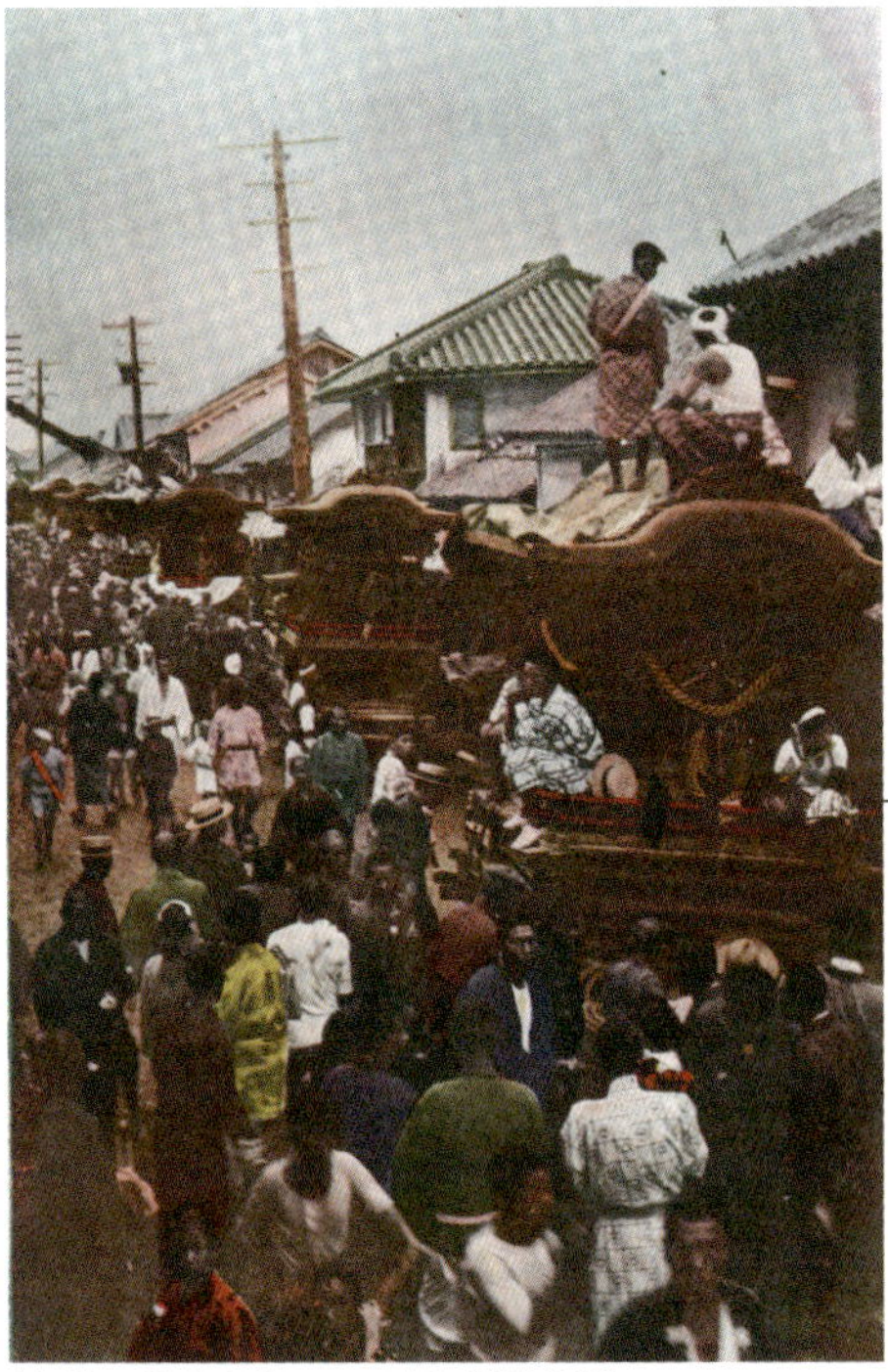

【祭礼の地車（だんじり、昭和戦前期）】
だんじり（地車）に乗る男たちの勇壮な姿で有名な岸和田だんじり祭。市中の細い通りに多くのだんじりが続き、群衆に囲まれている様子がわかる。

【祭礼の地車（だんじり、明治後期）】
岸和田を含めた関西で「だんじり」と呼ばれる地車を曳いて、町内を練り歩く人々。岸和田市は、1922（大正11）年に市制を施行する前は岸和田町だった。

【だんじり】　岸和田のだんじりにおける名物となっている、こなから坂における宮入の風景。

南海本線

NK26
NK27

貝塚《かいづか》、二色浜《にしきのはま》

貝塚市

	貝塚	二色浜
開業年	1897(明治30)年10月1日	1938(昭和13)年10月1日
所在地	大阪府貝塚市海塚1-1-1	大阪府貝塚市澤647-2
キロ程	難波駅から28.6km	難波駅から30.4km
駅構造	地上駅2面4線	地上駅2面2線
乗降客	1万7641人	4312人

貝塚市には、貝塚駅と二色浜駅の2駅が置かれている。貝塚市は人口80000人。1889(明治22)年に南郡(後に泉南郡)の貝塚町が発足し、近隣の村を合併した後、1943(昭和18)年に市制を施行して貝塚市となった。「貝塚」の地名は、もともとは「海塚」で、縄文時代の貝塚との関連性はない。古くからつげ櫛の生産が有名で、近代には紡績業も盛んになった。大日本紡績(日紡)の貝塚工場は、女子バレーボールチームと大松博文監督の存在で有名になり、東京オリンピックの金メダルを獲得し、「東洋の魔女」として脚光を浴びた。その後、ユニチカに社名が変わった後も活動を続けていたが、1997(平成9)年に貝塚工場は操業を停止し、チームメンバーは東レに移籍した。

貝塚駅は1897(明治30)年10月に南海の駅として開業。1933(昭和8)年4月に水間鉄道が開通して貨物駅を設けた後、1934(昭和9)年1月に貝塚駅の旅客営業を開始した。駅の所在地は貝塚市海塚1丁目、南海駅の構造は島式ホーム2面4線の地上駅で、水間鉄道の駅の構造は頭端式ホーム1面2線の地上駅である。

二色浜駅は1936(昭和11)年6月、夏季の臨時駅として開業した。「二色」とは、白砂青松の意味で、南海が開いた海水浴場の玄関口だった。2年後の1938(昭和13)年10月、常設の駅に昇格した。駅の西側には、二色の浜公園、二色の浜海水浴場が存在している。駅の所在地は貝塚市澤、構造は相対式ホーム2面2線をもつ地平駅である。

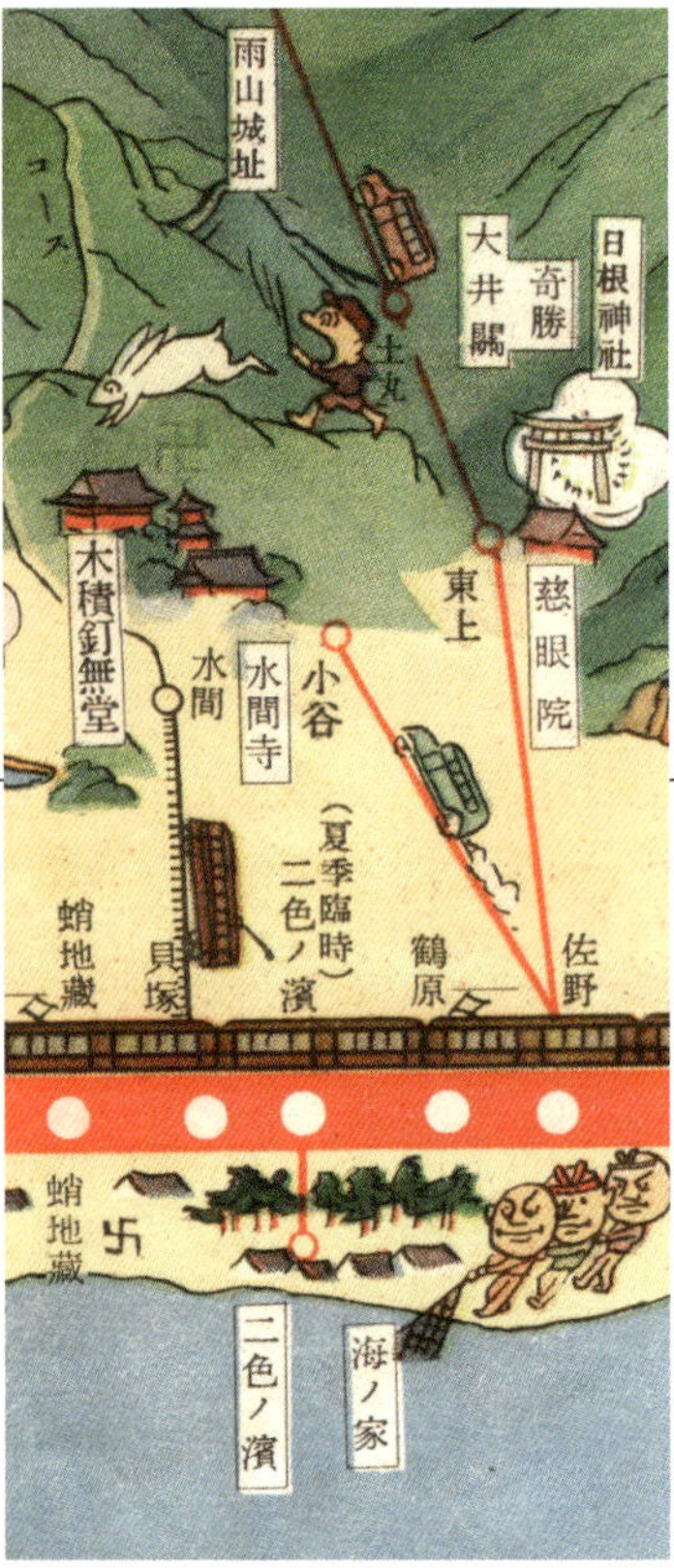

【南海沿線案内、貝塚・二色の浜駅付近(部分、昭和戦前期)】
南海の楽しい沿線案内(絵地図)で、貝塚からは水間鉄道の電車、泉佐野からはバスが描かれている。南海本線には長い電車の姿も。

【感田神社、貝塚(大正期)】
貝塚寺内町の成立と深く関わっている感田神社は、天照皇大神などを祀っている。創建は1587(天正15)年で、江戸時代前期に社殿が造られた。

右下駅舎写真：上から貝塚駅、二色浜駅

【貝塚小学校(大正期)】
1871(明治4)年に開校した貝塚郷学をルーツとする貝塚(尋常高等)小学校。1931(昭和6)年に貝塚北小学校に改称し、現在は市立北小学校となっている。

【貝塚市立自然遊学館】
貝塚で発掘されたアンモナイトの化石をデザインしたユニークな外観をもつ。

【二色の浜公園海浜緑地】
夏には海水浴客で賑わう貝塚市の二色の浜公園海浜緑地。

古地図探訪

◎貝塚駅付近(明治42年)

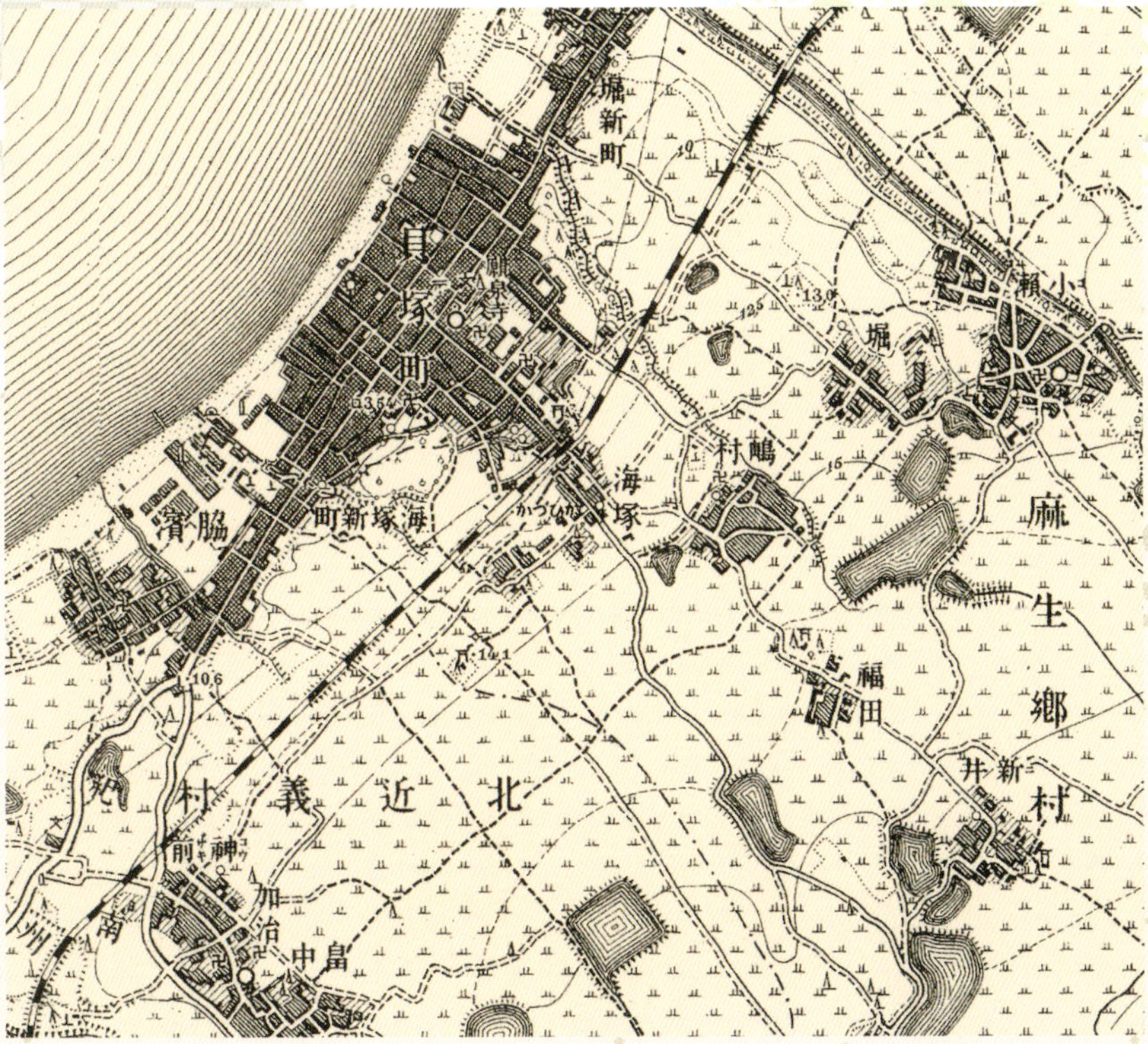

地図の中央付近には、南海本線の貝塚駅と「海塚」の地名が記されている。海(西)側は貝塚町で、取り囲むように北近義村・島村・麻生郷村が存在している。泉南郡の貝塚町と北近義村・島村・麻生郷村などは1931(昭和6)年に合併し、新しい貝塚町が成立する。昭和戦前期に南海本線の駅名となった「二色浜」は「脇浜」の地名から分かれたもので、大阪湾の埋め立て地の名称にもなっている。

水間鉄道と水間寺

1924（大正13）年4月に設立された水間鉄道株式会社は、水間観音（水間寺）への参詣路線として、1925（大正14）年12月に貝塚南（後の海塚）〜名越間で開業した。1926（大正15）年1月、名越〜水間（現・水間観音）間を延伸する。その間の1925年12月に貨物線として開通させた（南海）貝塚〜貝塚南間の路線は、1934（昭和9）年1月に旅客線に組み入れられた。

貝塚駅と水間観音駅を結ぶ5・5キロの水間線は、全線が貝塚市内に存在している。南海との関係は深く、かつては南海の中古車両を使用していたが、元東急の車両が運行されている。近年は貝塚市内陸部の住民が利用する、通勤・通学路線の性格が強くなっている。

駅の数は10あるが、ほとんどが無人駅で、列車交換が可能なのは名越駅だけである。終着駅の水間観音駅は、1926（大正15）年1月、水間駅として開業。2009（平成21）年6月、水間観音駅に改称した。駅に付属する車庫には、旧車両も保存されている。駅の構造は島式と単式のホームを組み合わせた2面2線の地上駅。所在地は貝塚市水間である。

水間観音駅から徒歩7分のところにある水間寺は、天平年間（729〜749年）に聖武天皇の勅願により行基が創建した寺院。天台宗の別格本山であり、本尊は聖観世音菩薩であることから、水間観音と呼ばれてきた。本堂は江戸後期の1811（文化8）年、三重塔は1834（天保5）年に再建されており、貝塚市指定有形文化財となっている。

【水間寺】
水間寺は南海沿線七福神のひとつ、弁財天が祀られている。

【水間寺】
優美な姿の三重塔で知られる水間寺は奈良時代に創建された古刹で、天台宗の別格本山である。これは来宝館と呼ばれていた建物。

南海線と結ばれていた貝塚南（現・貝塚）駅を始発駅とし、水間（現・水間観音）駅を終着駅とする、水間鉄道（水間線）の沿線名所案内である。現在の駅数は10だが、この当時は7駅であり、貝塚市役所前、近義の里、三ヶ山口の3駅は存在していなかった。貝塚市役所前、近義の里駅は、1960年代後半に貝塚南〜石才間の市街地に新設された比較的新しい駅であることがわかる。

終着駅の水間駅付近には、水間寺の伽藍が描かれている。少し離れた場所には、大威徳寺がある岸和田市の牛滝山、七宝瀧寺がある泉佐野市の犬鳴山、千早赤坂村と奈良県との県境にある葛城山といった霊場、名所が描かれている。

【水間鉄道沿線名所案内（昭和戦前期）】

【二色の浜駅】
1936(昭和11)年に臨時駅として開業した二色浜駅の駅前風景。この当時は「二色の浜駅」という駅名看板を掲げていた。

【貝塚駅(年代不明)】
路線バスが停車している貝塚駅前の風景、地上駅舎時代の姿。1990(平成2)年に橋上駅舎に変わった。

【貝塚駅(昭和29年)】
太鼓台祭りを見ようとする多くの人々が集まっている貝塚駅の駅前。1990(平成2)年に南海の駅舎は橋上化されている。

【貝塚駅(年代不明)】
空から見た貝塚駅付近。東口方面は、現在も再開発の計画が話し合われている。

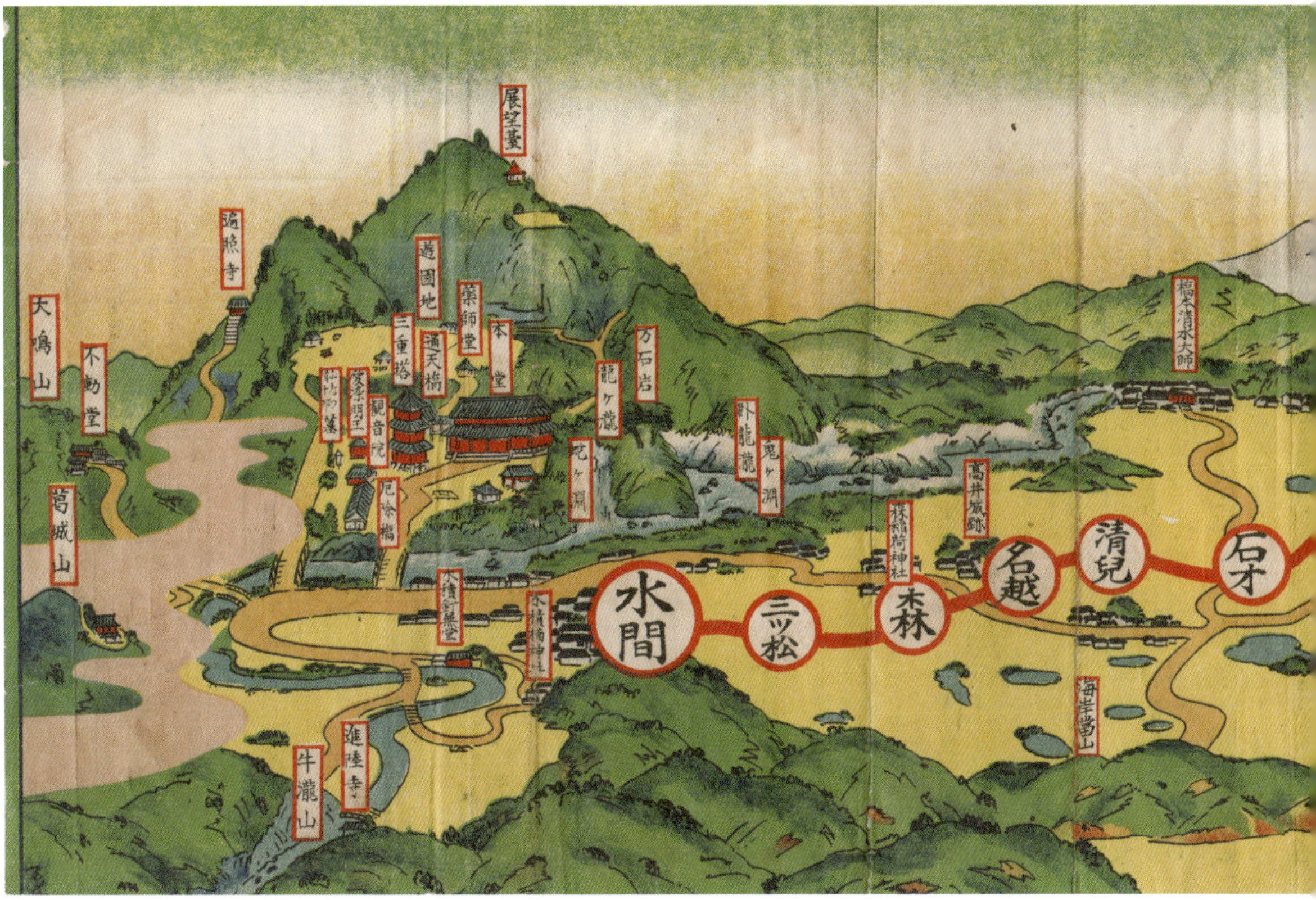

NK28
NK29
NK30
NK33

鶴原《つるはら》、井原里《いはらのさと》、泉佐野《いずみさの》、羽倉崎《はぐらざき》

泉佐野市

鶴原 開業年 １９１６（大正５）年５月１５日　所在地 大阪府泉佐野市鶴原１-１-２６　キロ程 難波駅から３１・３km　駅構造 地上駅２面２線　乗降客 ３０９０人

井原里 開業年 １９５２（昭和２７）年４月１日　所在地 大阪府泉佐野市下瓦屋１-１-５７　キロ程 難波駅から３２・４km　駅構造 地上駅２面２線　乗降客 ３２０９人

泉佐野 開業年 １８９７（明治３０）年１０月１日　所在地 大阪府泉佐野市上町３-１１-４１　キロ程 難波駅から３４・０km　駅構造 高架駅３面４線　乗降客 ２万１９６８人

羽倉崎 開業年 １９４２（昭和１７）年２月１日　所在地 大阪府泉佐野市羽倉崎１-１-２４　キロ程 難波駅から３６・１km　駅構造 地上駅２面３線　乗降客 ５４６４人

鶴原駅は、１９１６（大正５）年５月の開業。所在地は泉佐野市鶴原で、相対式ホーム２面２線をもつ地平駅である。また、井原里駅は１９５２（昭和27）年４月に開業した比較的新しい駅である。相対式ホーム２面２線を有する地平駅で、所在地は泉佐野市下瓦屋１丁目である。

泉佐野駅は、人口９万９０００人の泉佐野市の中心駅で、南海本線と空港線が分岐する駅となっている。泉佐野駅は１８９７（明治30）年10月、南海鉄道の佐野駅として開業し、当初は終着駅だった。同年11月、尾崎駅まで延伸して途中駅に変わった。１９４８（昭和23）年４月、現在の駅名である「泉佐野」に駅名を改称している。１９９４（平成６）年６月には空港線が開通し、分岐点の駅となった。駅の構造は島式ホーム３面４線をもつ高架駅。駅の所在地は泉佐野市上町３丁目である。

泉佐野市には現在、大阪の空の玄関口である、関西国際空港の東北部分が属している。歴史を振り返れば、日根郡（後に泉南郡）の佐野村が１９１１（明治44）年に佐野町となり、１９４８（昭和23）年に泉佐野市が成立した。１９５４（昭和29）年には南中通村、長滝村、上之郷村、日根野村、大土村を編入し、１９９４（平成６）年に関西国際空港が開港した。特産品としては泉州水茄子があり、泉州タオルの生産地としても有名である。

羽倉崎駅は、太平洋戦争中の１９４２（昭和17）年、陸軍の飛行場を建設するための人員・物資輸送のために開設された。駅の所在地は泉佐野市羽倉崎１丁目で、構造は島式と単式を組み合わせた２面３線のホームをもつ地上駅である。戦後の１９５５（昭和30）年、南側に羽倉崎検車区（現・検車区）が開設された。「羽倉崎」の地名は、「筺浦崎」から転訛したとされている。

【泉州水なす】
泉州で採れるナスは、丸みを帯びて水分が多いことから「泉州水なす」と呼ばれる特産品となっている。

【泉佐野駅前商店街】
泉佐野駅東口、レフ関空泉佐野byベッセルホテル前から続く泉佐野駅前商店街。

右下駅舎写真：上から鶴原駅、井原里駅、泉佐野駅、羽倉崎駅

【泉佐野駅改札口付近（年代不明）】
高架化される前の泉佐野駅。有人だった頃の改札口付近。

【泉佐野駅前（年代不明）】
古い商店が並んでいた頃の泉佐野駅前。現在とは見違えるような風景だった。

【いずみさの関空マリーナ】
関西国際空港の対岸に位置する、釣りやクルージングなどの基地。

古地図探訪

◎泉佐野駅付近（明治42年）

大阪湾に面した佐野村のはずれに南海本線の佐野駅が置かれている。1897（明治30）年に開業した佐野駅は、1948（昭和23）年の市制施行による泉佐野市の成立に合わせて泉佐野駅と改称した。現在は関西国際空港の開港で大きく発展している。この地図に見える孝子越街道は泉佐野と和歌山を結ぶ街道で、鶴原で紀州街道から分岐して海沿いを進んでゆく。「孝子」は南海の駅名にもなっている峠の名前である。

南海本線

NK34

吉見ノ里《よしみのさと》

田尻町

開業年 1915（大正4）年10月1日

所在地 大阪府泉南郡田尻町大字吉見603

キロ程 難波駅から37・4km

駅構造 地上駅2面2線

乗降客 3565人

次の吉見ノ里駅は、南海本線における泉南郡田尻町の唯一の駅。駅の開業は1915（大正4）年10月で、駅の所在地は田尻町大字吉見である。「吉見」という地名は、大阪湾に面した風光明媚な土地という名称で、幕末に近江国（滋賀県）にあった三上藩の領地となり、明治維新後に三上藩が陣屋を移したことで吉見藩となった。明治初期、廃藩置県後には一時、吉見県が存在した。

　この田尻町は、人口約8000人の小さな町で、一時は日本一面積の小さい町となったが、関西国際空港の埋立地が誕生したことで、お隣の忠岡町が日本一となった。1889（明治22）年、日根郡（後に泉南郡）の吉見村と嘉祥寺村が合併して、田尻村が誕生。1953（昭和28）年に町制を施行して田尻町となっている。駅の北西には大阪府警察学校が存在している。大阪府警察学校は1955（昭和30）年に大阪市城東区で開校し、1967（昭和42）年に交野市に移転。その後、2013（平成25）年に田尻町のりんくうポート南に移転してきた。田尻町の南西には樫井川が流れており、泉佐野市との境界となっている。

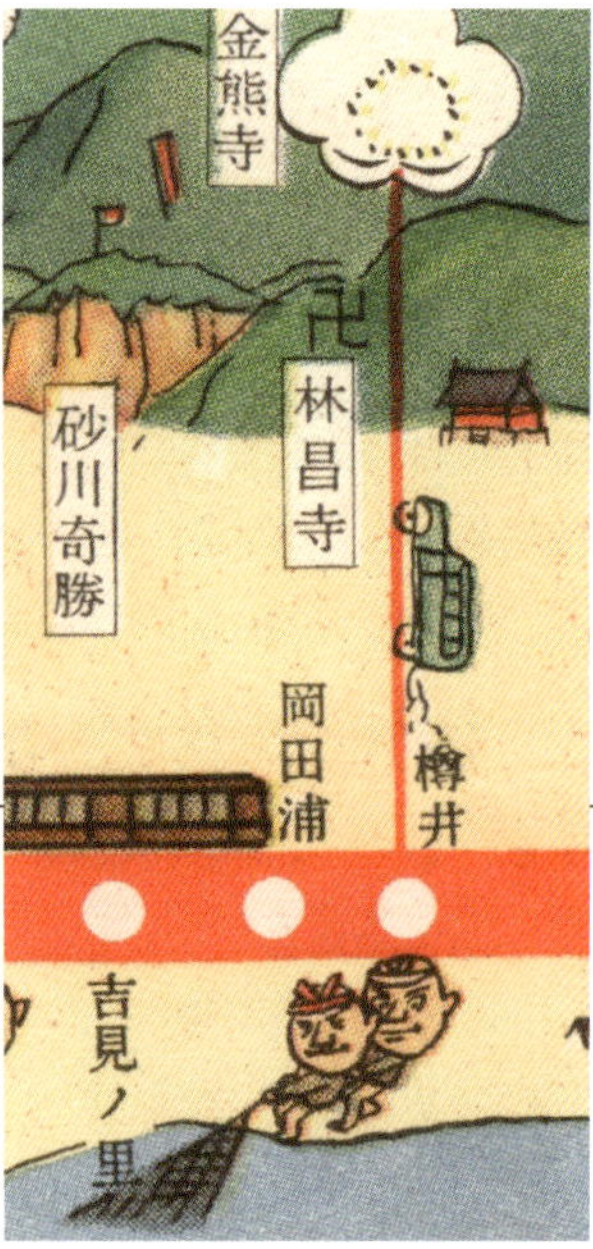

【南海沿線案内、吉見ノ里駅付近（部分、昭和戦前期）】
この沿線案内図では、泉州の海岸で行われていた地引網漁の様子がよく描かれている。一方、山側では有名な砂川奇勝のほか、林昌寺や金熊寺が描かれている。

【田尻歴史館】　大正期に建てられた谷口房蔵の別邸は、田尻歴史館として残されている。

【吉見紡績】
郷土の発展に尽くした実業家、谷口房蔵が地元に設立した吉見紡績。

【吉見ノ里駅前広場】
2022（令和4）年から新駅舎となった吉見ノ里駅の駅前広場。

【田尻日曜朝市】
田尻漁港で開催されている田尻日曜朝市。

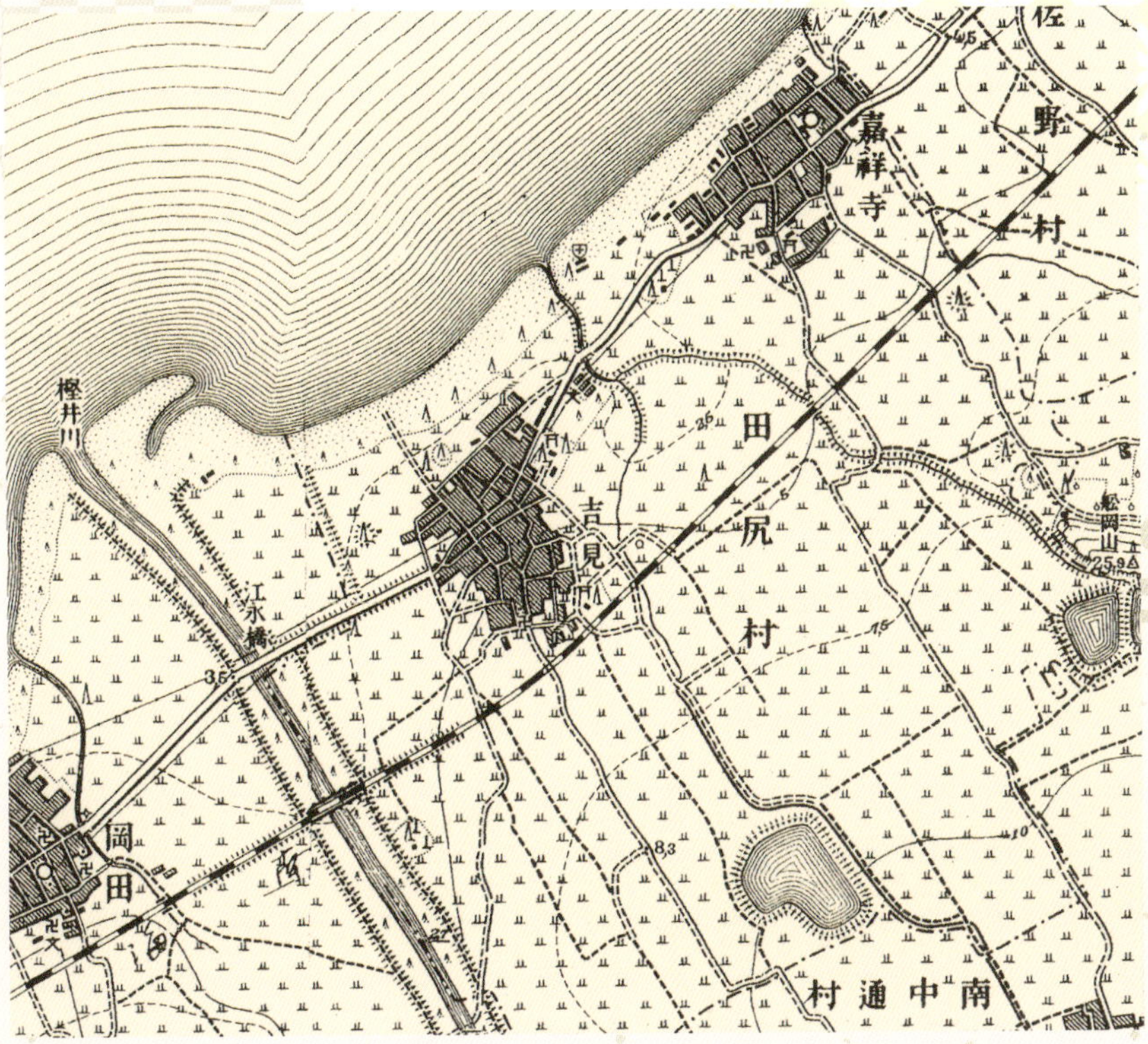

古地図探訪

吉見ノ里駅付近（明治42年）

孝子越街道と並行して和歌山方面に進んでゆく南海本線。田尻村に置かれた唯一の駅が吉見ノ里駅で、南海本線では田尻町で唯一の鉄道駅となっている。田尻町は面積も小さく人口も8300人ほどだが、関西国際空港からの税収により、地方交付税不交付団体となっている。特産品には日本で最も早く栽培が始まった「泉州タマネギ」がある。一方、地図南側に見える南中通村は、1954（昭和29）年に泉佐野市に編入されている。

NK35
NK36

岡田浦《おかだうら》、樽井《たるい》

泉南市

	岡田浦	樽井
開業年	1915(大正4)年11月1日	1897(明治30)年11月9日
所在地	大阪府泉南市岡田5-24-3	大阪府泉南市樽井5-41-1
キロ程	難波駅から38.8km	難波駅から40.6km
駅構造	地上駅2面2線	地上駅2面3線
乗降客	2268人	6988人

樫井川を渡った南海本線は、泉南市に入り、まもなくして岡田浦駅に着く。ここは人口5万7000人の泉南市である。駅の所在地は泉南市岡田で、次の樽井駅も泉南市樽井に位置している。南海本線はこの先、阪南市、岬町と、大阪府内を進むことになるが、この阪南市は、南側で岩出市、紀の川市という和歌山県の2つの市と接している。

泉南市は、1956(昭和31)年に泉南郡の樽井町、信達町、新家村などが合併して発足した泉南町が、1970(昭和45)年に市制を施行して誕生した市である。岡田漁港、樽井漁港があり、漁業が盛んな土地だったが、関西国際空港の誕生後は、空港関連施設・産業が街の発展を後押ししている。国際郵便を専門に扱う大阪国際郵便局も、空港の貨物地区内に開局している。

2つの駅では、樽井駅の方が歴史は古く、1897(明治30)年11月に開業した。一方の岡田浦駅は1915(大正4)年11月の開業である。駅の構造は岡田浦駅が相対式ホーム2面2線をもつ地平駅。樽井駅は単式、島式ホームを組み合わせた2面3線の地平駅となっている。泉南市内には、JR阪和線の新家駅と和泉砂川駅が置かれているが、ともに南海本線の駅との連絡には適していない。

【樽井、湖月(大正期)】
下と同じく「海水記念　樽井湖月」のスタンプのある絵葉書。2階建ての建物の先、庭園に向かって大きな日除けが張り出している。

【岡田浦漁港】
日曜朝市が開催される岡田浦漁港は、アナゴの漁獲量が大阪一である。

【タルイサザンビーチ】
関西国際空港を発着する飛行機を見ながら海水浴が楽しめるタルイサザンビーチ。

【樽井、湖月(大正期)】
「海水記念　樽井湖月」と記された、波の絵のあるスタンプが押された2枚の絵葉書のうちの1枚。簡素な木の橋の向こうに、旅館らしい大きな建物が見えている。

右下駅舎写真：上から岡田浦駅、樽井駅

【一岡神社（明治後期～大正期）】
一岡神社の鳥居前には、多くの人々が集まっている。泉南市信達大苗代に鎮座する一岡神社は、疫病除け祈願にご利益があるとされてきた。

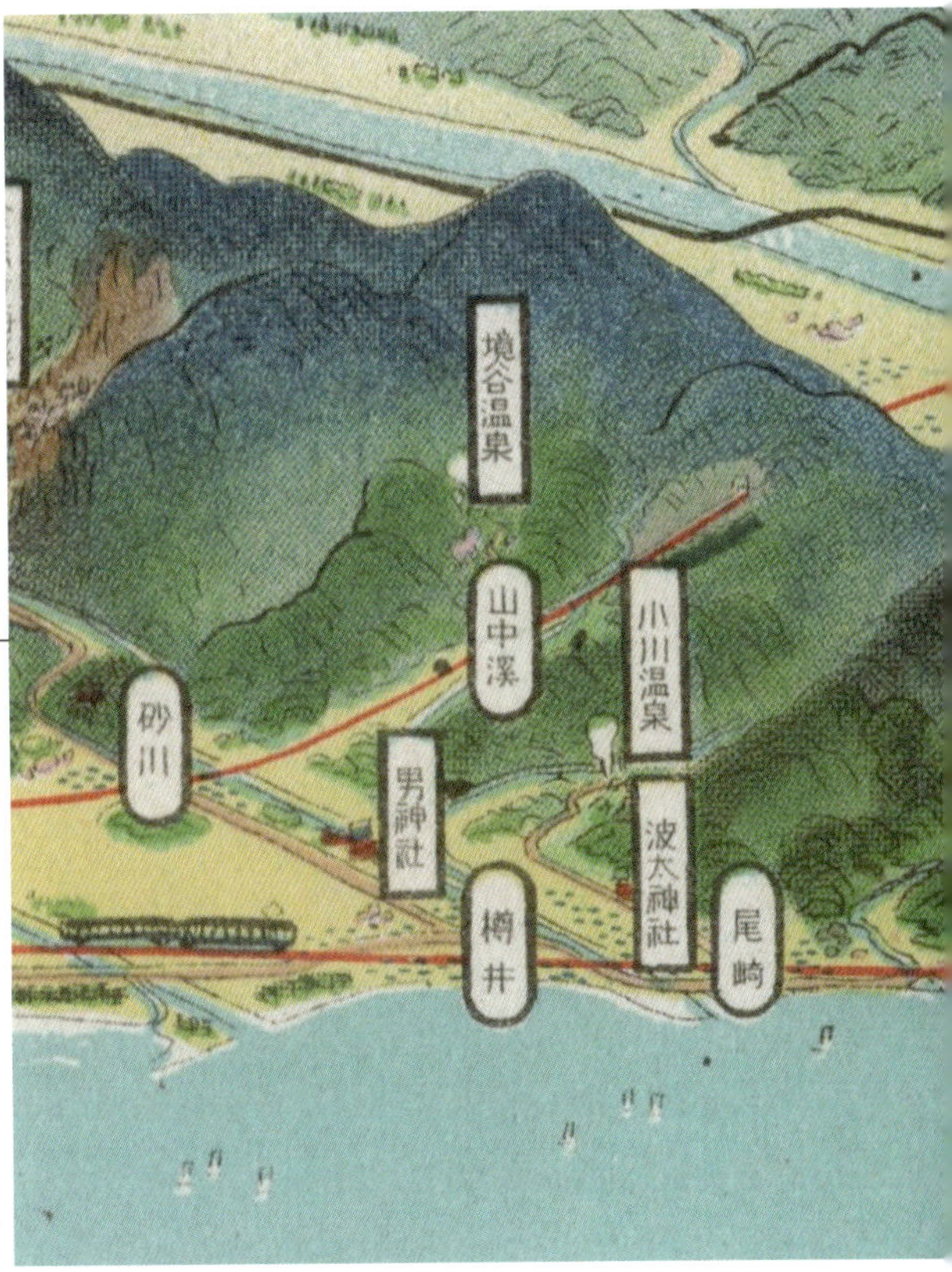

【南海電車沿線案内、岡田浦・樽井駅付近（部分、昭和戦前期）】
岡田浦駅が省略されている絵地図だが、付近には走行中の電車が見えている。その上（東）に見える砂川は、「白砂岩のミニ・ナイアガラ」と呼ばれる砂川奇勝（砂川公園）で有名な場所。最寄り駅は、内陸部を走る阪和線の和泉砂川駅である。

古地図探訪

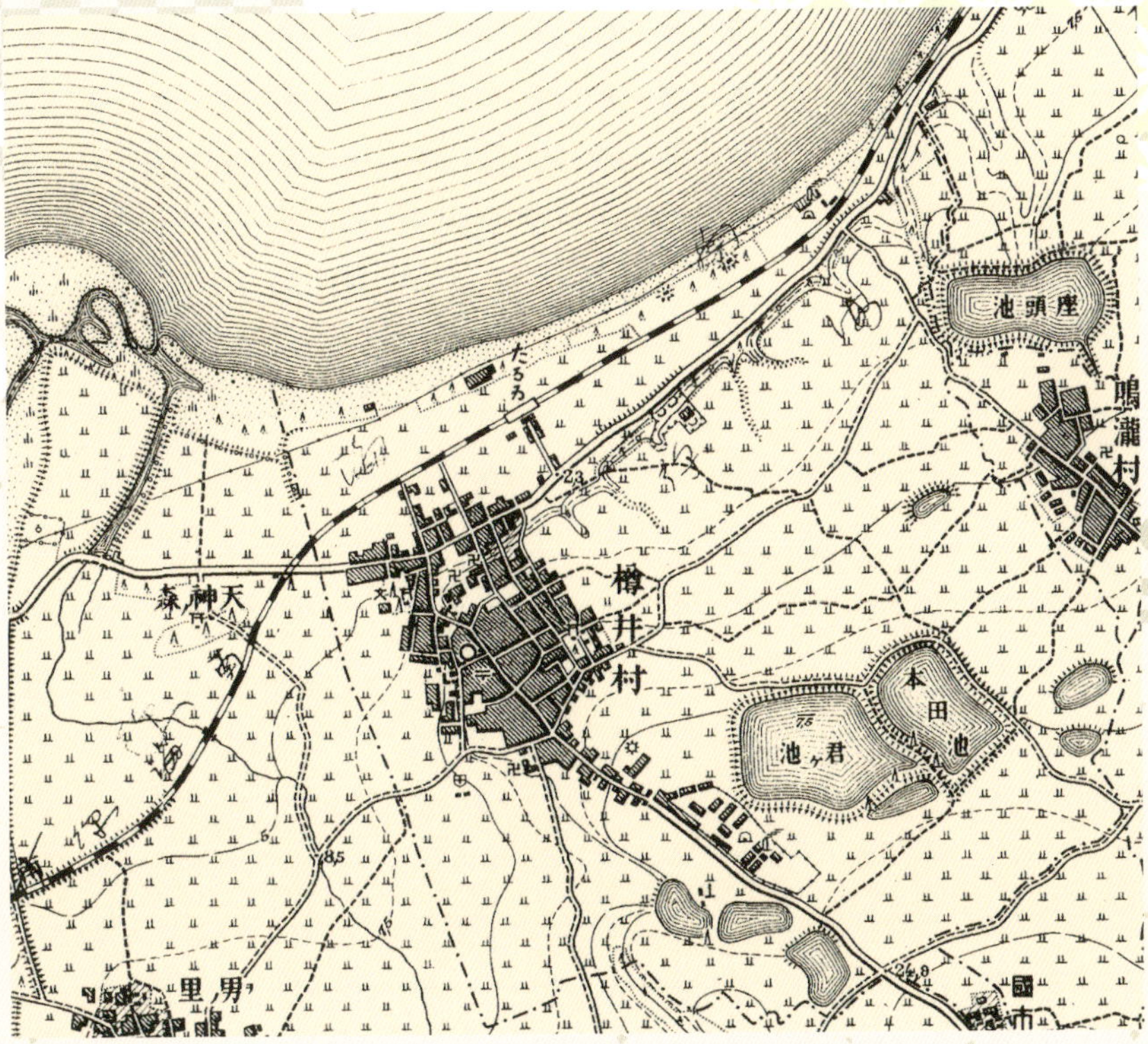

◎樽井駅付近（明治42年）
座頭池、本田池、君ケ池といった池が見える現在の泉南市、樽井駅付近の地図。この当時は泉南郡樽井村で、1940（昭和15）年に樽井町となり、戦後の1956（昭和31）年に新家村、信達町などと合併して泉南市が成立した。南海本線は孝子越街道の山側を通ってきたが、樽井駅付近では海側を走っている。本田池と君ケ池の周辺は現在、泉南中央公園として整備され、泉南市立市民体育館などが建てられている。

南海本線

NK37
NK38
NK39

尾崎《おざき》、鳥取ノ荘《とっとりのしょう》、箱作《はこつくり》

阪南市

	開業年	所在地	キロ程	駅構造	乗降客
尾崎	1897（明治30）年11月9日	大阪府阪南市尾崎町95-1	難波駅から43.1km	地上駅2面4線	8834人
鳥取ノ荘	1919（大正8）年3月1日	大阪府阪南市鳥取665	難波駅から44.6km	地上駅2面2線	2711人
箱作	1898（明治31）年10月22日	大阪府阪南市箱作320	難波駅から46.6km	地上駅2面2線	4290人

南海本線の尾崎、鳥取ノ荘、箱作という3つの駅が存在しているのが阪南市であるが、その中で街を代表する駅は、最も北に位置する尾崎駅である。この尾崎駅は1897（明治30）年11月、当時の南海鉄道の終着駅として開業。1898（明治31）年10月、和歌山北口駅（紀ノ川駅の前身、廃駅）まで延伸して、途中駅に変わった。駅の所在地は阪南市尾崎町で、駅の構造は島式ホーム2面4線の橋上駅である。この駅の付近には阪南市役所のほか、本願寺尾崎別院、尾崎神社も存在している。

次の鳥取ノ荘駅は、室町時代に観心寺の領地（荘園）だった鳥取荘に由来し、後には伊勢神宮の領地に変わった。市内にはもうひとつ、古くから筥（箱）作荘が存在しており、2つの荘園名が地名として残されて、駅名にも採用された。鳥取ノ荘駅は、1919（大正8）年3月の開業。相対式ホーム2面2線を有する地平駅である。

一方、箱作駅は、1898（明治31）年10月の開業である。こちらの駅も同じく相対式ホーム2面2線の地平駅となっている。箱作駅は、箱作海水浴場（ぴちぴちビーチ）の最寄り駅となっている。このあた

【南海電車沿線案内、尾崎駅付近（部分、淡輪駅付近、昭和戦前期）】
山側にはキノコ（マツタケ）やミカンが実る楽しい地図だが、海側の阪南市鳥取にある浄土宗の寺院、法福寺（お菊寺）には、豊臣秀次の娘である菊姫の像が安置され、彼女にまつわる悲しいエピソードが残されている。

【波有手の牡蠣】
西鳥取漁港は、漁協が直営する「波有手（ぼうで）の牡蠣小屋」が有名だ。

【地福寺の枝垂れ桜】
旧熊野街道に沿った山中渓地区の地福寺には、見事な花を咲かせる枝垂れ桜がある。

右下駅舎写真：上から尾崎駅、鳥取ノ荘駅、箱作駅

【ぴちぴちビーチ】 箱作駅を最寄りとする箱作海水浴場は、「ぴちぴちビーチ」の愛称で知られる。

りでは南海本線は、大阪湾の海岸線近くを走るようになり、駅の西側には岬町にかけて、せんなん里海公園が広がっている。夏季には、泉南市側に箱作海水浴場、岬町側に淡輪海水浴場（ときめきビーチ）が設けられる。ともに関西を代表する海水浴場で、大阪方面からの多くの利用者で賑わうこととなる。

【尾崎駅（昭和戦後期）】
1973（昭和48）年に橋上化される前の尾崎駅の地上駅舎。

【尾崎駅のホーム】
このホームも1973（昭和48）年の橋上化により延伸された。

古地図探訪

◎尾崎駅付近（明治42年）

このあたりは現在、阪南市となっているが、1991（平成3）年の市制施行前は阪南町だった。それ以前は地図に見える尾崎村・東鳥取村・西鳥取村などに分かれていた。この地図の中央附近に見える「黒田」「下出」という地名は現在、阪南市の地名となって残されている。西鳥取村の文字が見える付近には、1919（大正8）年に南海本線の鳥取ノ荘駅が開業することになる。

NK40
NK41
NK42

淡輪、みさき公園、孝子

たんのわ、みさきこうえん、きょうし

岬町

淡輪
開業年 １９０６(明治39)年８月15日
所在地 大阪府泉南郡岬町淡輪１１９７
キロ程 難波駅から50.2km
駅構造 地上駅２面２線
乗降客 １６７４人

みさき公園
開業年 １９３８(昭和13)年７月23日
所在地 大阪府泉南郡岬町淡輪３７１４
キロ程 難波駅から51.9km
駅構造 地上駅２面５線
乗降客 ３４５２人

孝子
開業年 １９１５(大正４)年４月11日
所在地 大阪府泉南郡岬町孝子６０２
キロ程 難波駅から56.3km
駅構造 地上駅２面２線
乗降客 77人

大阪府西南端に位置し、和歌山市と接している岬町。この町で最初の駅は、淡輪駅である。岬町淡輪に置かれている淡輪駅は１９０６(明治39)年８月、夏場の簡易停車場として開業し、１９１０(明治43)年に常設の駅となった。駅の構造は相対式ホーム２面２線をもつ地平駅である。駅舎は１９２５(大正14)年に竣工した洋風の木造駅舎で、行楽地の玄関口という情緒がある。現在の住所は岬町淡輪だが、かつては淡輪村で、１９５５(昭和30)年の合併により、岬町の一部となった。

次のみさき公園駅は１９３８(昭和13)年７月、前年に開場した大阪ゴルフ倶楽部(クラブ)の玄関口として誕生、当時の駅名は「南淡輪」だった。１９４４(昭和19)年５月、多奈川線が開業したことで移転している。なお、このときに１８９８(明治31)年10月開業の古参駅だった深日駅が廃止されている。南淡輪駅は１９５７(昭和32)年１月、現在の駅名である「みさき公園」に改称した。この年４月、南海が経営するみさき公園が開園するための駅名の改称だった。駅の所在地は岬町淡輪で、構造は島式ホーム２面５線をもつ盛土上の地上駅である。

南淡輪駅が開設されるきっかけとなった、大阪ゴルフクラブの淡輪コースは１９３７(昭和12)年にオープンしている。当初は９ホールでスタートし、翌年(１９３８年)に18ホールに拡張された。当時は東の川奈(伊東市)と並ぶシーサイドコースとして、ゴルフ愛好家に人気のコースとなっていた。このゴルフ場は１９４４(昭和19)年に陸軍が接収して閉鎖されるが、戦後の１９５２(昭和27)年に９ホール、翌年(１９５３年)に18ホールとなって復活した。現在も関西の名門コースとして、多くのゴルフプレーヤーに利用されている。

岬町における第三の駅は、岬町大字孝子(きょうし)にある孝子駅で、大阪府最南端の駅となっている。１９１０(明治43)年に臨時駅として開設され、１９１５(大正４)年４月に常設駅となった。駅の構造は、相対式ホーム２面２線の地平駅である。孝子駅の北西にあった孝子小学校は、合併に伴って休

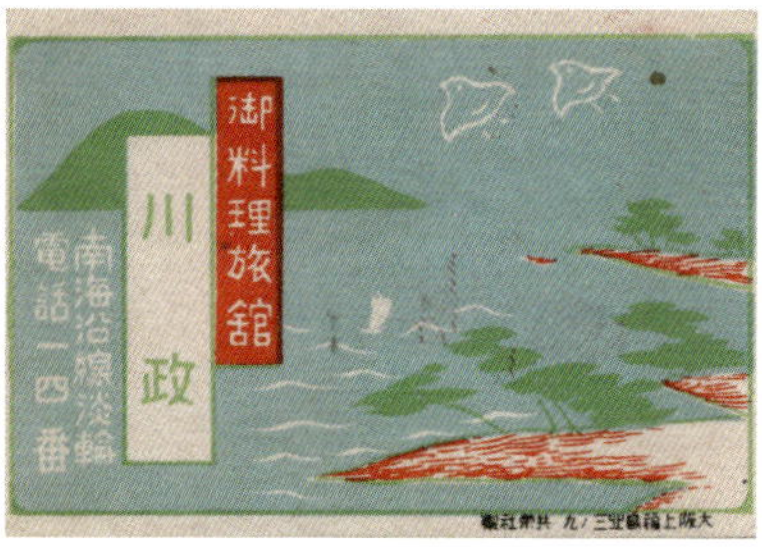

【料理旅館「川政」の広告マッチ(昭和戦前期)】
松林の見える海岸と沖に浮かぶ島がデザインされたマッチラベル。「川政」は昭和戦前期に淡輪の海岸にあった料理旅館。

【汽車ホテル(1909年頃)】
明治42年(1909年)の年賀状として使用された絵葉書で、淡輪遊園にあった汽車ホテルが写されている。この汽車ホテルは南海で使用されていた古い客車を使用した宿泊施設で、ここでは5両の客車が見えている。

右下駅舎写真：上から淡輪駅、みさき公園駅、孝子駅

【淡輪駅1（大正～昭和戦前期）】
当初は夏季の簡易停車場（臨時駅）として開設された淡輪駅。常設の淡輪駅となった、1910（明治43）年から15年後の1925（大正14）年、この洋風の木造駅舎が誕生。現在も保存されている。

【淡輪駅（大正～昭和戦前期）】
海浜にあるリゾート地の玄関口にふさわしい淡輪駅の駅前風景。現在は無人駅となっている。

【南海電車沿線案内（部分、淡輪駅付近、昭和戦前期）】
淡輪駅付近に淡輪遊園が見える南海電車沿線案内（部分）で、現・みさき公園駅の南淡輪駅はまだ開業していない。1944（昭和19）年に旅客営業が廃止された深日駅付近の海面には、多くの釣り舟が浮かんでいる。

古地図探訪

◎淡輪駅付近（昭和4年）

みさき公園で知られる岬町だが、合併により町が成立するのは1955（昭和30）年で、この頃は淡輪村、深日村、多奈川村などに分かれていた。南海本線のみさき公園駅は誕生しておらず、多奈川支線も開業していなかった。みさき公園駅の前身である、南淡輪駅が開業するのは1938（昭和13）年である。地図における市街地は、淡輪駅の海側であり、海岸沿いの愛宕遊園が行楽地となっていた。

校し、2011（平成23）年に町立の「岬の歴史館」として開館した。校舎を利用した展示室では、岬町の歴史資料、文献などを展示。特産品だった谷川瓦などを見ることができる。

淡輪遊園

淡輪駅の北側、ツツジの名所として有名な愛宕（あたご）山は、大阪湾が見下ろせる景勝地で、現在も1904（明治37）年創業の老舗旅館、龍宮館が営業している。1907（明治40）年には、南海により淡輪遊園が開かれ、来園者のための汽車ホテルも開設された。この汽車ホテルは、絵葉書としても記録されており、古くなった南海の木造客車を再利用したもので、ゲストのための宿泊施設だった。一方、本格的な宿泊施設としては、1937（昭和12）年に南淡輪駅付近の海岸に、近代的建築による淡輪温泉が開業している。この淡輪温泉の建物は戦後、つつじ人形館として利用されていた。

　南海が開いた淡輪遊園だったが、戦後に隣の南淡輪（現・みさき公園）駅付近にあった大阪ゴルフ倶楽部（クラブ）の土地を利用した、みさき公園が新たに整備されたことで、次第に衰退していった。現在は、愛宕（あたご）山がつつじの名所となっている。また、海岸沿いには1982（昭和57）年に淡輪海水浴場が開設された。1984（昭和59）年には、西側に淡輪ヨットハーバーが完成している。

【淡輪つつじの広告マッチ（昭和戦前期）】
南海が発行していた淡輪つつじの広告マッチ。5月6日（日曜）につつじ祭が開催され、余興・舞踊のアトラクションがあったことがわかる。

みさき公園

みさき公園は、創業70周年記念の事業として、南海が設けた遊園地・動物園・水族館である。開園は1957（昭和32）年4月で、2020（令和2）年3月までの60年余りにわたり、大阪近郊の大型レジャー施設として多くの人に親しまれた。丘陵地に存在したため、園内での移動のために観光リフトやロープウェイ、モノレール（パノラマカー）などの乗物があり、ムービングウォークの「みさき公園スピードライン」も遊園地として初めて設置された。アトラクションでは、西日本初のジェットコースターが有名で、高さ32メートルの観光燈台も存在した。しかし、入場者数の減少などで南海が事業から撤退を表明し、2020年に営業を終了し、動物園の動物などはアドベンチャーワールドや神戸どうぶつ王国、海遊館などに譲渡された。また、敷地は岬町に譲渡されたことで、岬町は不要となった施設などを撤去し、2021（令和3）年7月に町立みさき公園として先行オープン、園内には動植物園、ホテルなどを順次、整備する予定である。

　ここでは、南海時代の遊園地、動物園などの様子をパンフレットなどで紹介する。

【みさき公園の動物園（昭和戦後期）】
1957（昭和32）年に開園したみさき公園。この動物園はドイツのハーゲンベック動物園を模範とし、日本初の「動物地理学的配置（地理学展示）」を行い、キリンの繁殖で成功したことで、「キリンのみさき公園」と呼ばれるようになった。

【みさき公園（昭和戦後期）】
大阪湾を臨む丘陵地帯に開かれたみさき公園は動物園・水族館・遊園地・プールなどの施設を含む複合レジャー施設だった。現在は岬町立みさき公園として運営されている。

【南海沿線交通案内図(昭和戦後期)】

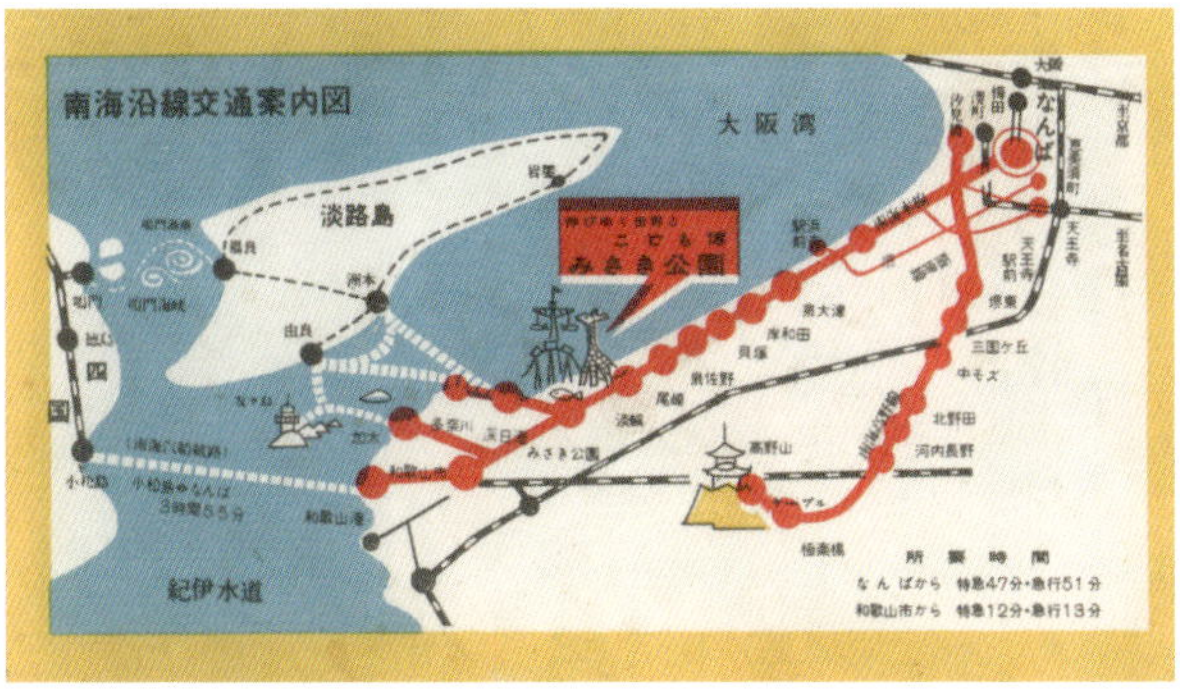

【みさき公園パンフレット(昭和戦後期)】

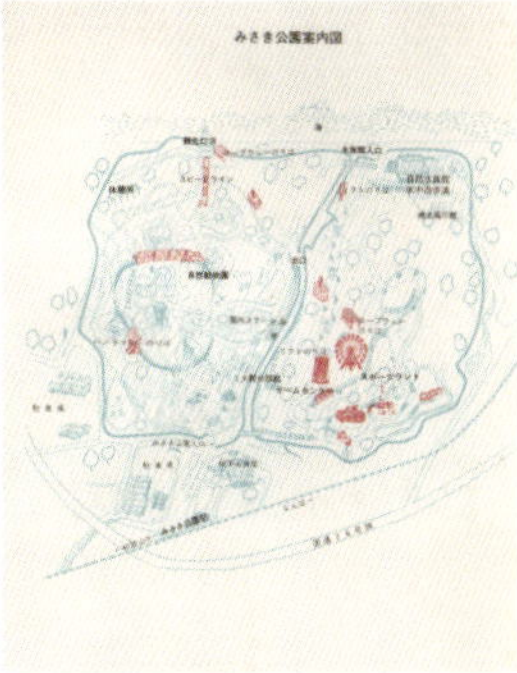

【ときめきビーチ】
万葉集にも登場する淡輪海岸の海水浴場。「ときめきビーチ」と呼ばれている。

【淡輪ヨットハーバー】
大阪湾南部におけるマリンレジャーの総合基地、淡輪ヨットハーバー。

【高仙寺本堂】
孝子駅の東にある高仙寺(孝子観音)の本堂。本尊は十一面観世音菩薩。

【淡輪遊園】
美しいツツジの花が咲き誇る淡輪遊園。奥にはヨットハーバーが見えている。

【谷川港口観音崎(明治後期〜大正期)】
現在の深日港駅の北西、東川と多奈川谷川が合流した先、大阪湾に注ぐ付近にある観音崎と谷川港。現在は漁港とともに大阪岬マリーナが存在し、豊国崎オートキャンプ場も開かれている。

【伸びゆく世界とこども博パンフレット(昭和戦後期)】
みさき公園で開催された春のイベントのパンフレット表紙。

南海本線

NK43
NK44

和歌山大学前《わかやまだいがくまえ》、紀ノ川《きのかわ》

和歌山市

和歌山大学前
開業年 ２０１２（平成24）年４月１日
所在地 和歌山県和歌山市ふじと台２１２
キロ程 難波駅から58・０km
駅構造 地上駅２面２線
乗降客 ９１７４人

紀ノ川
開業年 １８９８（明治31）年10月22日
所在地 和歌山県和歌山市小路１６２-３
キロ程 難波駅から61・６km
駅構造 地上駅２面２線
乗降客 ２５４８人

南海本線は、和歌山県に入り、和歌山市内を走ることになるが、紀の川の北側（右岸）には、和歌山大学前駅と紀ノ川駅の２駅が置かれている。

２０１２（平成24）年４月に開業した和歌山大学前駅は文字通り、和歌山大学栄谷キャンパスの玄関口の駅である。和歌山大学は１９８５（昭和60）年に教育学部、１９８６（昭和61）年に経済学部が栄谷キャンパスに移転したことで、県や市、大学から南海に対し、最寄り駅となる駅の設置が要望された。しかし、新駅の計画はなかなか進まず、ようやく２００７（平成19）年３月に工事に着工し、５年後の開業に至っている。駅の所在地は和歌山市ふじと台、構造は相対式ホーム２面２線の地上駅で、橋上駅舎を有している。なお、ふじと台は貴志地区で２０００世帯・７０００人が暮らすニュータウンで、学園城郭都市として開発が進められている。

紀ノ川駅は、１８９８（明治31）年10月、南海鉄道の当時の終着駅

【南海紀ノ川橋梁（明治後期）】
1903（明治36）年に架橋された紀ノ川橋梁の上を、南海電車が渡る風景である。手前では和歌山の特産品である綿織物の材料、綿ネルを晒す様子が見られる。

【和歌山市内北部の空撮】
紀の川が流れる和歌山市内北部の空撮。中央上に見える和歌山競輪場付近を南海本線が走っている。

右下駅舎写真：上から和歌山大学前駅、紀ノ川駅

【紀ノ川橋梁と特急「サザン」】
伝統ある南海の紀ノ川橋梁を渡る、難波〜和歌山市間を結ぶ南海特急「サザン」。

である和歌山北口駅として開業。1903(明治36)年3月、和歌山市駅まで延伸した際に、和歌山北口駅が廃止され、代わって紀ノ川駅が開業した。1944(昭和19)年10月、松江(現・加太)線の紀ノ川〜東松江間が開通し、分岐駅となった。現在の駅の構造は相対式ホーム2面2線の地平駅で、所在地は和歌山市市小路である。

【紀ノ川綿ネルさらし場(明治後期)】
和歌山では「フランネル」(毛織物)を綿で代用した「紀州綿ネル」の生産を行い、布を川の水でさらす「綿ネルさらし」の風景が、風物詩となっていた。

さて、駅の南側を流れる紀の川は、大台ケ原を源流として奈良県内では吉野川と呼ばれ、下流では紀伊水道に注ぐ一級河川の本流である。「紀伊国」の川という名称をもつ和歌山を代表する河川であり、地元出身の作家、有吉佐和子の代表作に、地元の女性たち三代の人生を描いた名作『紀ノ川』がある。

古地図探訪

◎紀ノ川駅付近(昭和9年)

現在の加太線が分岐する前の紀ノ川駅付近の地図である。この頃の加太電気鉄道は、直接に紀の川を越える路線を有して、和歌山市駅方面に向かっていた。現在のルートは1944(昭和19)年に松江線として紀ノ川〜東松江間が開通し、戦後に本線となる。この地図で、紀の川の右岸に見えるのは、楠見村と野崎村。海草郡の野崎村は1940(昭和15)年、楠見村は1942(昭和17)年に和歌山市に編入される。

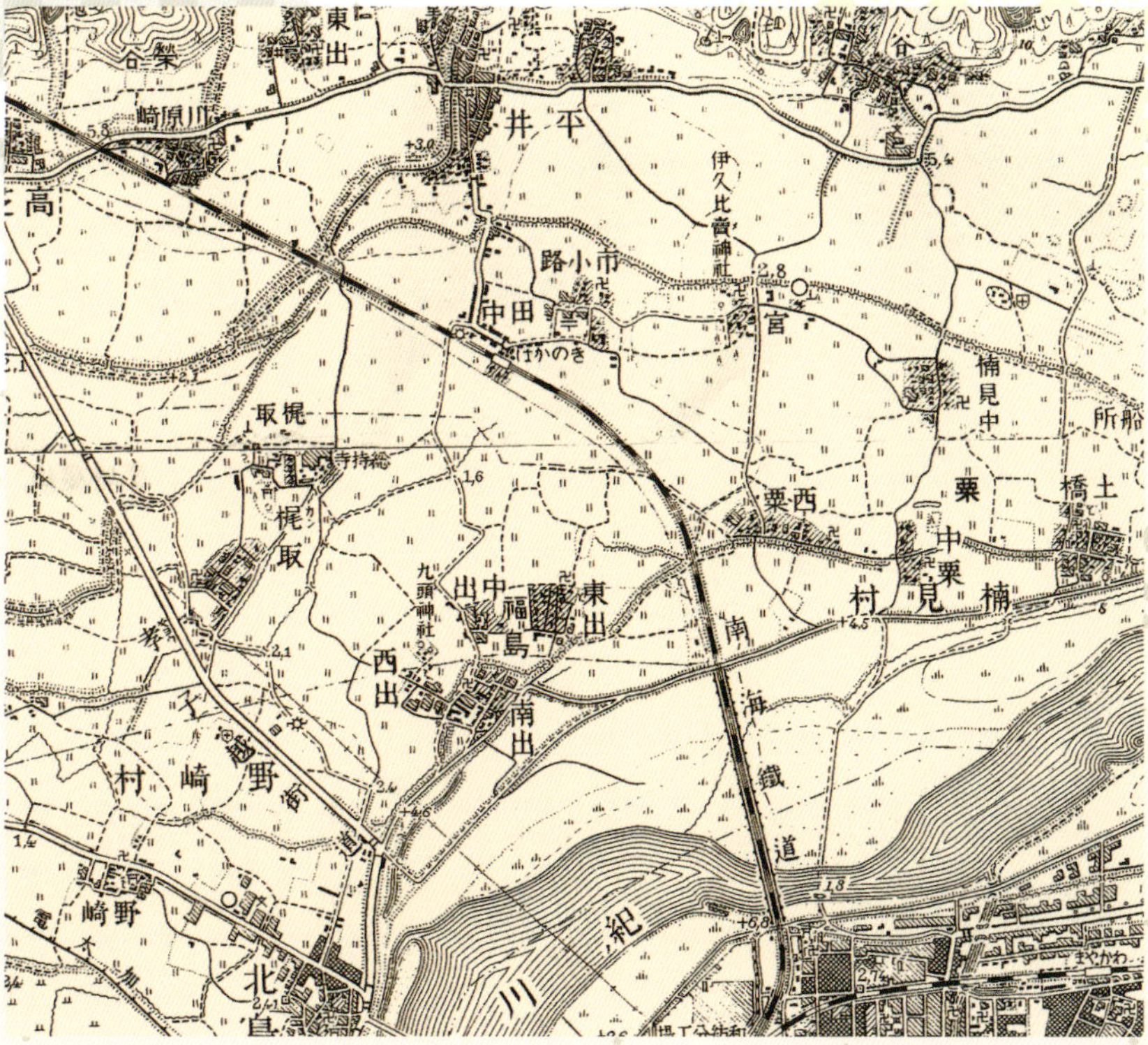

南海本線

NK45

和歌山市《わかやまし》

和歌山市

開業年 1903(明治36)年3月21日

所在地 和歌山県和歌山市東蔵前丁3-6

キロ程 難波駅から64・2km

駅構造 地上駅3面6線(うち南海2面5線)

乗降客 1万5352人

南海本線の和歌山側の起終点駅は和歌山市駅で、南海の和歌山港線に接続しているほか、JR紀勢本線と連絡している。なお、JRでは紀勢本線の起終点駅が和歌山市駅であり、阪和線と和歌山線は和歌山駅が起終点駅となっている。

開業から120年以上の歴史がある和歌山市駅は、和歌山(現・紀和)駅から路線を延ばした紀和鉄道(現・JR和歌山線)と、紀ノ川駅から紀ノ川橋梁を渡った路線を設けた南海の駅として、1903(明治36)年3月に開業している。1914(大正3)年9月には、後に統合される加太軽便鉄道(現・南海加太線)の和歌山口駅が開業した。和歌山口駅は、加太電気鉄道になった後の1942(昭和17)年2月、和歌山市駅に統合された。戦後の1956(昭和31)年5月には、和歌山港線が開業する。1973(昭和48)年5月には、駅ビル「南海和歌山ビルディング」が誕生し、高島屋和歌山店が入店した(現在は閉店)。地上駅であり、ホームは2番線をJR、3番線を加太線、4~7番線を本線と和歌山港線が使用している。駅の所在地は、和歌山市東蔵前丁である。

和歌山市駅のある和歌山市は、いうまでもなく、和歌山県の県庁所在地で、現在の人口は約34万人。1889(明治22)年、市制の施行により和歌山市が成立すると、1927(昭和2)年に雑賀村、宮村を編入。さらに1933(昭和8)年に和歌浦町、雑賀崎村、宮前

【和歌山市中心部】
和歌山城を背景にした和歌山市の中心部。

【元寺町(昭和戦前期)】
元寺町は和歌山を代表する興行街として発展した。明治期から存在した紀国座のほか、和歌山劇場、弁天座、遊楽座といった映画館が建ち並んでいたが、太平洋戦争の空襲で焼失した。

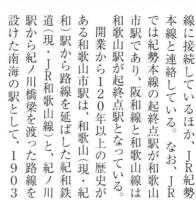

【元寺町通り（昭和戦前期）】
「開店フルーツパーラー 純喫茶 果物調理」と書かれた大きな旗が見える元寺町通りの賑わい。和歌山の昭和モダンな風景のひとコマである。

村など1町、6村を編入した。また、1940（昭和15）年には紀三井寺町など、戦後の1958（昭和33）年に加太町を編入するなど、次々と市域を拡大していった。和歌山県の特産品ではミカンが有名だが、和歌山市では稲作のほか、特産品としてのショウガの栽培が有名である。また、商業においては和歌山藩以来の和菓子の名店、駿河屋が全国に知られている。室町時代に京都・伏見で創業した饅頭所「鶴屋」の5代目岡本善右衛門が、江戸時代の1619（元和5）年、紀州藩の祖である徳川頼宣に従って和歌山に来て、駿河町に店舗を構えたことに始まる。店は紀州藩の御用菓子司となって栄え、1685（貞享2）年に屋号を「駿河屋」に改めた。5代目岡本善右衛門は、煉羊羹の元祖として知られる存在で、現在は株式会社総本家駿河屋が、和歌山市駿河町の駿河町本舗で営業を続けている。

【本町通り（昭和戦前期）】
スズラン灯の街灯が目立つ本町通りのぶらくり丁付近。左奥には1932（昭和7）年に改築・開業した丸正百貨店が見えている。

古地図探訪

◎和歌山市駅付近（昭和9年）

和歌山市駅が左上に見える地図で、このときには和歌山口駅が存在していた。この和歌山口駅からは、紀の川を渡る橋梁を経て加太方面に至る支線（北島支線）が延びていたが、戦後の水害により橋梁が破損して廃線となった。一方、和歌山線の隣駅である現・紀和駅はこの当時、和歌山駅を名乗っていた。和歌山市内には、和歌浦・海南方面に至る和歌山軌道線（路面電車）が走っていた。

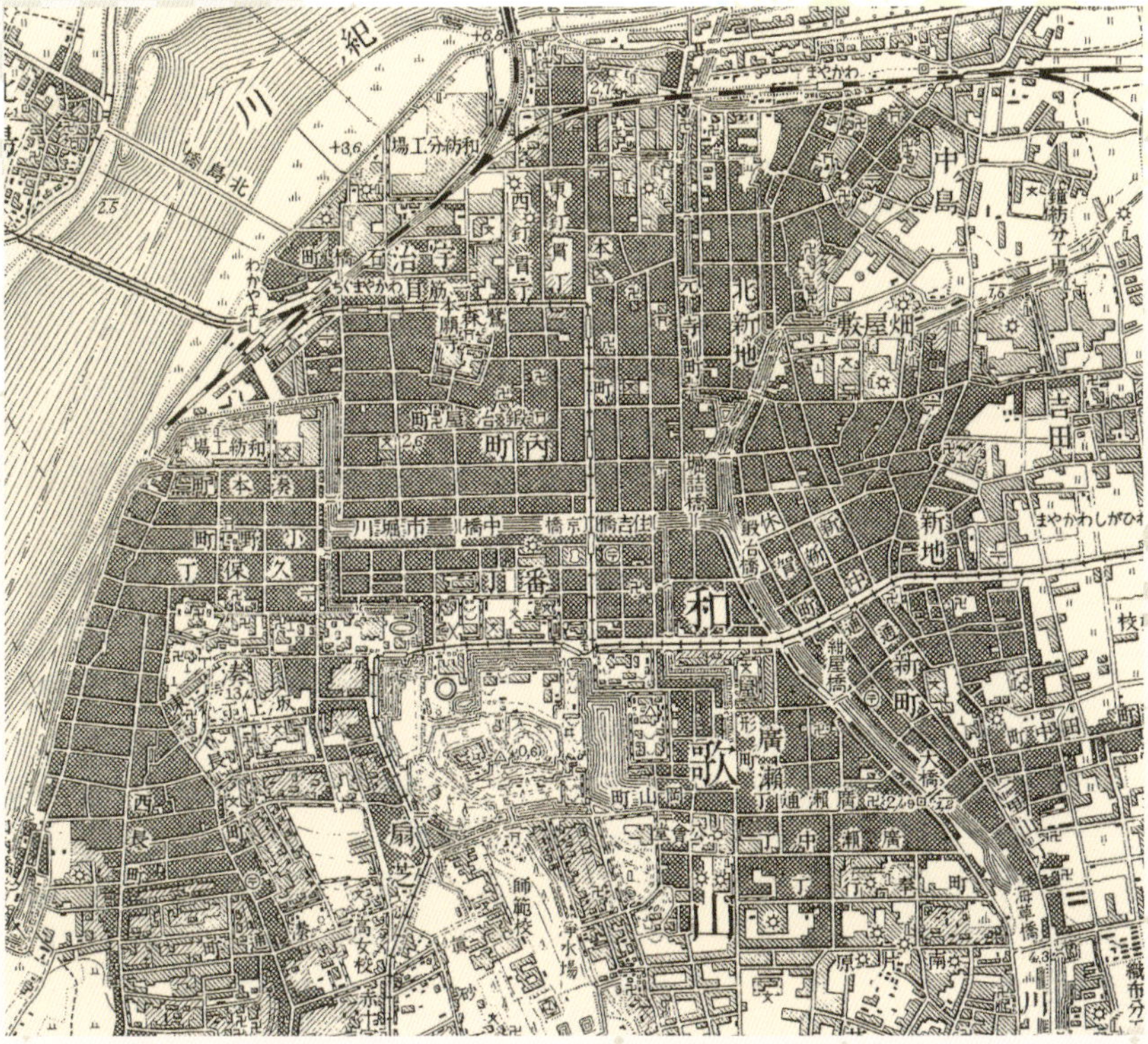

ぶらくり丁

和歌山を代表する繁華街として有名なのが、独特の言葉の響きをもつ「ぶらくり丁」である。「ぶらくり」は、間口の狭い店が品物をぶら下げたという「ぶらくり」が語源とされるが、「ぶらぶら歩く」から来たという説もある。江戸時代、京橋から延びる大手通りに沿って町が誕生。やがて商店街に発展し、歓楽街としても賑わいを増していった。和歌山市駅と和歌山駅の中間に位置しており、6つの商店街が集まることで和歌山中央商店街連合会を形成している。しかし、1970年代には路面電車（和歌山軌道線）が廃止され、1980年代に和歌山大学が移転したことなどで、この街を訪れる人の流れにも変化が生じるようになった。和歌山市駅などの鉄道駅から離れていることもあって、和歌山近鉄百貨店が和歌山ターミナルビルに移転し、残った丸正百貨店も2001（平成13）年に閉店した。その後も店舗の撤退などが多かったが、レトロな雰囲気などを生かす街づくりの試みなどが始まり、再びの活性化に向けた動きもみられる。

【ぶらくり丁】
個性的な商店が店を構えている「ぶらくり丁」。

和歌山城

徳川御三家のひとつ、紀州徳川藩55万5000石の居城だったのが和歌山城である。紀州徳川家は、徳川初代将軍徳川家康の十男、頼宣に始まり、第五代藩主の吉宗は八代将軍となった。また、第十三代藩主の慶福（よしとみ）は十四代将軍となり、家茂と名乗っている。最後の藩主（第十四代）の茂承（もちつぐ）は、明治維新後は和歌山藩知事となり、侯爵に叙せられている。

【和歌山城】
徳川御三家、紀州藩の居城となってきた和歌山城。八代将軍吉宗も藩主を務めた。

和歌山城は豊臣秀吉が築城し、紀州は弟の秀長の領地となっていた。なお、大和大納言と呼ばれた秀長は、大和の郡山城を居城としたため、和歌山城には家臣の桑山重晴が3万石を得て城代を務めていた。その後は浅野幸長が37万6000石の紀州藩主となり、やがて広島へ転封された後の1619（元和5）年、頼宣が新たな藩主となった。頼宣は1621（元和7）年から、和歌山城と城下町の大改修を行った。天守などは1846（弘化3）年に落雷により焼失したが、1850（嘉永3）年に再建されている。この城は標高48・9メートルの虎伏山の山頂に位置する平山城である。現在の城跡は、最盛期の4分の1ほどの面積で、本丸、二ノ丸は1901（明治34）年に和歌山城公園となった。二ノ丸御殿は、1885（明治18）年に大阪城に移築されて、紀州御殿と呼ばれたが、1947（昭和22）年に焼失している。また、和歌山城の天守は1945（昭和20）年の和歌山大空襲で焼失し、1958（昭和33）年に再建されている。現在の和歌山城は国の史跡となり、岡口門は国の重要文化財に指定されている。

この和歌山城は市の中心であることで、現在は一番丁の地名を有している。けやき大通りを渡った北側の七番丁には和歌山市役所があり、西側の小松原通1丁目には和歌山県庁が置かれている。和歌山公園内には、和歌山護国神社が鎮座し、和歌山城公園動物園が存在している。また、三年坂通りを隔てた南側には、和歌山県立近代美術館、和歌山県立博物館が建て

【和歌山城公園動物園（昭和戦前期）】
和歌山城南ノ丸に開園した動物園。大正時代に開園し、現在まで市民に親しまれてきた。

【和歌山城と路面電車(大正期〜昭和戦前期)】
「扇の芝」は和歌山城が築城される際に設けられた、軍事的な空き地だった。その横を走る和歌山軌道線の路面電車と和歌山城の天守閣。

【ぶらくり丁(昭和戦前期)】
現在まで続くアーケード商店街として、和歌山市民に親しまれてきたぶらくり丁。商店の狭い間口いっぱいに飾られている旗や暖簾、商品が並んでいる賑やかな風景。

【和歌山城の天守閣(大正期〜昭和戦前期)】
幕末の1850(嘉永3)年に再建された和歌山城の天守閣。

【和歌山城(大正期〜昭和戦前期)】
和歌浦のスタンプが押されている和歌山城の絵葉書。戦災前の風景。

られているほか、岡公園も存在している。濠の向こうの東側には、和歌山中央郵便局、和歌山地方裁判所も置かれている。

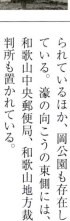

和歌山港線

NK45-1

和歌山港《わかやまこう》

和歌山市

開業年 1971(昭和46年)3月6日

所在地 和歌山県和歌山市薬種畑

キロ程 和歌山市駅から2・8km

駅構造 地上駅1面2線

乗降客 445人

南海本線の和歌山市駅と和歌山港駅の間を結んでいる和歌山港線は、1956(昭和31)年5月に開業している。このときに中間駅として、久保町駅と築地橋駅が設けられた。開業時の終着駅として誕生した和歌山港駅(初代)は、1971(昭和46)年3月、フェリー乗り場の移転により築港町駅と改称し、新たに築港町～水軒間が延伸した。この延伸時には中間駅として、2代目となる和歌山港駅が開業している。2002(平成14)年5月、和歌山港～水軒(すいけん)間が廃止され、和歌山港駅(2代目)が和歌山港線の終着駅となった。2005(平成17)年11月には、久保町駅と築地橋駅、築港町駅が廃止された。なお、「水軒」と「築地」の名は、紀の川の支流である2本の川から採られている。

現在の和歌山港線は、全長2・8キロの単線の路線である。和歌山港駅の所在地は和歌山市薬種畑。島式ホーム1面2線をもつ盛土上の駅であり、本州における大手私鉄の最南端の駅となっている。和歌山港からは徳島港との間を結ぶ、南海四国フェリーが発着している。

【南海フェリー】
和歌山港と徳島港を結んでいる南海フェリー。本社は和歌山市にある。

和歌浦

和歌山港の南には雑賀崎公園がある。「雑賀」には、中世からの荘園「雑賀荘」があり、鉄砲集団として有名な雑賀衆が存在していた。この南側の和歌浦湾の沿岸には、紀三井寺、和歌浦天満宮・東照宮、塩竈神社、玉津島神社、片男波海岸などの名所旧跡があり、古来より景勝地として有名だった。1950(昭和25)年には、毎日新聞による「新日本観光地百選」の海岸の部で1位となり、当時の新婚旅行スポットとしても大いに賑わい、その後は瀬戸内国立公園に編入されている。

この和歌浦は、「和歌山」という地名の由来のひとつで、豊臣秀吉が和歌山城を築いた際、「和歌浦」と「岡山」を合わせて、「和歌山」としたとされている。また、その名の通り、和歌(短歌)にまつわる名所も多く、玉津島神社は住吉明神、北野天満宮(その後は、柿本人麻呂)とともに、「和歌三神」のひとつとなっている。

【和歌浦】
和歌浦の中でも有名な名所、不老橋。1851(嘉永4)年に架橋された石橋。

【和歌の浦エレベーター（明治後期～大正期）】
1910（明治43）年、旅館「望海楼」のオーナーが明光台に設置した高さ30メートルのエレベーター。夏目漱石の小説「行人」にも登場している。

【和歌の浦エレベーター（明治後期～大正期）】
東洋一として、集客に一役買ったエレベーターだったが、1916（大正5）年に解体・撤去されて姿を消した

【玉津島神社（明治後期～大正期）】
稚日女尊（わかひるめのみこと）や衣通姫尊らを祀っている玉津島神社は、和歌の神さまとして有名である。

【紀州東照宮（大正期）】
紀州藩初代藩主、徳川頼宣が1621（元和7）年、父である徳川家康を祀るために創建した紀州東照宮。

古地図探訪

◎和歌山港駅付近（昭和42年）

和歌山市駅から紀ノ川・市堀川の左岸を進む、和歌山港（支）線の先には和歌山港駅（初代）が置かれている。和歌山港（支）線の開業は1956（昭和31）年で、途中駅としては久保町、築港橋駅があった。その後、1971（昭和46）年にフェリー乗り場の移設に伴い、水軒駅まで延伸して、初代の駅を移設した形で、二代目和歌山港駅が開業している。水軒駅は2002（平成14）年に廃止された。

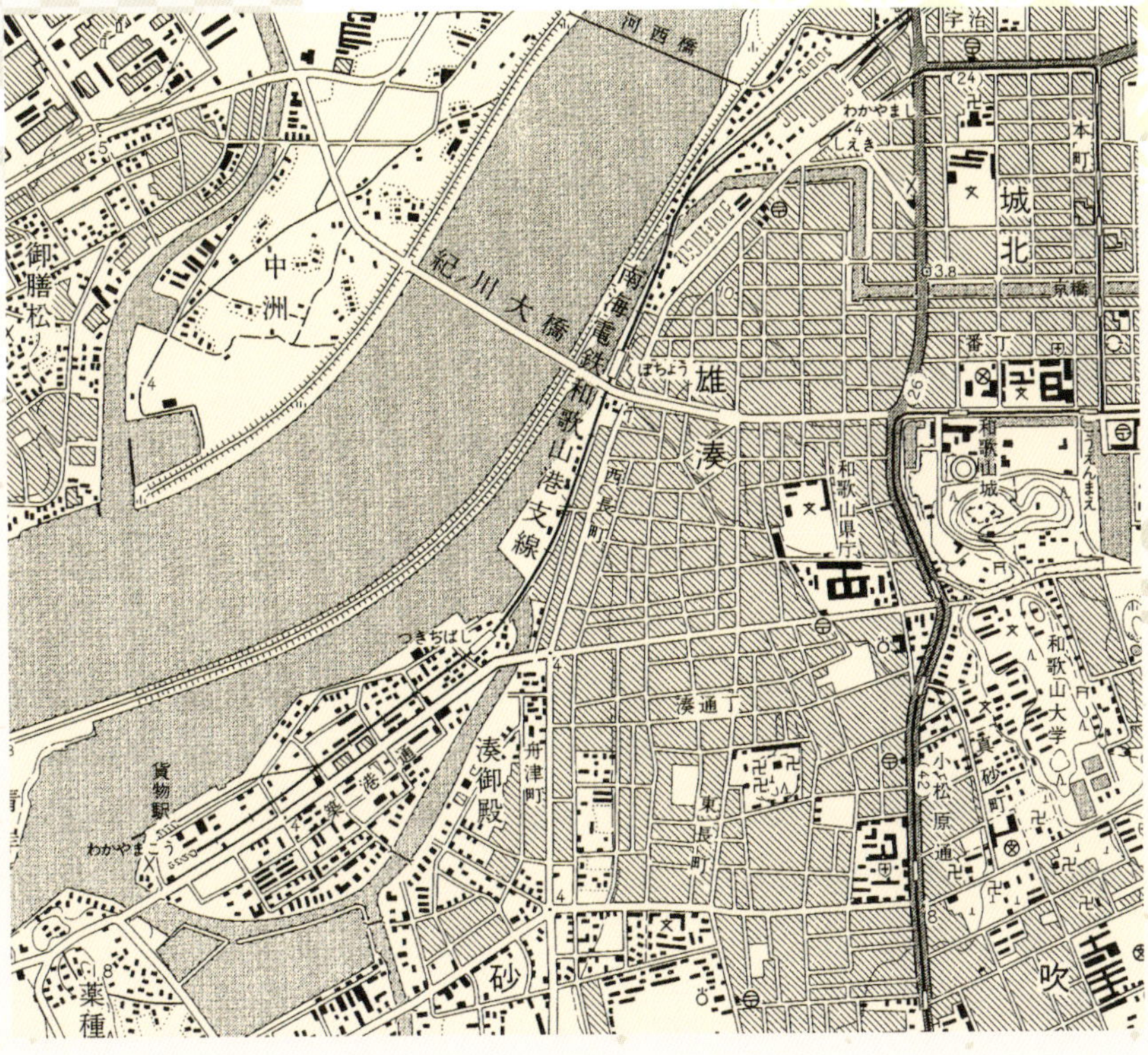

和歌山軌道線

明治から大正、昭和にかけて60年以上にわたって、和歌山・海南市民の足となってきたのが、南海の和歌山軌道線だった。もっともスタートは南海ではなく、1909（明治42）年1月に県下で電力事業を行う、和歌山水力電気の県庁前〜和歌浦口間の軌道線が開業したことに始まる。路線は県庁前〜和歌山市駅間が開通し、南海本線と連絡するようになる。さらに紀三井寺、琴ノ浦、黒江停留場まで延伸し、1912（明治45）4月に和歌山市駅〜黒江間の12・07キロの軌道線が誕生した。その後、1918（大正7）年6月に黒江〜日方口間の路線が延伸されて、全長は13・68キロとなった。

一方、電力事業を行っていた会社の経営母体は脆弱で、1922（大正11）年に和歌山水力電気は京阪電気鉄道の傘下となり、1930（昭和5）年に三重の合同電気の経営に変わった。同年6月には、公園前〜東和歌山駅前の路線も開業した。しかし、合同電気は1940（昭和15）年に阪和電気鉄道に路線を譲渡し、系列の和歌山電気軌道となった。その後も経営母体は変化しつつ、戦後の1961（昭和36）年に11月に和歌山電気軌道と南海電気鉄道が合併したことで、南海の和歌山軌道線となった。

この和歌山軌道線は、南海和歌山市駅前と海南駅前を結ぶ海南線（本線、13・4キロ）と、公園前と国鉄和歌山駅前を結ぶ新町線（1・6キロ）、和歌浦口と新和歌浦を結ぶ和歌浦支線（1・1キロ）で営業を続け、1971（昭和46）年4月に廃止された。和歌山城隣の岡公園には、321形の車両が保存・展示されている。

【南海和歌山軌道線モハ321保存車】
和歌山公園の向かいにある岡公園に保存されている南海和歌山軌道線モハ321保存車。

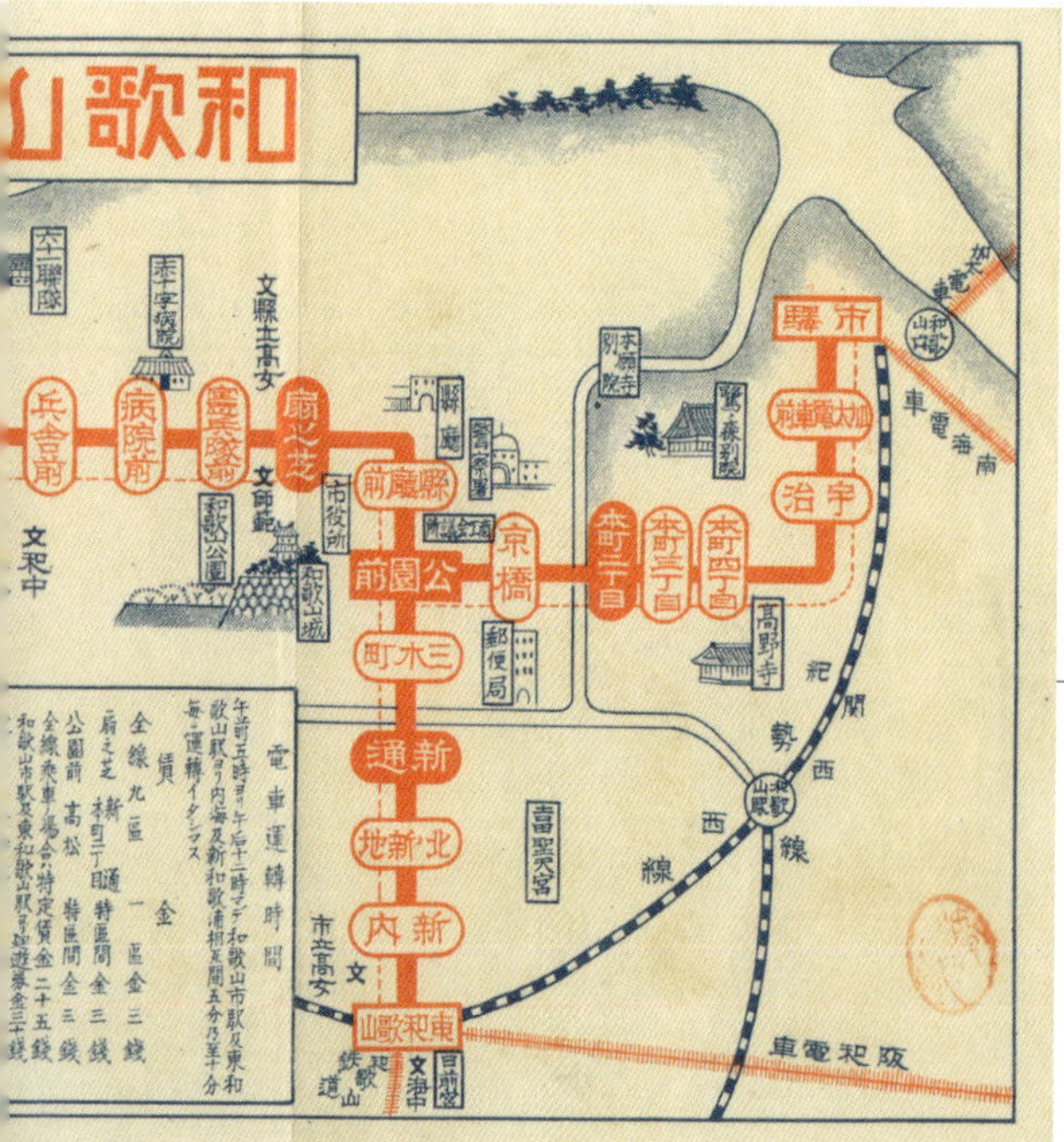

【明光橋と電車（明治後期〜大正期）】
和歌山軌道線の秋葉山方面行きの路面電車が明光橋付近を走行している。写真の説明には「和歌の浦紀三井寺間五橋の内」と書かれている。

【和歌浦・旭橋（明治後期〜大正期）】
国道42号（中央通り）が通る旭橋は和歌川の河口付近に架けられ、和歌浦東方面と紀三井寺方面を結んでいる。この当時は和歌山軌道線の路面電車が走っていた。

【真砂町を走る路面電車(1971年)】
和歌山城に近い真砂町を走る路面電車。この300形(301)の車両は、1937(昭和12)年に大阪鉄工で製造された。奥を走るのは321形か。

【高松停留場(1909年)】
「和歌山市駅和歌浦間 電車開通記念 42-2-11」というスタンプが押されている、和歌山軌道線の高松停留場。奥には引込線、車庫が見える。

【中津橋を渡る路面電車(大正期)】
中津橋(現・中津川橋)を渡る和歌山電気軌道の路面電車。右奥には紀三井寺の伽藍が見えている。

【和歌山城、路面電車(明治後期)】
和歌山城を背景にして走る和歌山軌道線の路面電車。左奥には大きな仁丹の看板が見えている。

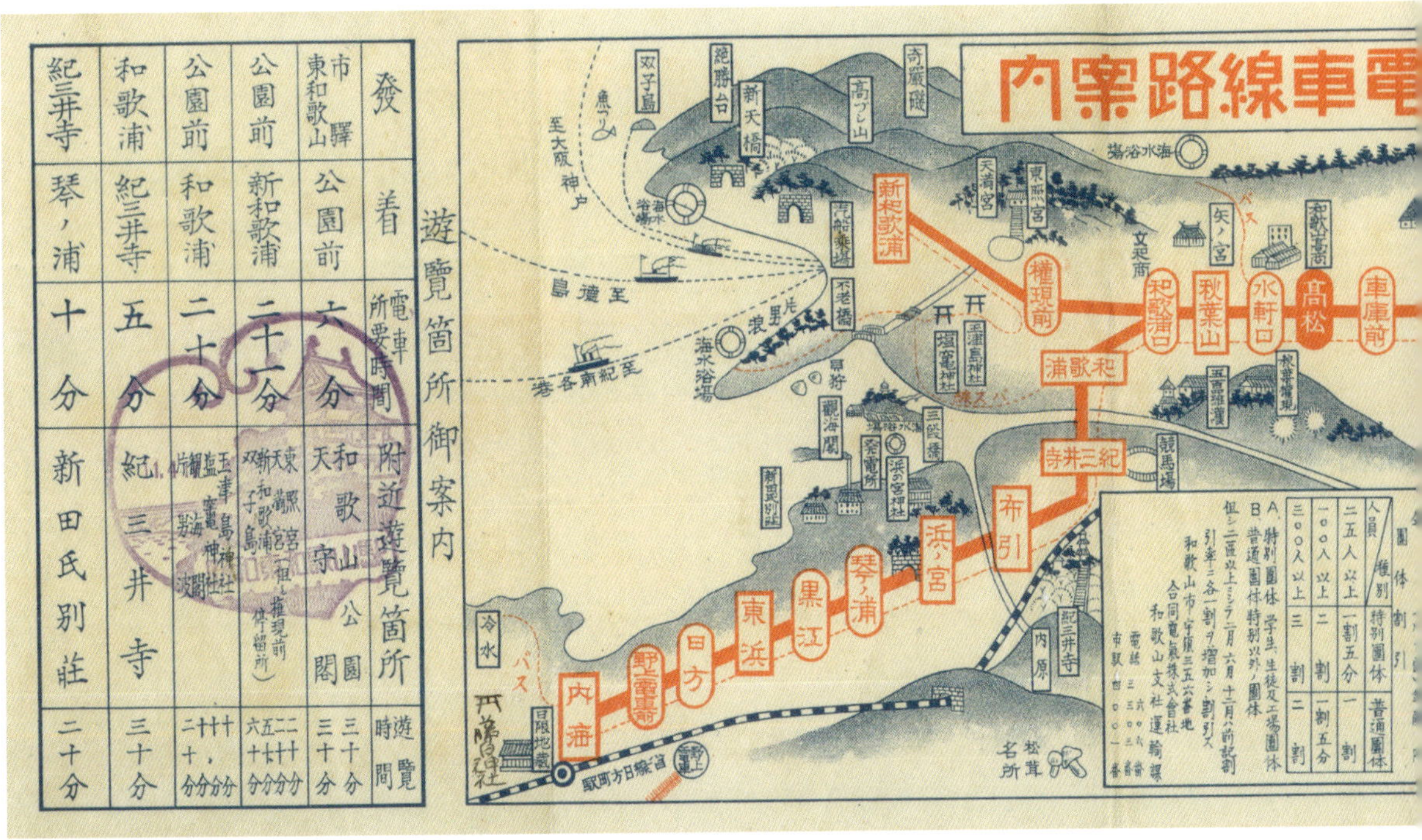

【和歌山電車線路案内(昭和戦前期)】
和歌山市駅(前)を起点として、和歌山市内・和歌浦方面に路線を広げていた合同電気(和歌山電車)の路線図である。この当時、当時の紀勢西線には日方町駅が存在しており、この駅と連絡する形で、南側の終着駅(停留場)は内海停留場まで延びている。日方町駅は1936(昭和11)年に海南駅に改称しており、その後の終着駅は海南駅前となっていた。

NK16-1
NK16-2

伽羅橋、高師浜《きゃらばし、たかしのはま》

高石市

伽羅橋 開業年 1918(大正7)年10月2日
高師浜 開業年 1919(大正8)年10月25日

伽羅橋 所在地 大阪府高石市羽衣5-15-18
高師浜 所在地 大阪府高石市高師浜4-1-37

伽羅橋 キロ程 羽衣駅から0.9km
高師浜 キロ程 羽衣駅から1.4km

伽羅橋 駅構造 高架駅1面1線
高師浜 駅構造 高架駅1面1線

伽羅橋 乗降客 0人(バス代行輸送のため)
高師浜 乗降客 0人(バス代行輸送のため)

羽衣駅から延びる高師浜線は、1918(大正7)年10月に開業している。駅は伽羅橋駅と高師浜駅の2駅で、全長1.4キロの短い路線である。2021(令和3)年から2024(令和6)年にかけて、羽衣〜伽羅橋間の高架工事が行われ、営業は休止されて代行バスが運行されていた。2024年4月に高架化が完成している。

「伽羅橋」という優雅な香りが漂う駅名は、芦田川に架かる紀州街道の橋の名に由来している。香木の沈香(伽羅)の板を使った木橋の存在があり、板が千貫の値で売れたことから千貫橋とも呼ばれたという。1865(慶応元)年に石橋に変わり、現在は川の改修に伴い、高砂公園に移設されて、国の登録有形文化財に指定されている。また、駅前には伽羅橋公園が存在する。駅の開業は1918年10月で、所在地は高石市羽衣5丁目。構造は単式ホーム1面1線の

【南海沿線の住宅地イラスト(昭和戦前期)】
平安時代に高師浜の風景を詠んだ和歌「音にきく高師の浜のあだ波はかけじも袖のぬれもこそすれ」(祐子内親王家紀伊)が書かれている絵葉書で、背景には南海の電車と沿線の住宅地が描かれている。南海土地が発行したもの。

高架駅である。3年間の休止の後、2024(令和6)年4月に営業を再開した。

「高師浜」は歌枕の地として有名で、高石市の「高石」の由来とされ、「高師」は「高脚」ともいわれた。平安後期の女流歌人、祐子内親王家紀伊には、「音にきく高師の浜のあだ波はかけじや袖のぬれもこそすれ」という有名な和歌があり、小倉百人一首に選ばれている。また、後鳥羽院は「恋すてふ名のみ高師の浜千鳥なくなくかくる袖のあだ浪」という和歌を詠んでいる。高師浜駅は1919年10月の開業。開業時に建てられた地上駅の駅舎は、西洋風のモダンなデザインで知られ、駅が高架化された現在も使用されている。駅の所在地は高師浜4丁目で、構造は単式ホーム1面1線の高架駅である。なお、南側に位置する南海本線の高石駅とは、徒歩で10分ほどの距離である。

高石神社

高師浜駅のホームから境内を臨めるのが高石神社で、社殿・鳥居は東側を走る大阪府道204号(旧・国道26号)に向いて建てられている。南海の高師浜線は、神社の手前で大きくカーブして府道204号を渡り、高師浜駅の高架ホームに着くことになる。高石神社の創建は、社伝では650(白雉元)年とされ、平安時代の延喜式にも記載されている。現在の社殿は1635(寛永12)年の再建。1935(昭和10)年の風水害で大きな受けた後に改築・復旧され、1936(昭和11)年に竣工遷座祭が行われた。祭神は少彦名命、天照大神、熊野坐神で、境内には祐子内親王家紀伊の歌碑が建てられている。

右下駅舎写真：上から伽羅橋駅、高師浜駅

【高石神社】 高師浜駅に隣接する形で、高石市高師浜4丁目に鎮座する高石神社。

【高師浜駅周辺の観光案内板】
臨海スポーツセンター・浜寺公園などとともに、工場の夜景が紹介されている。

【高石神社】
高師浜駅のホームから見た高石神社の境内。

古地図探訪

◎伽羅橋駅付近（昭和62年）
北側に見える浜寺公園には野球場、グラウンド、交通遊園といった施設があることがわかる。その南側は芦田川を挟んで羽衣4丁目となり、さらに高師浜2丁目と変わる。

地図上には「羽衣」「高師浜」の地名ばかりで、「高石」の地名はどこにも見えない。その中で、南西端に置かれている南海高師浜線の終着駅、高師浜駅付近において、ようやく高石神社を見つけることができる。

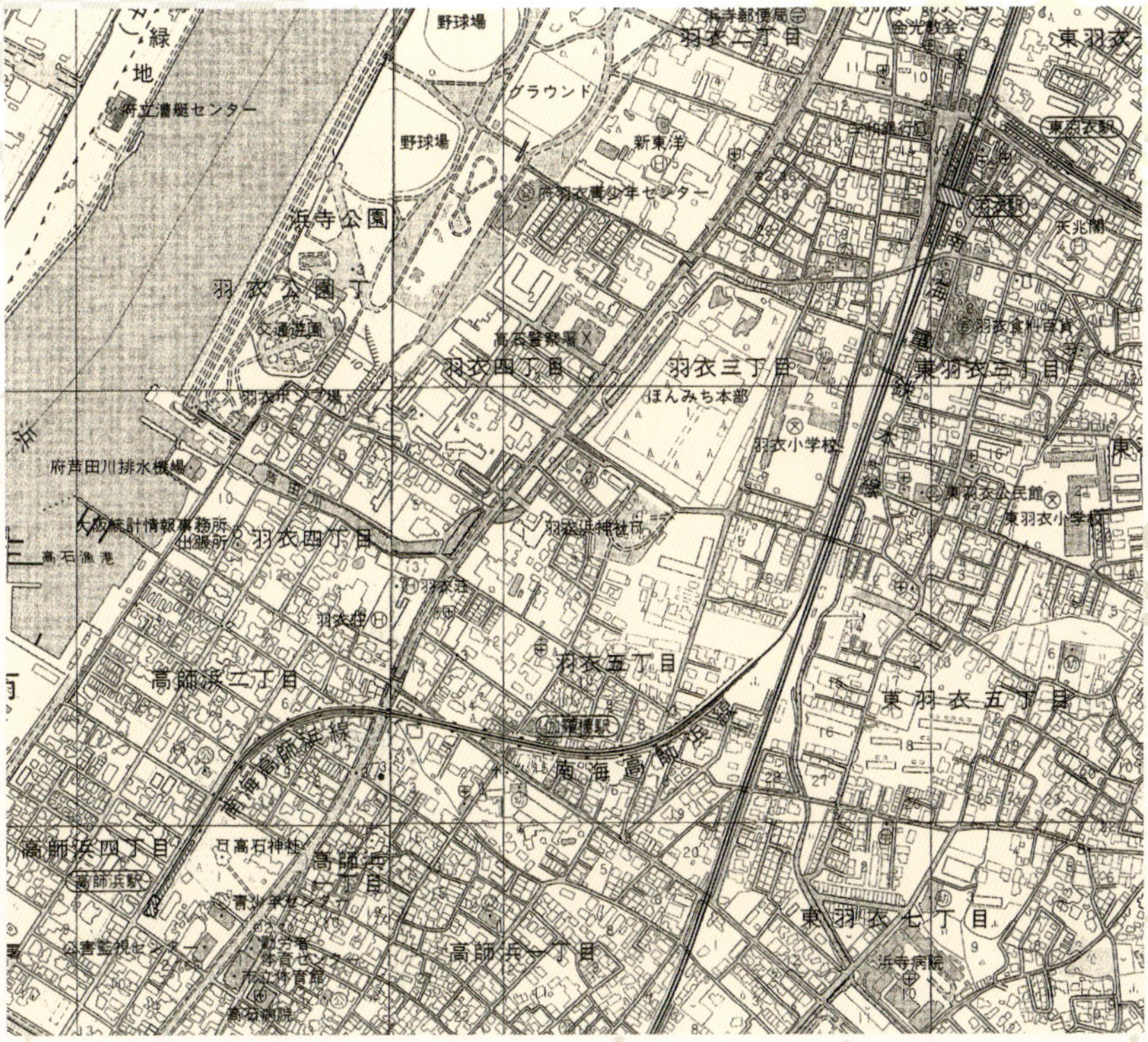

空港線

NK31

りんくうタウン《りんくうたうん》

泉佐野市

開業年 1994(平成6)年6月15日

所在地 大阪府泉佐野市りんくう往来北1

キロ程 泉佐野駅から1.9km

駅構造 高架駅2面4線(うち南海1面2線)

乗降客 1万2376人

りんくうタウン駅は、南海空港線の唯一の中間駅で、JR関西空港線との共同使用駅である。南海空港線は1994(平成6)年6月、泉佐野~関西空港間の8.8キロが開業した。この駅は関西国際空港に向かう関西国際空港連絡橋の手前に位置している。駅の周辺は、関西国際空港の開港に伴い開発された副都心・りんくうタウンの中心部に位置し、所在地は泉佐野市りんくう往来北となっている。JRと共同使用する駅の構造は、島式2面4線のホームを有する高架駅となっている。

りんくうタウン駅と隣駅である泉佐野駅との駅間は1.9キロだが、JR線では隣駅となる日根野駅と4.2キロの距離がある。泉佐野市は南北に長く延びる市であり、南海本線は北側、JR阪和線は中央やや北側を走っている。1954(昭和29)年に泉佐野市が誕生する前に存在していた日根野村は、現在の泉佐野市の中・南部にあたり、日根野駅が旧村の中心駅だった。また、泉南郡が成立する前は、日根郡が存在していた。「日根野」という地名は、古代の日の国(神の国)と根の国(あの世)との中間のところ(この世)という意味といわれる。JRの日根野駅は、1930(昭和5)年6月に阪和電気鉄道の日根野停留場として開業。1931(昭和6)年3月に駅に昇格した。かつては日根野電車区が存在したが、現在は吹田総合車両所日根野支所が置かれている。

【スカイゲートブリッジ】
国道481号が通る関西国際空港連絡橋は、スカイゲートブリッジと呼ばれる。

七宝瀧寺と犬鳴山温泉

泉佐野市にある犬鳴山は、和泉山系の葛城山の西に位置する渓谷一帯の地名で、修験道の聖地として有名な七宝瀧寺とともに、関西国際空港から最も近い犬鳴山温泉があることでも知られている。七宝瀧寺は、661(斉明天皇7)年に役小角(行者)が開山した寺院で、現在は真言宗犬鳴派の大本山となっている。平安時代に淳和天皇が雨乞いの利益を得たことで七宝瀧寺と名付け、猟師を大蛇から助けた犬の逸話に感動した宇多天皇が、犬鳴山の山号を付けたと伝えられている。境内を流れる犬鳴川に沿って、修験道の行場が設けられている。犬鳴山温泉は、大阪府における唯一の温泉郷。七宝瀧寺の門前に温泉街が生まれ、湯治客が宿泊するようになった。現在は、山乃湯、不動口館、み奈美亭といった旅館があり、日帰り温泉も楽しめる。

【りんくうタウン】
ヤシの並木と高層ビルが同居している、りんくうタウンの街並み。

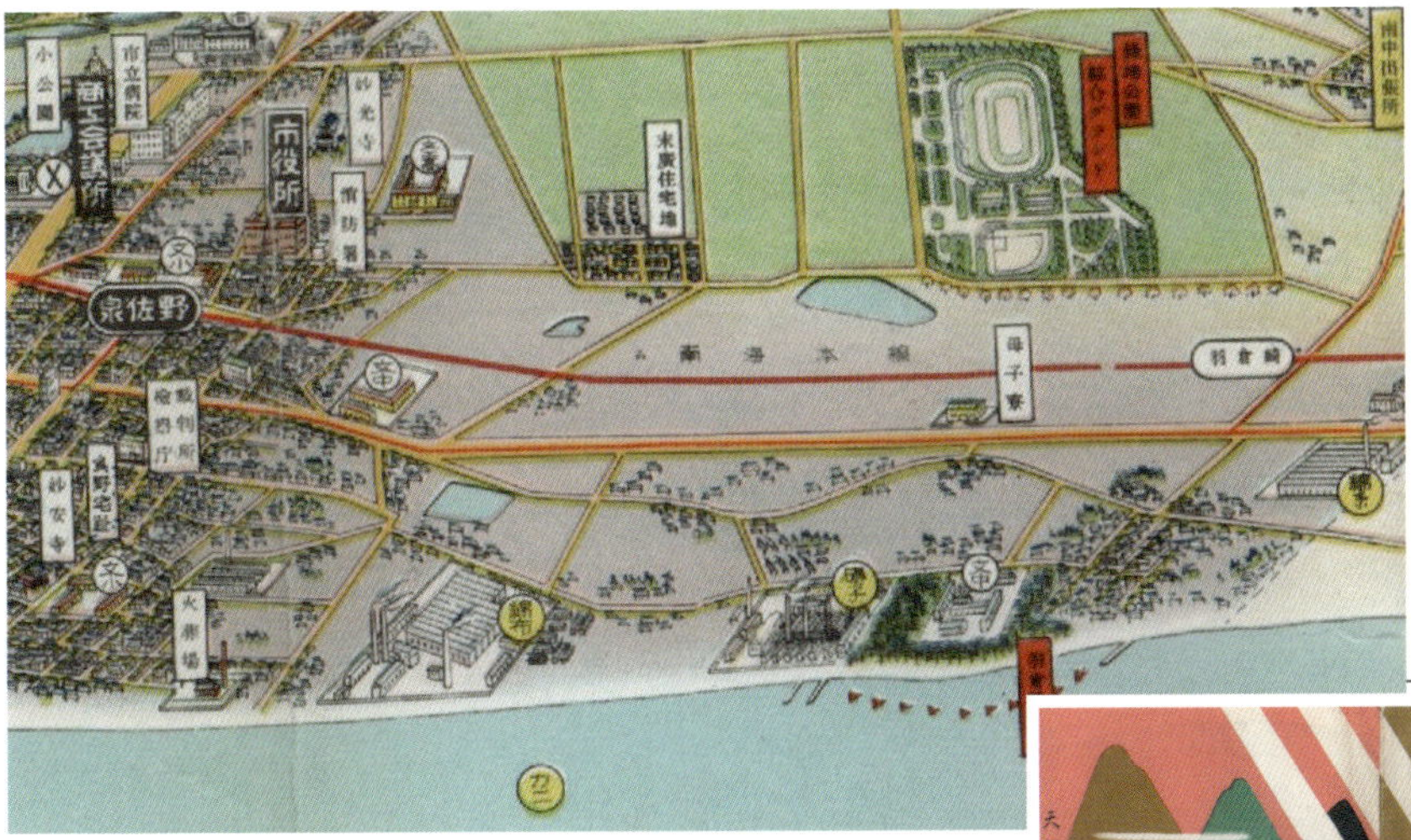

【泉佐野市鳥瞰図（部分、昭和戦後期）】
空港線開業のかなり前（昭和30年代?）の泉佐野市鳥瞰図の一部で、南海本線の泉佐野～羽倉崎間が描かれている。羽倉崎駅水園付近に見える「文中」は現在の佐野中学校で、この北（左）側に空港線のりんくうタウン駅が置かれることになる。

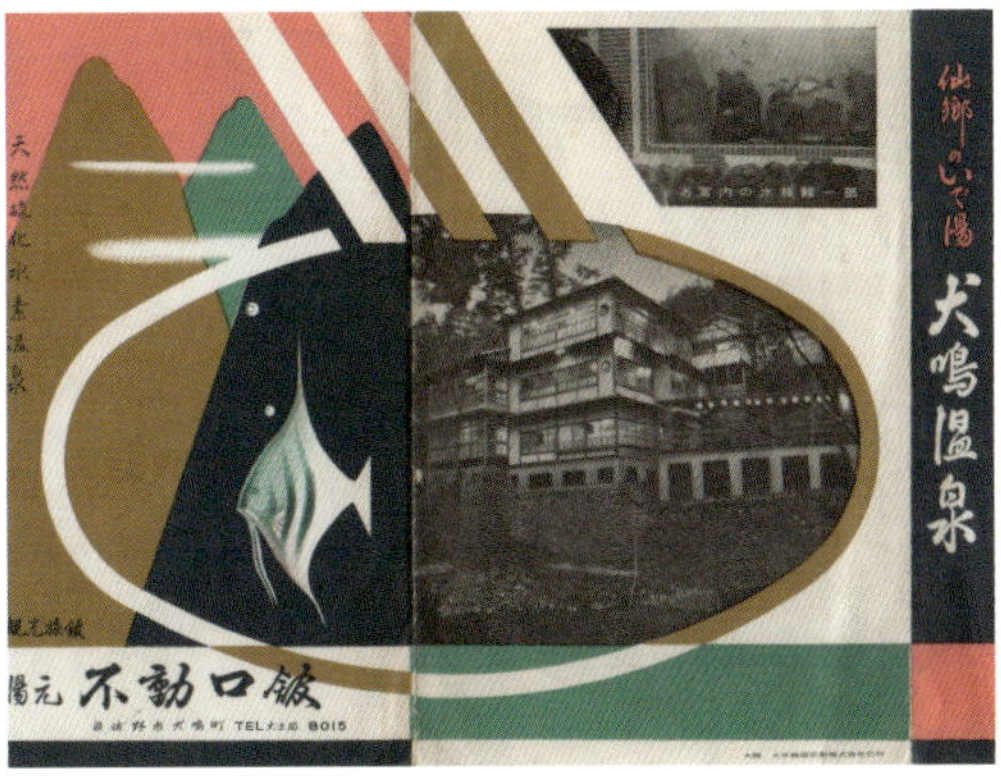

【犬鳴温泉パンフレット（昭和戦後期）】
犬鳴（山）温泉の湯元の旅館「不動口館」のパンフレット。犬鳴川の渓流沿いに旅館・ホテルが建ち並んでいる。「不動口館」は老舗旅館のひとつ。

古地図探訪

◎りんくうタウン付近（平成10年）

関西国際空港の開港、連絡橋の開通で、大きく変貌することになった泉佐野市の湾岸地区。南海とＪＲが共同で設けた駅の名称が「りんくうタウン」で、埋め立てられた土地の名称（地名）も鉄道線・自動車道を境にして、南北で「りんくう往来南」「りんくう往来北」と付けられている。一方、本線にある羽倉崎駅も１９４２（昭和17）年に誕生した比較的、歴史の新しい駅で、周辺はかつて西出町と呼ばれていた。

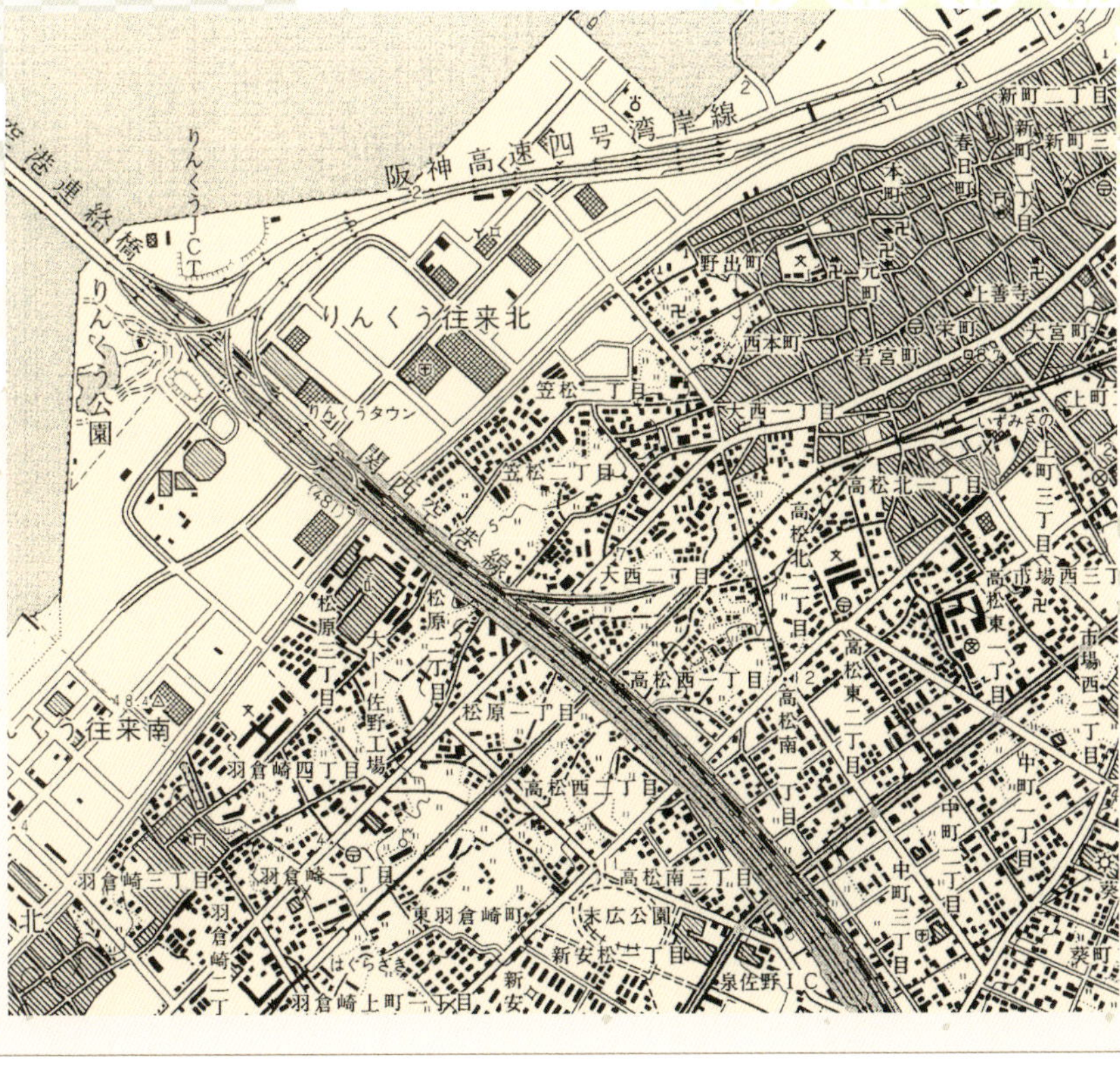

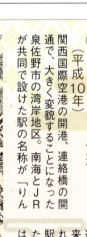

空港線

NK32

関西空港《かんさいくうこう》

田尻町

開業年 1994（平成6）年6月15日

所在地 大阪府泉南郡田尻町泉州空港中1

キロ程 泉佐野駅から8・8km

駅構造 地上駅2面4線（うち南海1面2線）

乗降客 3万5020人

泉南郡田尻町には現在、2つの駅が置かれている。その1つは本線で紹介した吉見ノ里駅であり、もうひとつが関西国際空港の玄関口として、1994（平成6）年6月に開業した空港線の関西空港駅である。泉佐野〜関西空港間の8・8キロの区間において、途中駅は泉佐野市にあるりんくうタウン駅だけである。南海の空港線は、関西国際空港の開港に合わせて、JR関西空港線とともに建設された。終点駅となる関西空港駅は両者の共同使用駅で、田尻町泉州空港中に置かれている。駅の構造は、南海、JRともに島式ホーム1面2線をもつ地上駅で、橋上駅舎を有している。

関西国際空港は、駅の誕生の3か月後の1994年9月に開港している。大阪湾上に田尻町、泉佐野市、泉南市にまたがる人工島が建設され、海上空港として建設された。A・Bの2本の滑走路があり、現在は羽田、成田、中部国際（セントレア）と並ぶ日本を代表する国際空港として、多くの旅客機が発着している。この空港は、従来から存在した伊丹空港（大阪国際空港）、2006（平成18）年に開港した神戸空港ともに、関西エアポート株式会社が運営している。

泉州港

関西国際空港がある空港島には、高速船が発着する泉州港が開かれた。ここからは大阪、神戸、四国各地に向かう船の便が開設されていた。しかし、多くの航路は廃止され、現在は神戸空港の海上アクセスターミナル、洲本港への高速船が運行されている。また、2025（令和7）年4月から開催されるEXPO2025大阪・関西万博では、泉州港と夢洲を結ぶ海上ルートも予定されている。

【泉州港】 関西国際空港島に開かれた泉州港。空港との間は南海バスが連絡している。

【関西国際空港】 国際線の旅客数・着陸回数では、成田に次ぐ第2位の関西国際空港。

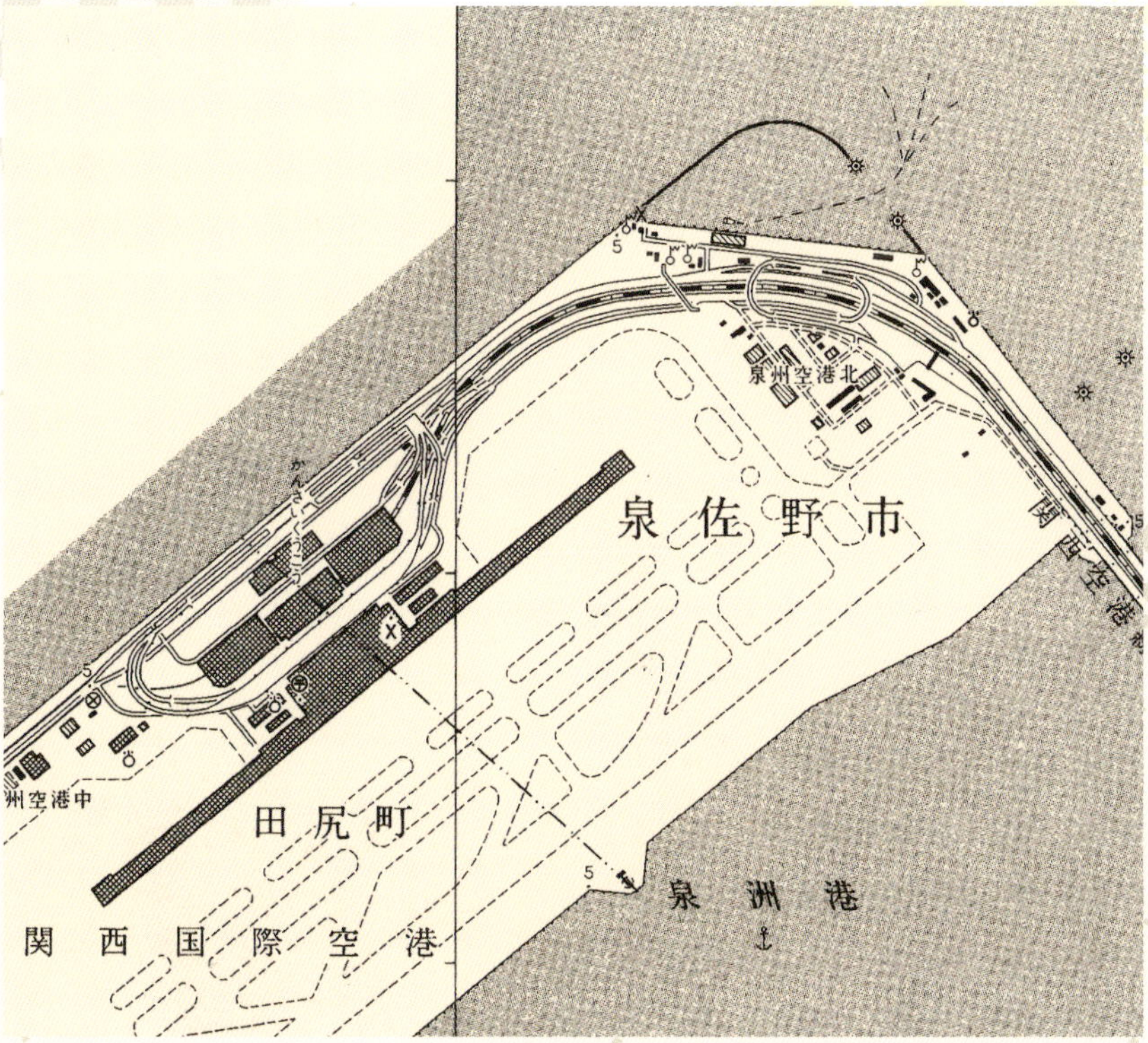

古地図探訪

◎関西空港駅付近（平成10年）

関西国際空港が造られた人工島は、地図上では北が泉佐野市、南が田尻町に分かれているが、さらに南側は泉南市に属している。泉佐野市と田尻町の境界線は、関西空港駅の中間付近を通っている。関西国際空港連絡橋を通る鉄道路線は、泉佐野側から大阪湾を渡った後に島に上陸し、大きくカーブして南西に進む形である。また、この人工島では、港湾設備（泉州港）も南北に設けられている。

NK41-1
NK41-2
NK41-3

深日町、深日港、多奈川

ふけちょう、ふけこう、たながわ

岬町

深日町 開業年 1944（昭和19）年5月31日 所在地 大阪府泉南郡岬町深日1433 キロ程 みさき公園駅から1.4km 駅構造 高架駅1面1線 乗降客 325人

深日港 開業年 1948（昭和23）年11月3日 所在地 大阪府泉南郡岬町深日2535 キロ程 みさき公園駅から2.1km 駅構造 地上駅1面1線 乗降客 522人

多奈川 開業年 1944（昭和19）年5月31日 所在地 大阪府泉南郡岬町多奈川谷川2290 キロ程 みさき公園駅から2.6km 駅構造 地上駅2面1線 乗降客 399人

南海本線は、みさき公園駅を過ぎてしばらくすると南下して、和歌山方面に向かうこととなる。かつての本線上には、この地域の中心駅である深日駅が存在していた。

1955（昭和30）年の合併で泉南郡の岬町が誕生する以前には、深日町、多奈川町、淡輪村、孝子村という4つの町村が存在していた。この深日町には、南海本線が開通した1898（明治31）年10月に深日駅が開業し、地域の中心駅となっていた。しかし、1944（昭和19）年6月、川崎重工業泉州工場へ向かう輸送路線として多奈川線が開通すると、本線上の深日駅は旅客営業が廃止された。翌年には貨物営業も廃止されて、深日駅は休止し、後に廃止となった。

一方、新しく開通した多奈川線は、終着駅を多奈川駅とする全長2.6キロの短い支線である。太平洋戦争後の1948（昭和23）年11月、深日港駅が開業して、淡路・四国航路のフェリーが発着する深日港の玄関口となった。途中駅は深日町駅、深日港駅の2駅である。深日町駅は1944年6月に開業。駅の所在地は岬町深日で、単式1面1線のホームをもつ盛土上の地上駅である。深日港駅は同じく岬町深日にあり、単式1面1線のホームをもつ地上駅となっている。「深日」の地名の由来には諸説があるが、万葉集に歌われた「吹飯（ふけひ）の浜」の「吹飯」から転じたという説がある。

終着駅の多奈川駅は、2面1線のホームをもつ地上駅で、岬町多奈川谷川に置かれている。1955（昭和30）年に岬町が誕生する前は、泉南郡に多奈川町が存在していた。多奈川町となる前は1889（明治22）年に成立した多奈川村があり、さらにさかのぼると日根郡に谷川村、東畑村などが存在していた。谷川村は、「谷川瓦」の産地として知られていた。

【深日港駅】
多奈川線の中間駅のひとつ、深日港駅。往時の賑わいが懐かしい風景。

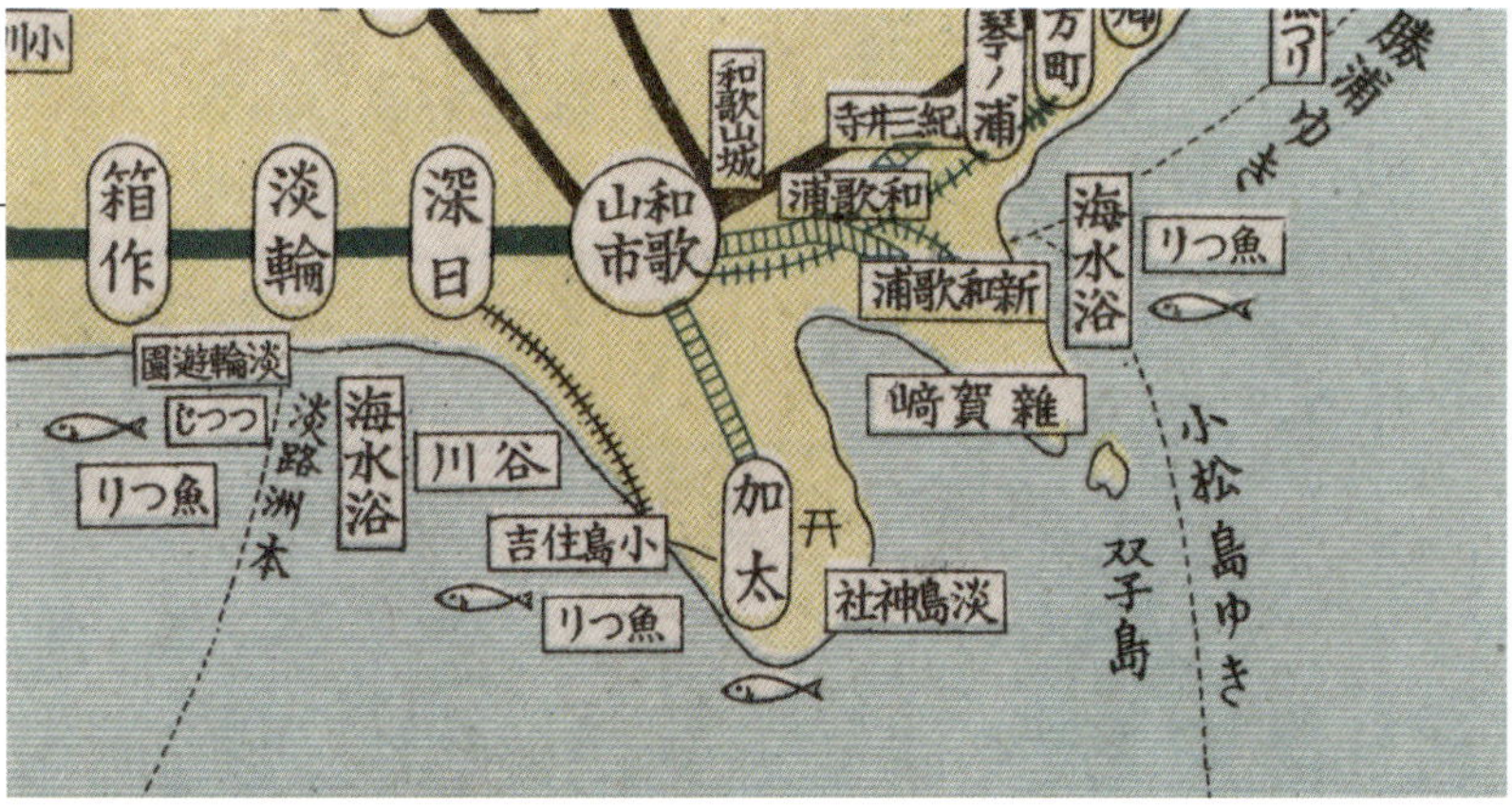

【南海沿線図、深日駅付近（部分、昭和戦前期）】
南海本線に深日駅が存在していた頃の沿線案内図。多奈川線が開業するのはこのあと太平洋戦争下の1944（昭和19）年である。

右下駅舎写真：上から深日町駅、深日港駅、多奈川駅

【深日港】 釣竿を垂れる太公望の姿が見える深日港。1948（昭和23）年に開かれた。

古地図探訪

◎深日町、多奈川駅付近（昭和33年）

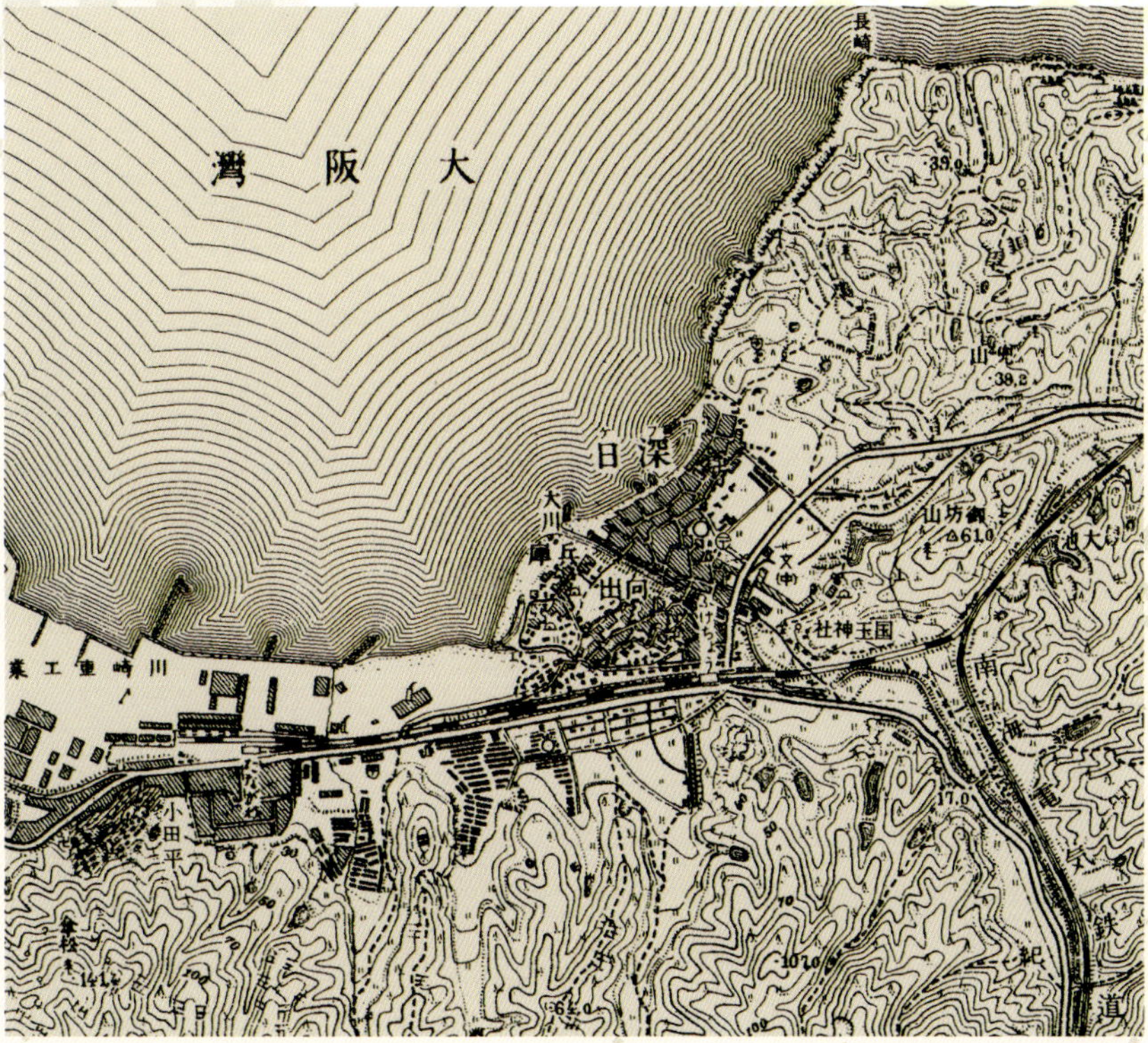

現・みさき公園駅から分岐してきた多奈川線には深日町、多奈川の2駅が置かれている。本線上にあった深日駅は入れ替わる形で廃止された。多奈川線のもうひとつの途中駅である深日港駅は、開通後の1948（昭和23）年の開業であり、この地図には記載されていない。多奈川駅の先には、川崎重工業泉州工場の用地が広がっている。現在、多奈川駅付近には、新日本工機の岬工場も存在している。

NK44-1
NK44-2
NK44-3

東松江、中松江、八幡前

ひがしまつえ、なかまつえ、はちまんまえ

和歌山市

東松江
開業年 1930（昭和5）年12月1日
所在地 和歌山県和歌山市松江東4-14-1
キロ程 紀ノ川駅から2・6km
駅構造 地上駅1面2線
乗降客 858人

中松江
開業年 1912（明治45）年6月16日
所在地 和歌山県和歌山市松江中3-3-1
キロ程 紀ノ川駅から3・3km
駅構造 地上駅1面2線
乗降客 793人

八幡前
開業年 1912（明治45）年6月16日
所在地 和歌山県和歌山市古屋222-2
キロ程 紀ノ川駅から4・4km
駅構造 地上駅2面2線
乗降客 1293人

1958（昭和33）年まで存在した和歌山県海草郡の加太町は、紀の川の右岸（北）に位置している。同じ右岸にある南海本線の紀ノ川駅と、加太町（現・和歌山市）の中心駅・加太を結ぶのが南海の加太線である。そのルーツは加太軽便鉄道で、1912（明治45）年6月に同じ紀の川の右岸にあった和歌山口（初代、後の北島）〜加太間で開業した。1914（大正3）年9月には、紀ノ川橋梁が完成して、北島〜和歌山口（二代目）駅の路線が開業し、南海の和歌山市駅と連絡するようになった（後に両駅は統合）。一方、1930（昭和5）年12月の電化により、加太電気鉄道と変わり、1942（昭和17）年2月に南海と合併したことで、南海の加太線となった。このとき、和歌山口駅と和歌山市駅は統合された。1944（昭和19）年10月に東松江駅と本線の紀ノ川駅を結ぶ貨物線が開通して、松江線となり、1950（昭和25）年7月に旅客営業を開始した。

　この松江線が誕生すると、東松江駅から南下して和歌山口駅に至る路線の役割は低下することになる。さらに1953（昭和28）年7月の水害で、加太線の紀ノ川橋梁の橋脚が傾いて運行不能となり、同年9月に和歌山市〜北島間

【和歌山北港】
紀の川の右岸に開かれた和歌山北港。魚釣り公園も存在している。

【河西緩衝緑地公園】
多奈川線の南側に続く河西緩衝緑地は、緑豊かな緑地公園で、子どものための遊具やスポーツ施設も充実している。

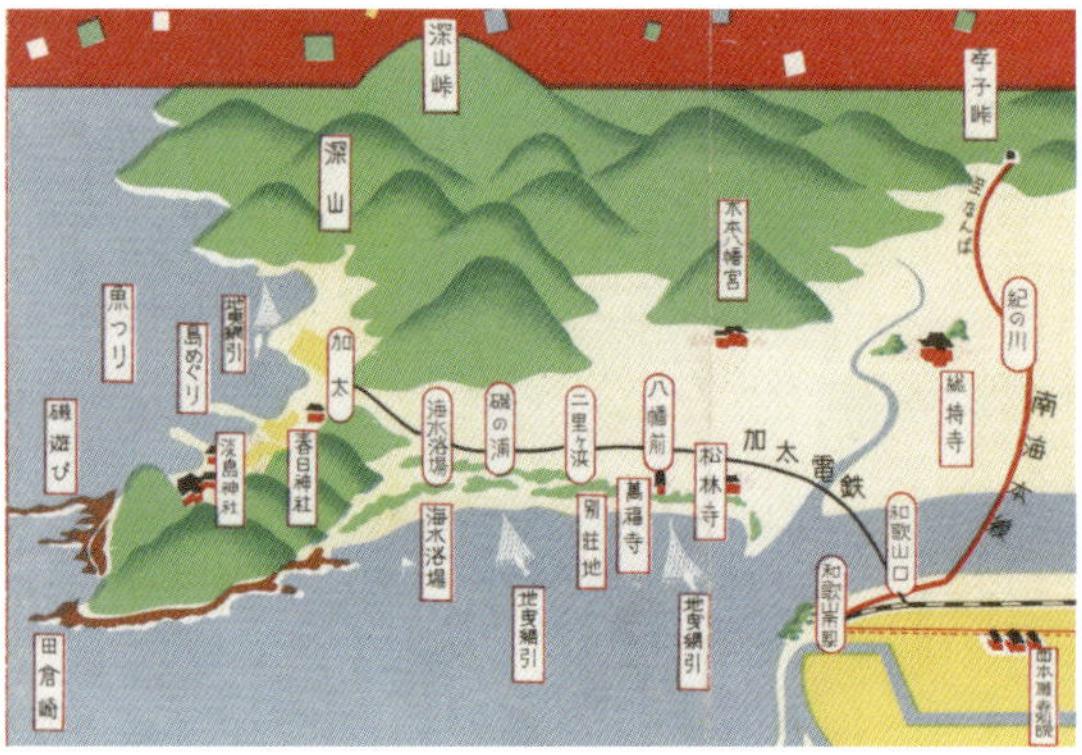

【加太電鉄路線図（部分、昭和戦前期）】
和歌山口と加太の間を結んでいた加太電鉄時代の路線図。この頃はまだ、紀ノ川駅とは結ばれておらず、東松江、中松江の2駅は省略?されている。磯の浦〜加太間（2・5キロ）には、「海水浴場」の名称の駅が存在した。

右下駅舎写真：上から東松江駅、中松江駅、八幡前駅

が休止、1955（昭和30）年2月に廃止された。このため、紀ノ川～加太間が加太支線（現在の加太線）、北島～東松江間は北島支線と変わり、北島支線は1966（昭和41）年12月に廃止された。

　1942（昭和17）年まで存在した海草郡の松江村には、東松江、中松江の2駅が置かれていた。また、木ノ本村には八幡前駅が存在した。東松江駅は1930（昭和5）年12月の開業。一時は加太電気（軽便）鉄道の本線（加太線）と松江線の分岐点だった。駅の所在地は和歌山市松江東4丁目、構造は島式ホーム1面2線の地平駅である。中松江駅と八幡前駅はともに1912（明治45）年6月に開業している。中松江駅の所在地は和歌山市松江中3丁目、構造は島式ホーム1面2線の地平駅である。八幡前駅の所在地は和歌山市古屋、構造は相対式ホーム2面2線の地平駅である。

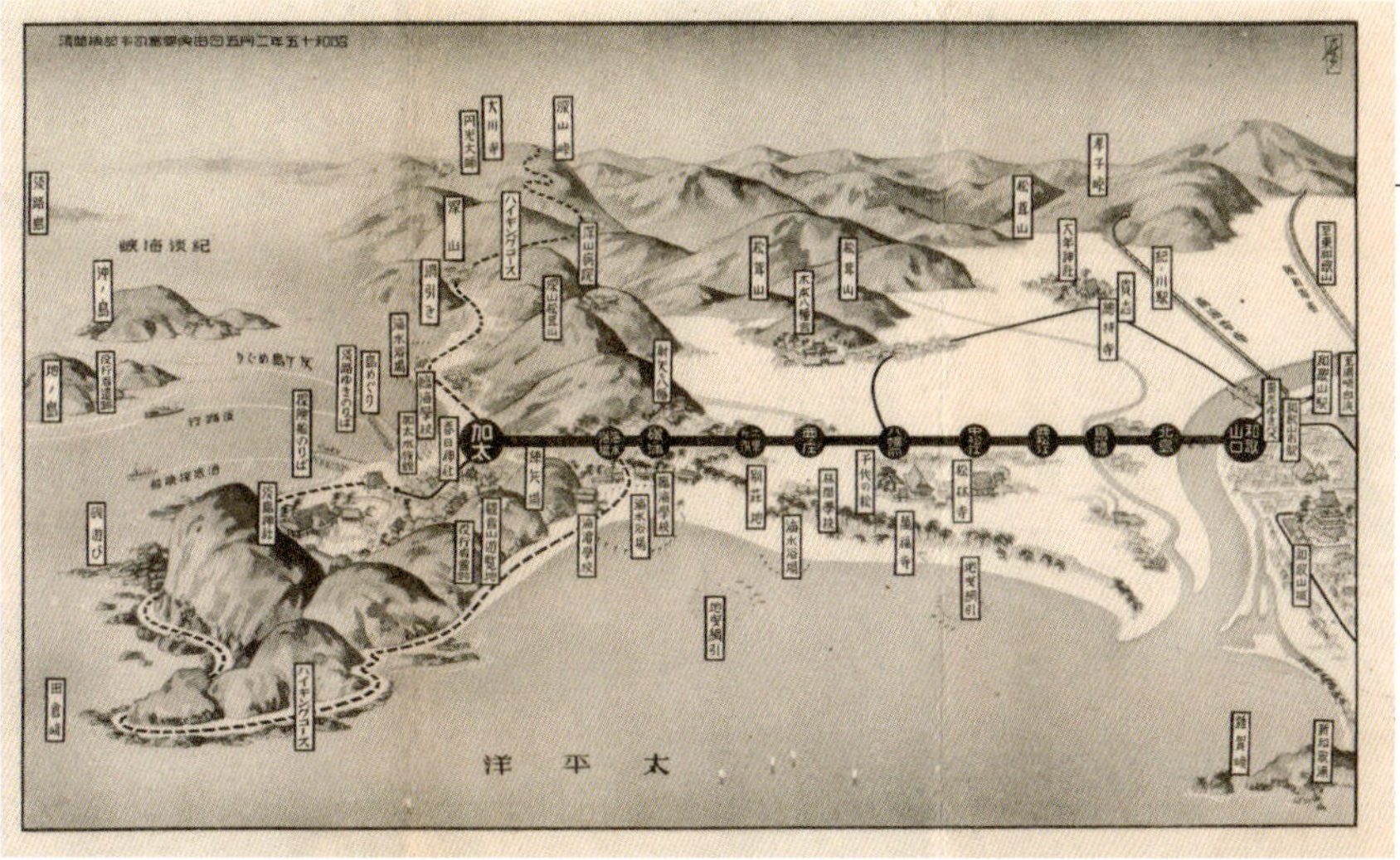

【加太電鉄路線図（1940年）】
昭和15（1940）年2月の由良要塞司令部検閲済の文字が見える加太電鉄の路線図。現在は廃止されている和歌山口～北島間の路線と北島、島橋、西松江の3駅が見えるが、「西松江」は現在もある「東松江」の誤記だろうか。ここでも磯ノ浦～加太間に「海水浴場」の名称の駅がある。

古地図探訪

◎島橋、東松江、中松江駅付近（昭和9年）

地図の中央付近を流れる土入川には島橋が架けられており、加太電気鉄道（現・加太線）の駅名になっていた。この島橋駅は戦後に廃止されている。この当時、加太電気鉄道は現在の紀ノ川駅からではなく和歌山口駅から来るルートを通っており、東松江駅は1930（昭和5）年、島橋～中松江間に開業していた。中松江駅は1912（明治45）年の加太軽便鉄道時代からあった駅である。

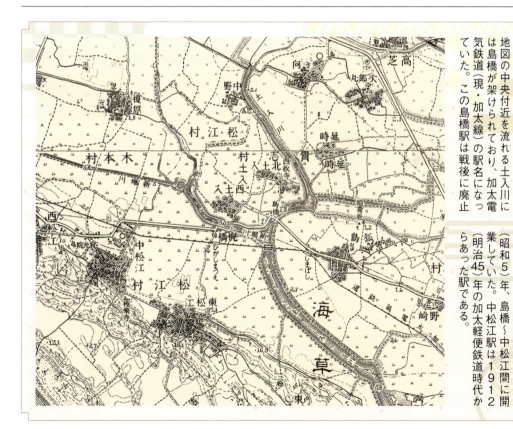

NK44-4
NK44-5
NK44-6
NK44-7

西ノ庄、二里ヶ浜、磯ノ浦、加太

にしのしょう、にりがはま、いそのうら、かだ

和歌山市

	開業年	所在地	キロ程	駅構造	乗降客
西ノ庄	1930(昭和5)年12月1日	和歌山県和歌山市西庄1016-3	紀ノ川駅から5.5km	地上駅1面1線	639人
二里ヶ浜	1912(明治45)年6月16日	和歌山県和歌山市西庄1017-3	紀ノ川駅から6.2km	地上駅2面2線	371人
磯ノ浦	1912(明治45)年6月16日	和歌山県和歌山市磯の浦377-2	紀ノ川駅から7.1km	地上駅2面2線	127人
加太	1912(明治45)年6月16日	和歌山県和歌山市加太1038-1	紀ノ川駅から9.6km	地上駅2面2線	612人

海草郡の西脇町は、1954(昭和29)年に西脇野村が町制を敷いて成立している。1956(昭和31)年に和歌山市に編入されて姿を消したが、町内には2つの駅が存在した。西ノ庄駅は1930(昭和5)年12月に西庄駅として開業している。駅の所在地は和歌山市西庄で、構造は単式ホーム1面1線の地平駅である。二里ヶ浜駅は1912(明治45)年6月の開業。駅の所在地は同じく和歌山市西庄で、相対式ホーム2面2線の地平駅である。磯ノ浦駅は1912(明治45)年6月の開業。駅のすぐ南側には磯の浦公園、磯の浦海水浴場が広がっている。駅の所在地は和歌山市磯の浦、構造は相対式ホーム2面2線の地平駅である。

【磯の浦】
加太線の電車が走る磯の浦の海岸。サーフィンを楽しむ人々で賑わっている。

加太線の終点となる加太駅は、旧加太町の玄関口として、1912(明治45)年6月に開業している。海部(後に海草)郡の加太町は、1889(明治22)年に加太浦、深山村、大川浦が合併して、加太村が成立。1899(明治32)年に町制を施行して加太町となり、1958(昭和33)年に和歌山市に編入された。加太駅は、和歌山市加太に置かれており、構造は櫛型ホーム2面2線の地上駅である。

駅の西側には、紀淡海峡に臨む加太港があり、さらに淡嶋神社が鎮座している。ここは全国の淡島神社、粟島神社、淡路神社の総本社で、人形供養でも有名である。沖合に浮かぶ友ヶ島は、加太港から出るフェリー航路で結ばれている。友ヶ島は、沖ノ島、地ノ島などの総称で、このうちの沖ノ島には1872(明治5)年に初点灯された友ヶ島燈台があり、戦前にはこの友ヶ島、淡路島を含めた一帯が陸軍の由良要塞となっていた。現在の友ヶ島は、瀬戸内海国立公園の一部として、人気の行楽地、キャンプ地となっている。

【淡嶋神社(1922年)】
1922(大正11)年に由良要塞司令部の許可を得て発行された淡嶋神社の絵葉書。全国の淡島神社の総本社である。

右下駅舎写真：上から西ノ庄駅、二里ヶ浜駅、磯ノ浦駅、加太駅

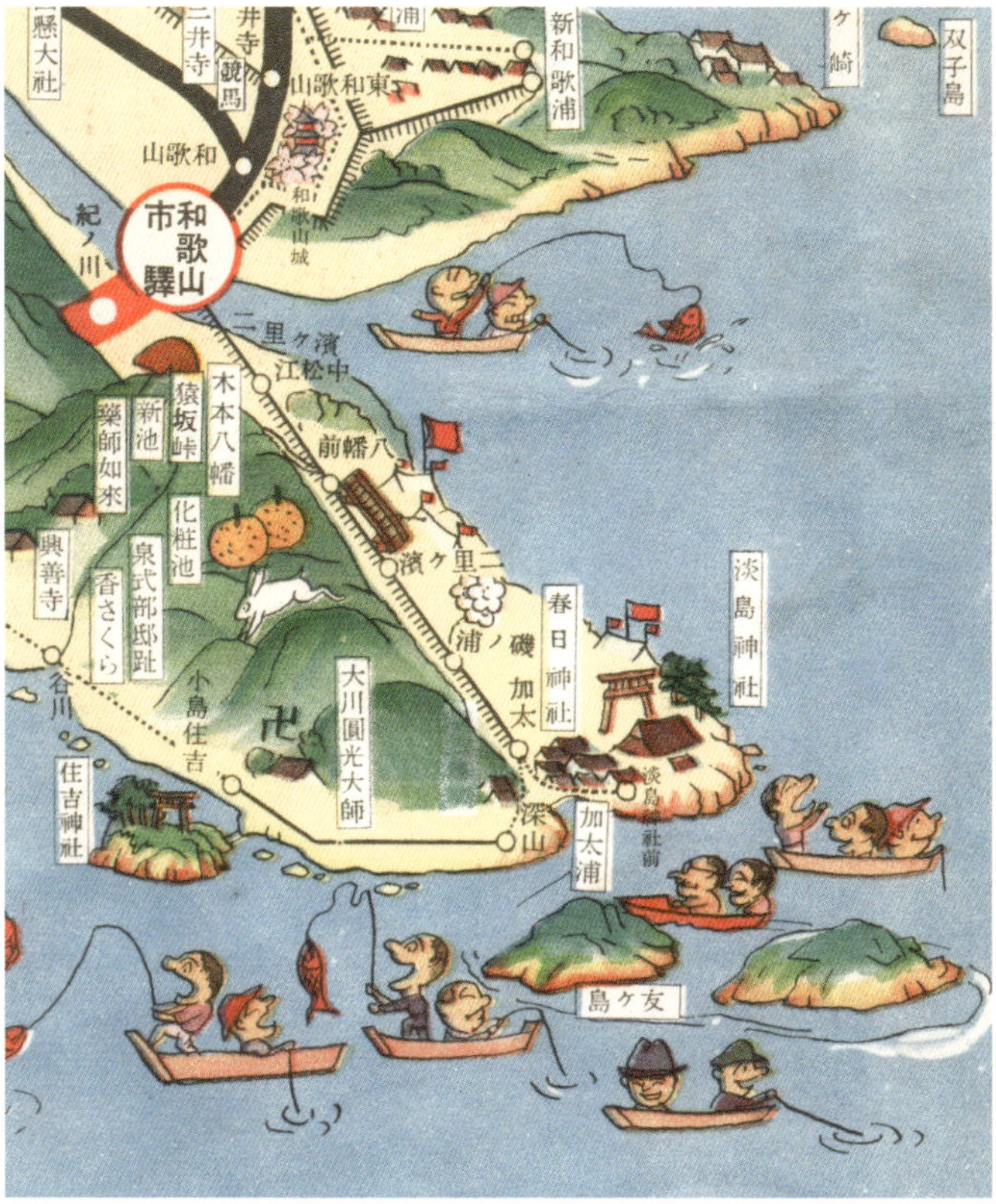

【円光大師大門（昭和戦前期）】
和歌山市の北端に近い大川地区にある、法然上人（円光大師）ゆかりの西山浄土宗の寺院、報恩講寺。土佐（高知県）からの帰路にこの地の浜に漂着し、その後に漁業が盛んになったことで念仏の霊場となった。付近には大川港がある。

【南海電車沿線案内（部分、加太線、昭和戦前期）】
加太線を中心とした南海電車沿線案内の部分絵図で、加太線には中松江、八幡前駅などが置かれている。加太浦には淡嶋神社、春日神社が鎮座しており、沖には行楽地として有名な友ヶ島が存在している。

古地図探訪

◎加太、磯ノ浦駅付近（昭和9年）

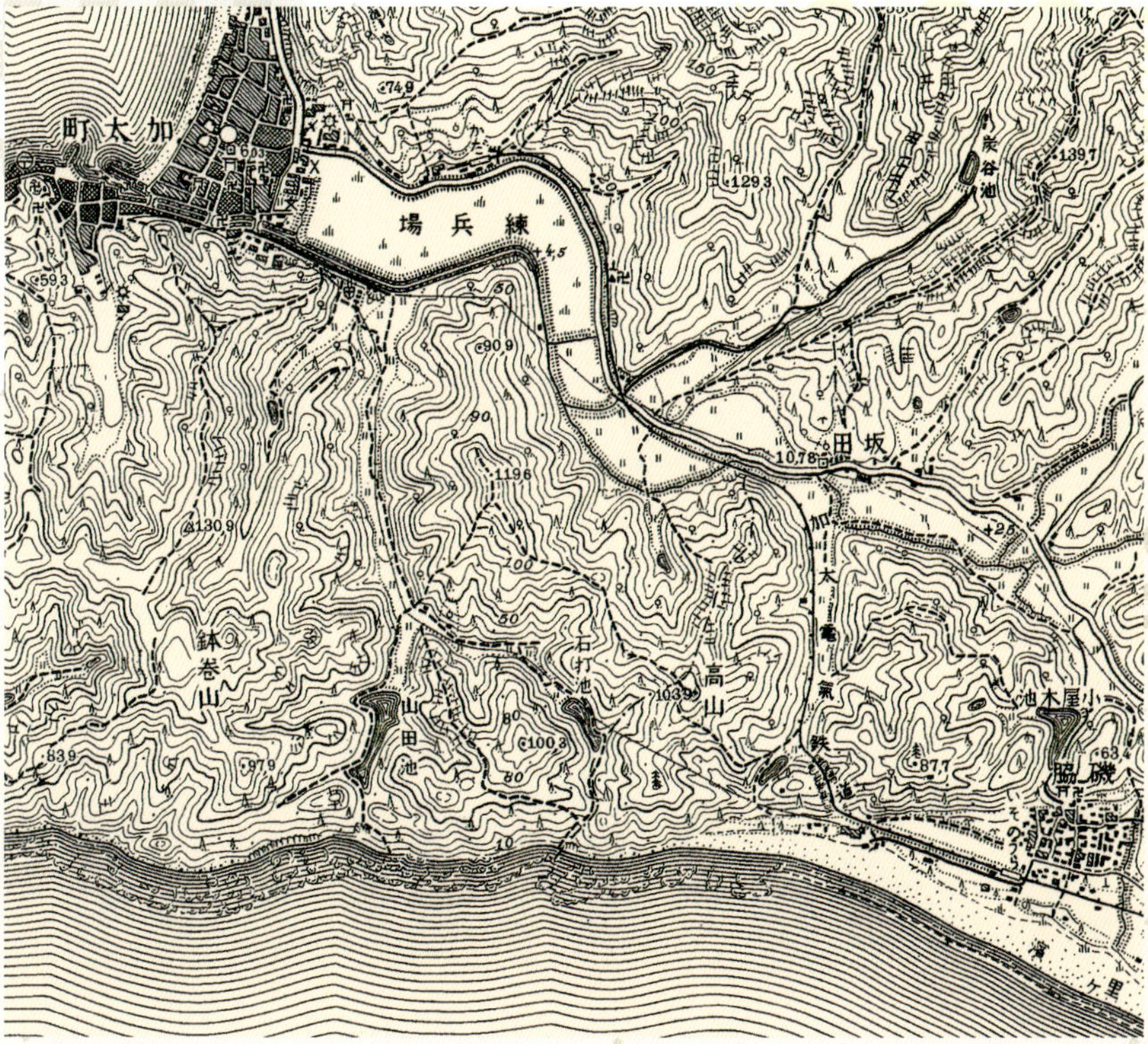

加太線の加太〜磯ノ浦間は2・5キロの駅間があり、磯ノ浦駅を出ると山側に向かい、深山重砲兵連隊の練兵場付近を進んでゆく。終着駅の加太駅は磯ノ浦駅と同じく、1912（明治45）年の開業であり、加太の市街地は北側に広がっている。磯ノ浦駅南側の海岸には、磯の浦海水浴場があり、サーフィンのメッカとしても知られている。この駅は加太線の中で利用者が最も少ない。

NK06-5
NK06-4

汐見橋、芦原町

しおみばし、あしはらちょう

浪速区

汐見橋
開業年 1900（明治33）年9月3日
所在地 大阪府大阪市浪速区桜川3-8-74
キロ程 汐見橋駅から0.0km
駅構造 地上駅1面2線
乗降客 688人

芦原町
開業年 1912（大正元）年11月15日
所在地 大阪府大阪市浪速区芦原2-5-31
キロ程 汐見橋駅から0.9km
駅構造 地上駅2面2線
乗降客 202人

高野線のうち、大阪市西成区・浪速区を走る汐見橋～岸里玉出間は通称、汐見橋線と呼ばれている。この路線は、前身の高野鉄道が1900（明治33）年9月に道頓堀（現・汐見橋）～大小路（現・堺東）間を開通させた区間の一部で、高野登山鉄道、大阪高野鉄道をへて、1922（大正11）年9月に南海の高野線となった。

現在の汐見橋駅は、1900年9月に高野鉄道の起終点駅となる道頓堀駅として開業し、1901（明治34）1月に汐見橋駅と改称した。2つの駅名の由来となった地名は、（西）道頓堀川に架かる汐見橋で、この橋は現在、新なにわ筋（府道29号）の橋となっている。駅の東には、新なにわ筋と千日前通が交わる汐見橋交差点があり、大阪メトロ千日前線・阪神なんば線の桜川駅が置かれている。汐見橋駅の所在地は浪速区桜川3丁目で、構造は頭端式（島式）ホーム1面2線の地上駅である。

次の芦原町駅は1912（大正元）年11月に誕生。このときは仮駅で、1914（大正3）年10月に一般駅に昇格している。駅の所在地は浪速区芦原2丁目で、構造は相対式ホーム2面2線の地平駅である。この駅の南東にあたる浪速区浪速東1丁目には、JR大阪環状線の芦原橋駅が置かれている。こちらの駅は1966（昭和41）年4月の開業だが、それ以前には大阪市電の芦原橋駅（電停）が存在していた。芦原町駅と芦原橋駅は約300メートル離れており、乗り換えには適していない。

芦原橋は、かつて流れていた鼬（いたち）川に架かっていた橋である。鼬川は、四天王寺の建設用の材木を運ぶために開削された川で、イタチ（鼬）が掘り進めたという伝承からその名が付けられた。浪速区内の東西に流れていたが、1940（昭和15）年に大部分が埋め立てられ、1954（昭和29）年に消滅した。なお、同じ鼬川は横浜市栄区にも存在している。

【浪速区明細地図（部分、木津川駅付近、明治後期）】
大阪造船のある木津川町の南は西成区となり、現・南海高野線の木津川駅が置かれている。駅の北側には津守煉瓦などの工場が存在している。西側を流れる木津川には難波島に渡る難波島渡しの舟があり、1982（昭和57）年まで運航されていた。

【汐見橋駅】
下町情緒にあふれる風景が壁面に描かれている汐見橋駅の側面。

右下駅舎写真：上から汐見橋駅、芦原町駅

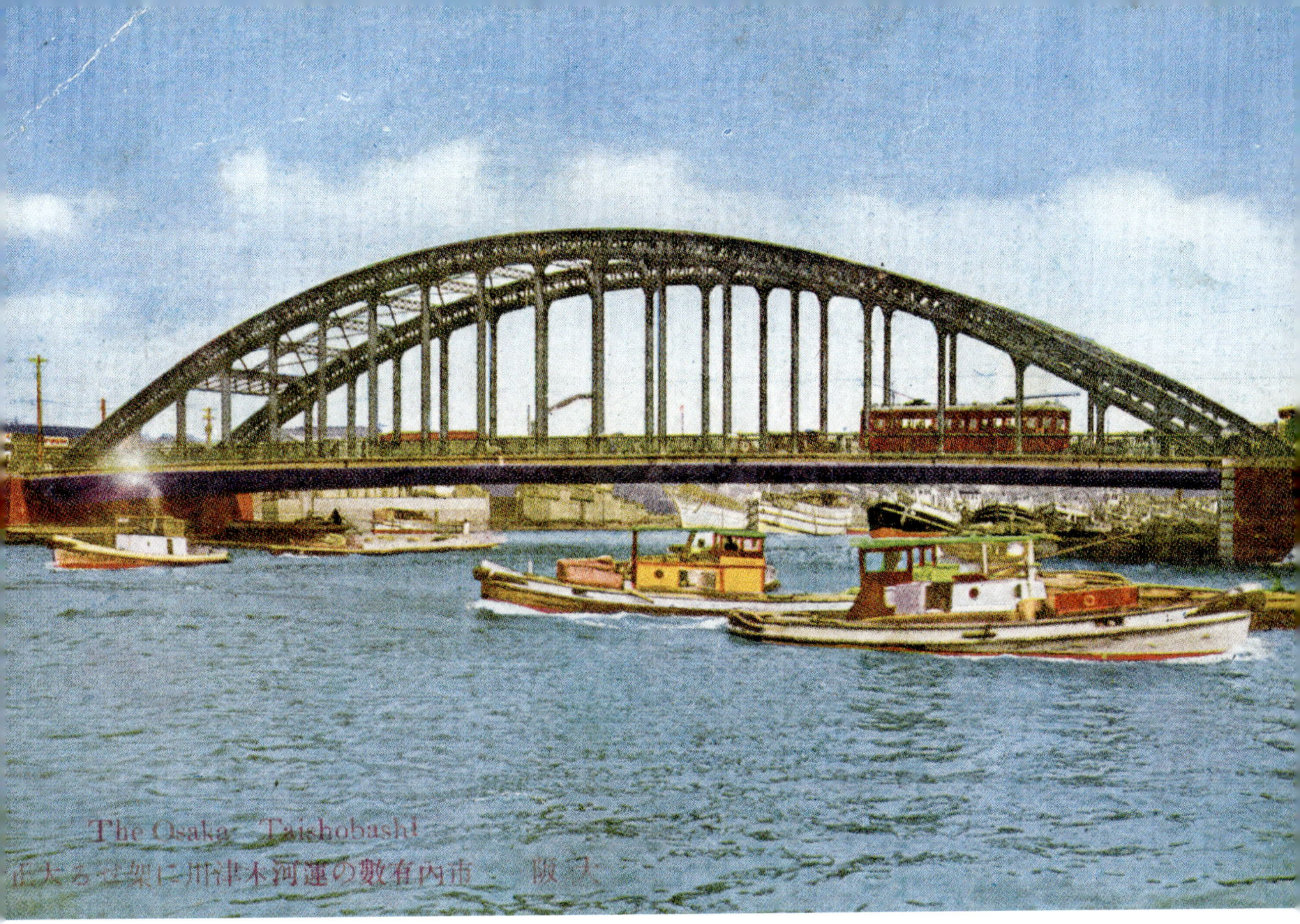

【大正橋（昭和戦前期）】
大正区と浪速区を結ぶ木津川の橋、大正橋。1915（大正4）年に完成した日本最大のアーチ橋だった。

古地図探訪

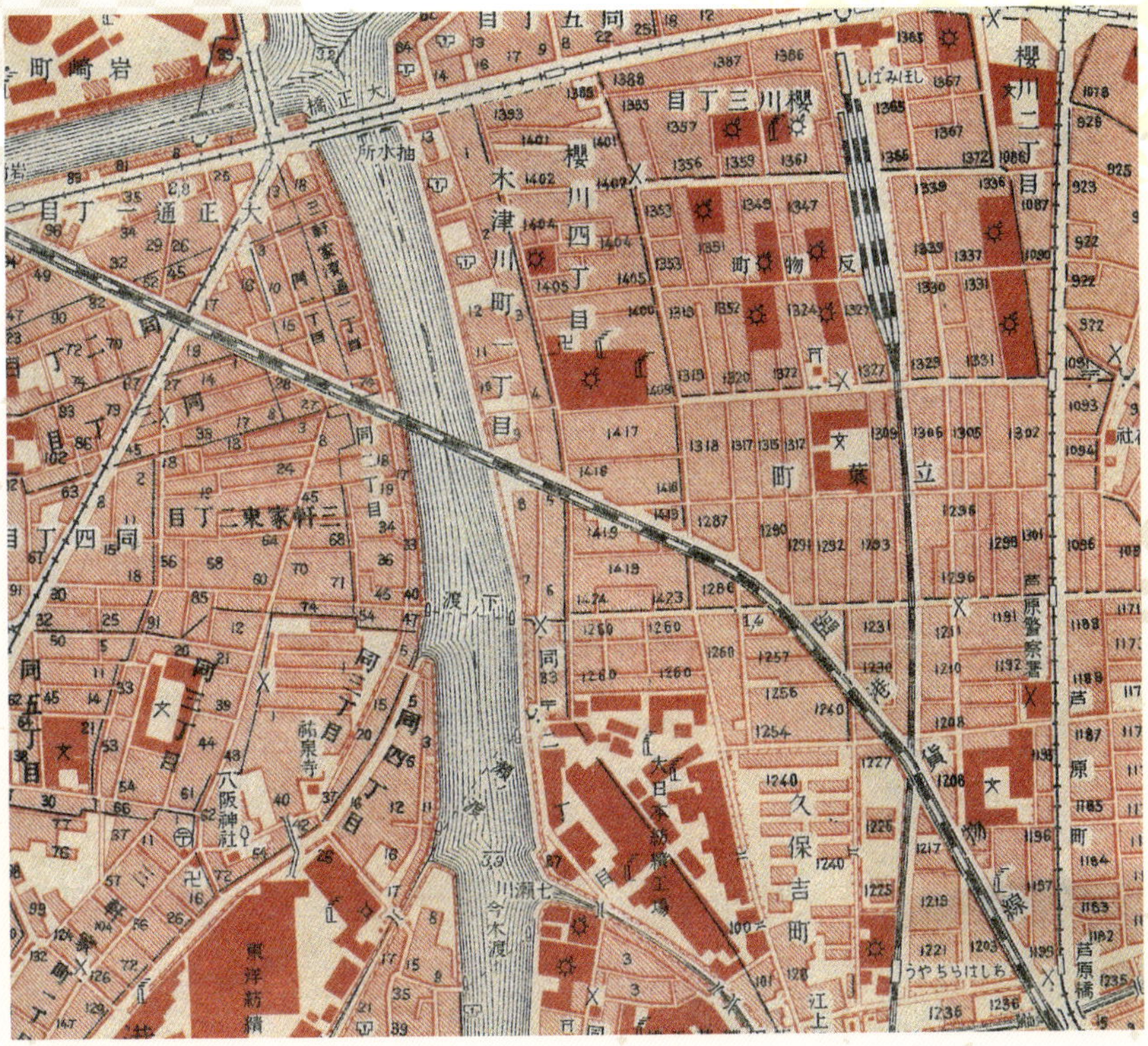

◎汐見橋駅付近（昭和4年）

浪速区の北西、桜川3丁目に汐見橋駅は置かれている。ここから南海高野線（汐見橋線）は南に延びて、臨港貨物線と交差することになる。臨港貨物線は現在の大阪環状線の前身で、1966（昭和41）年に南海の芦原町駅の北側に現・JRの芦原橋駅が開業する。大正橋が架かる木津川は南に流れてゆくが、「木津川」は高野線で3番目の駅名に採用されている。この時代には今木渡など複数の川渡しが存在していた。

NK06-3
NK06-2
NK06-1

木津川《きづがわ》、津守《つもり》、西天下茶屋《にしてんがちゃや》

西成区

木津川
開業年 1900(明治33)年9月3日
所在地 大阪府大阪市西成区北津守1-8-67
キロ程 汐見橋駅から1.6km
駅構造 地上駅1面2線
乗降客 191人

津守
開業年 1913(大正2)年2月21日
所在地 大阪府大阪市西成区津守1-10-18
キロ程 汐見橋駅から2.6km
駅構造 地上駅2面2線
乗降客 743人

西天下茶屋
開業年 1915(大正4)年9月18日
所在地 大阪府大阪市西成区橋3-3-23
キロ程 汐見橋駅から3.6km
駅構造 地上駅2面2線
乗降客 264人

　新なにわ筋に沿うようにして南下する汐見橋(高野)線は、芦原町駅を過ぎてしばらくすると西方向に分かれて、木津川の流れに近づいてゆく。次の駅はその名も「木津川」。この駅名では、戦前から戦後にかけて奈良電気鉄道(現・近鉄京都線)に木津川駅が存在していたが、戦後の臨時駅が1965(昭和40)年8月に休止し、1974(昭和49)年7月に廃止となった。2つの駅名の由来となった川は別であるが、京都の木津川は淀川の上流のひとつで、やがて大阪の淀川(大川)から分かれた木津川とつながっており、同じ淀川水系に属している。

　木津川駅は1900(明治33)年9月、高野鉄道の駅として開業している。駅の所在地は西成区北津守1丁目で、構造は島式ホーム1面2線の地上駅である。駅の南側を阪神高速15号堺線・17号西大阪線が走っているが、工場地帯の中にあるため、駅の利用者は大阪市内の鉄道駅の中で最も少なく、「大阪の秘境駅」ともいわれている。

　次の津守駅は1913(大正2)年2月の開業(仮駅)で、かつては4000人の従業員が働く巨大工場・大日本紡績(現・ユニチカ)津守工場の最寄り駅だった。この工場は戦後の1952(昭和27)年に操業を停止し、現在は西成公園、西成高等学校に変わっている。この南側には、大阪市の津守下水処理場が存在している。津守駅は1916(大正5)年3月に一般駅に変わり、現在に至っている。駅の所在地は西成区津守1丁目、構造は相対式ホーム2面2線の地平駅で、ホーム間は構内踏切で結ばれている。

　西成区で3番目の駅は西天下茶屋駅。東側には南海本線の天下茶屋駅が存在している。駅の所在地は西成区橋3丁目で、駅の構造は相対式ホーム2面2線の地平駅である。駅の南側にある西天下茶屋商店街は、NHKの連続テレビ小説「ふたりっ子」の舞台となった場所で、レトロな雰囲気が残る商店街には、同ドラマの記念碑が建てられている。

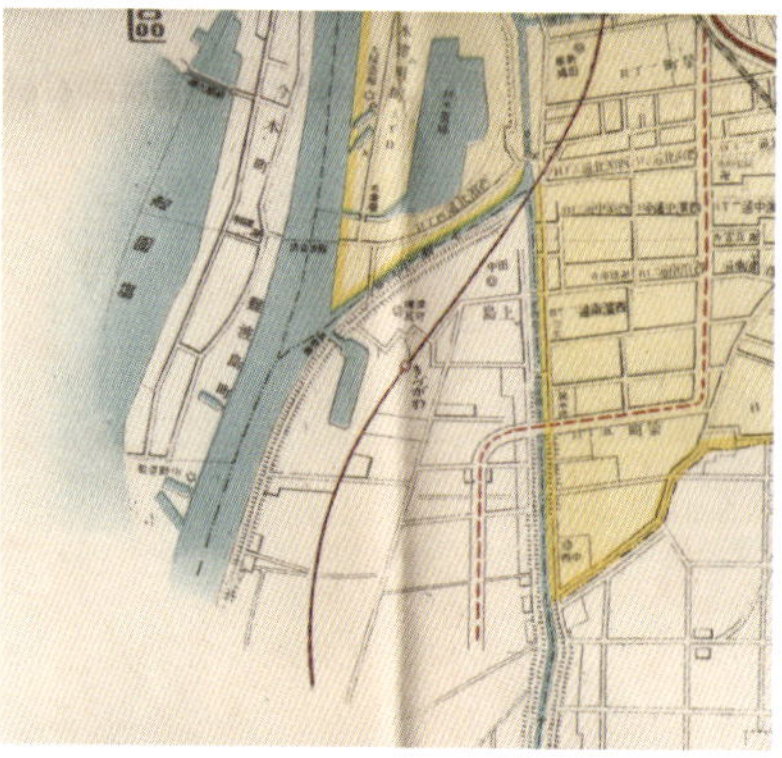

【浪速区の明細地図(部分、木津川駅付近)(明治後期)】
大阪造船のある木津川町の南は西成区となり、現・南海高野線の木津川駅が置かれている。駅の北側には津守煉瓦などの工場が存在している。西側を流れる木津川には、難波島に渡る難波島渡しの舟があり、1982(昭和57)年まで運航されていた。

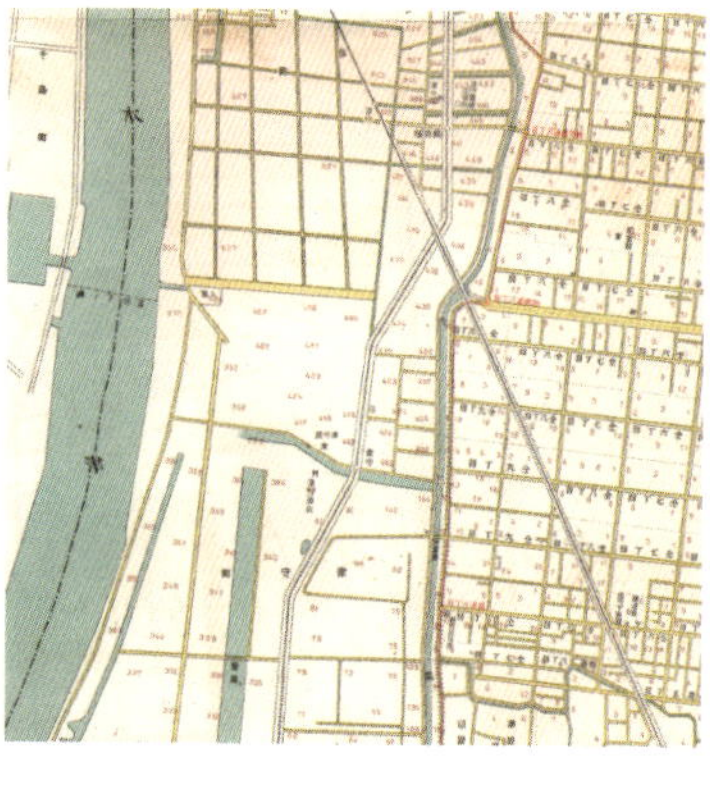

【西成区地図(部分、津守・西天下茶屋駅付近)(大正期)】
南東に向かって一直線に進む現・南海高野線には津守駅、西天下茶屋駅が置かれている。両駅の中間付近、西側に鎮座する津守神社は、江戸時代に開発された津守新田に勧請された五社神社がルーツ。1769(明和6)年に現在地に遷座し、1871(明治4)年に津守神社と改称している。

右下駅舎写真：上から木津川駅、津守駅、西天下茶屋駅

【木津川（昭和戦前期）】
「水都の大阪」と題された大阪のシリーズ絵葉書の1枚で、「帆檣（ほばしら）林立せる木津川の盛観」とタイトルが付けられている。航行しているのは動力船（曳き船）である。

【津守神社】
津守神社の本殿。江戸時代に開墾された、津守新田とともに歩んできた。

【西天下茶屋商店街】
レトロな雰囲気のアーケードが続く、西天下茶屋商店街。「にしてん」とも呼ばれる。

【木津川橋（大正期）】
木津川の上流（西区）に架かる木津川橋。初代の橋は幕末の1868（慶応4）年に架橋され、1913（大正2）年に市電が通るアーチ橋となった。

古地図探訪

◎木津川・津守駅付近（昭和4年）

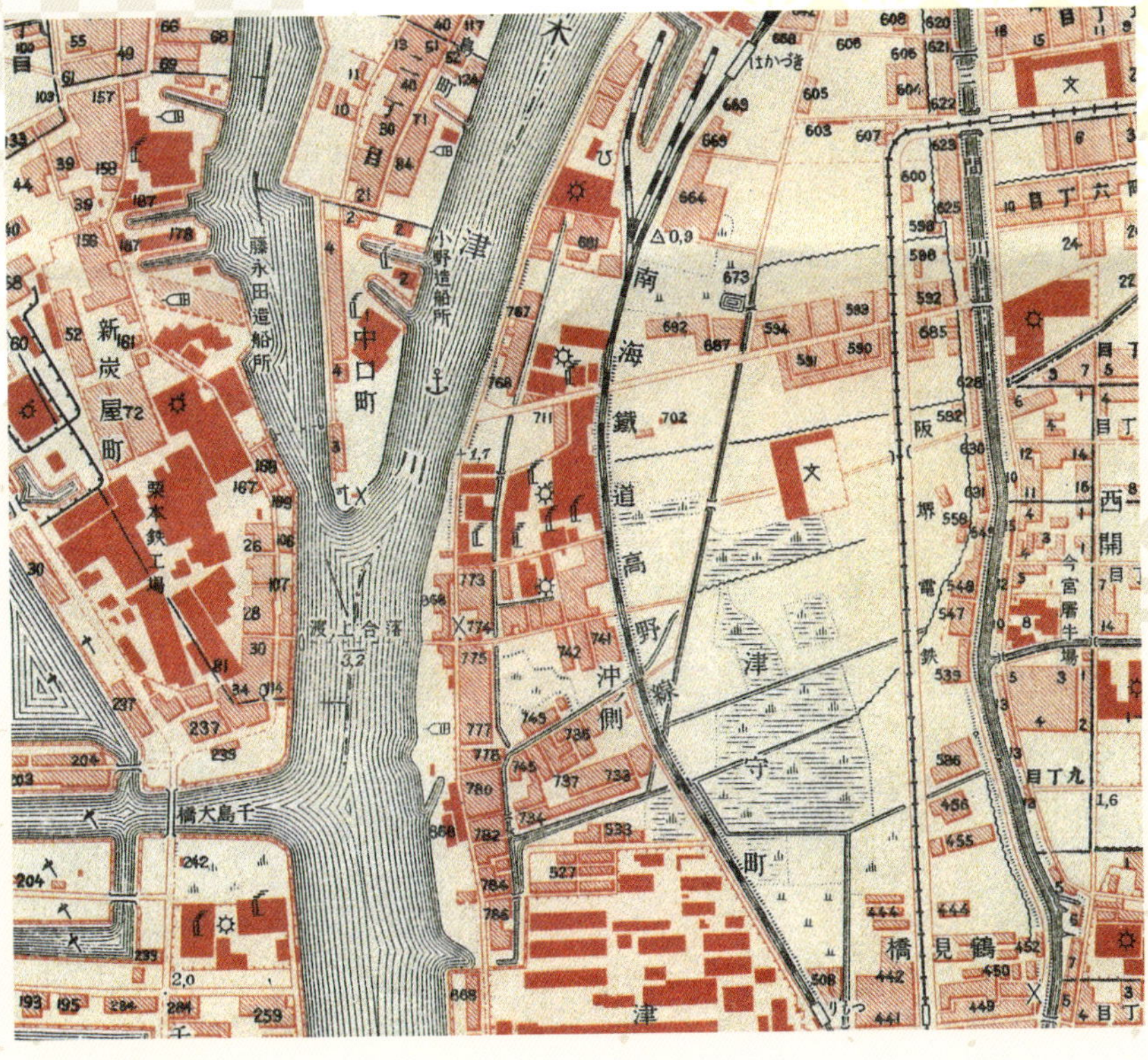

このあたりの高野線は、緩やかなカーブを取りながら南に進んでいる。工場が目立ち比較的人家の少ない地域だが、高野線の東側、中央付近に「文」の地図記号が見えている。これは1925（大正14）年に開校した現在の大阪市立北津守小学校で、当時は津守第三尋常小学校だった。木津川を隔てた西側上に見える藤永田造船所は日本最古の造船所といわれ、軍艦や鉄道車両を造る名門会社だった。

NK51 NK52 NK53 NK54

帝塚山《てづかやま》、住吉東《すみよしひがし》、沢ノ町《さわのちょう》、我孫子前《あびこまえ》

住吉区

帝塚山 開業年 1934（昭和9）年12月26日
住吉東 開業年 1900（明治33）年9月3日
沢ノ町 開業年 1942（昭和17）年2月15日
我孫子前 開業年 1912（大正元）年10月10日

所在地 大阪府大阪市住吉区帝塚山西1-5-8
所在地 大阪府大阪市住吉区住吉1-8-49
所在地 大阪府大阪市住吉区殿辻2-4-3
所在地 大阪府大阪市住吉区遠里小野1-11-17

キロ程 汐見橋駅から5.7km
キロ程 汐見橋駅から6.6km
キロ程 汐見橋駅から7.5km
キロ程 汐見橋駅から8.1km

駅構造 地上駅2面2線
駅構造 2面4線（通過線2線含む）
駅構造 地上駅2面2線
駅構造 地上駅2面2線

乗降客 7396人
乗降客 6230人
乗降客 7593人
乗降客 8423人

住吉区には帝塚山、住吉東、沢ノ町、我孫子前の4駅が置かれている。このうちで、最も歴史の古いのは、住吉東駅で1900（明治33）年9月に高野鉄道の住吉駅として開業し、すぐに駅名を「住吉東」に改称したという。一方、高級住宅地として有名な帝塚山住宅地の玄関口である帝塚山駅は、1934（昭和9）年12月開業の比較的新しい駅である。帝塚山駅は、住吉区帝塚山西1丁目に置かれている。駅の構造は、相対式ホーム2面2線をもつ地上駅である。

駅の南側には帝塚山学院、西側に帝塚山古墳、東側に万代池公園が存在している。帝塚山学院は1916（大正5）年に設置され、1917（大正6）年に小学部（現・帝塚山学院小学校）が開校した。現在は幼稚園から大学までがあり、関西の名門子弟が通うことで知られる。帝塚山駅を最寄り駅とするのは幼稚園、小学校、中・高校であり、帝塚山学院大学は狭山キャンパス（大阪狭山市）をへて、現在は泉ヶ丘キャンパス（堺市南区）が学生を迎え入れている。

万代池は「まんだら池」とも呼ばれた聖徳太子ゆかりの池で、長く灌漑池として使用されてきた。かつては東側に、プールのある遊

【大聖観音寺（あびこ観音）】
聖徳太子が創建した日本最古の観音霊場として名高い大聖観音寺（あびこ観音）。

【びんずる尊者】
大聖観音寺に安置されている、びんずる尊者像。釈迦の弟子、十六羅漢の筆頭。

【西成区地図（部分、帝塚山付近）】
帝塚山駅の東側には、帝塚山学院の校地が見え、その先の万代池付近には（帝塚山）女子大学のキャンパスが存在している。万代池の北に見える万代高校は、1952（昭和27）年に廃校になった私立学校である。帝塚駅と万代池の間には阪堺線の帝塚山3丁目停留場が置かれている。

右下駅舎写真：上から帝塚山駅、住吉東駅、沢ノ町駅、我孫子前駅

園地「共楽園」が存在していた。1940（昭和15）年に周辺が整備されて、万代池公園が開園。サクラの木が植えられて、花見の名所となっている。

「帝塚山」の地名、駅名の由来となったのは、この地にある帝塚山古墳である。かつては「大帝塚」と「小帝塚」という2つの古墳が存在したが、前者は帝塚山学院の敷地となって姿を消し、現在は後者の前方後円墳が帝塚山古墳と呼ばれている。4世紀末～5世紀初頭の古墳で、以前は豪族の大伴金村の墓といわれたが、近年の説では否定されている。

住吉東駅は住吉1丁目に置かれている。駅の構造は相対式ホーム2面2線をもつ地上駅である。駅の西側には「住吉」の地名、駅名のもとになった住吉大社が鎮座している。次の沢ノ町駅は、1942（昭和17）年2月に開業している。駅の所在地は住吉区殿辻2丁目で、構造は相対式ホーム2面2線をもつ地上駅である。駅の南東一帯が住吉区沢之町で、その東側に沢之町公園があり、住吉区役所、住吉図書館が置かれている。

我孫子前駅は、高野登山鉄道時代の1912（大正元）年10月に開業している。また、その前の高野鉄道の時代には、1903（明治36）年に臨時我孫子観音前駅を設置し、その後に臨時若宮駅となっていた記録もある。現在の我孫子駅の構造は、相対式ホーム2面2線をもつ地上駅で、所在地は住吉区遠里小野5丁目である。「我孫子前」の駅名の由来となった大聖観音寺（我孫子観音）は、東側を走るJR阪和線のさらに東に存在している。ここは日本最古の観音菩薩の霊場で、「吾彦山」の山号をもつ観音宗の総本山である。「あびこ（吾彦、我孫子）」の地名は、観音を信仰したこの地の豪族、依羅吾彦（よさみ・あびこ）に由来するが、この「依羅」は「寄網」であり、「吾彦」は「網曳子」ともいわれる。

【止止呂支比売命神社】
沢ノ町駅の南側に鎮座する止止呂支比売命（とどろきひめみこと）神社。「若松宮」とも呼ばれてきた。

古地図探訪

◎帝塚山・住吉東駅付近（昭和4年）

中央上に見える万代池の脇には女子専門学校が置かれている。この学校は、関西の名門家庭の子弟が通う帝塚山学院で、その後、校舎は上町線の西側に移転している。上町線の最寄り駅は帝塚山駅（現・帝塚山三丁目、停留場）で、南海高野線にも帝塚山駅が存在している。両線は神ノ木駅付近で交差し、その先には高野線の住吉東駅が置かれている。万代池の東側には「共楽園」という遊園地が存在していた。

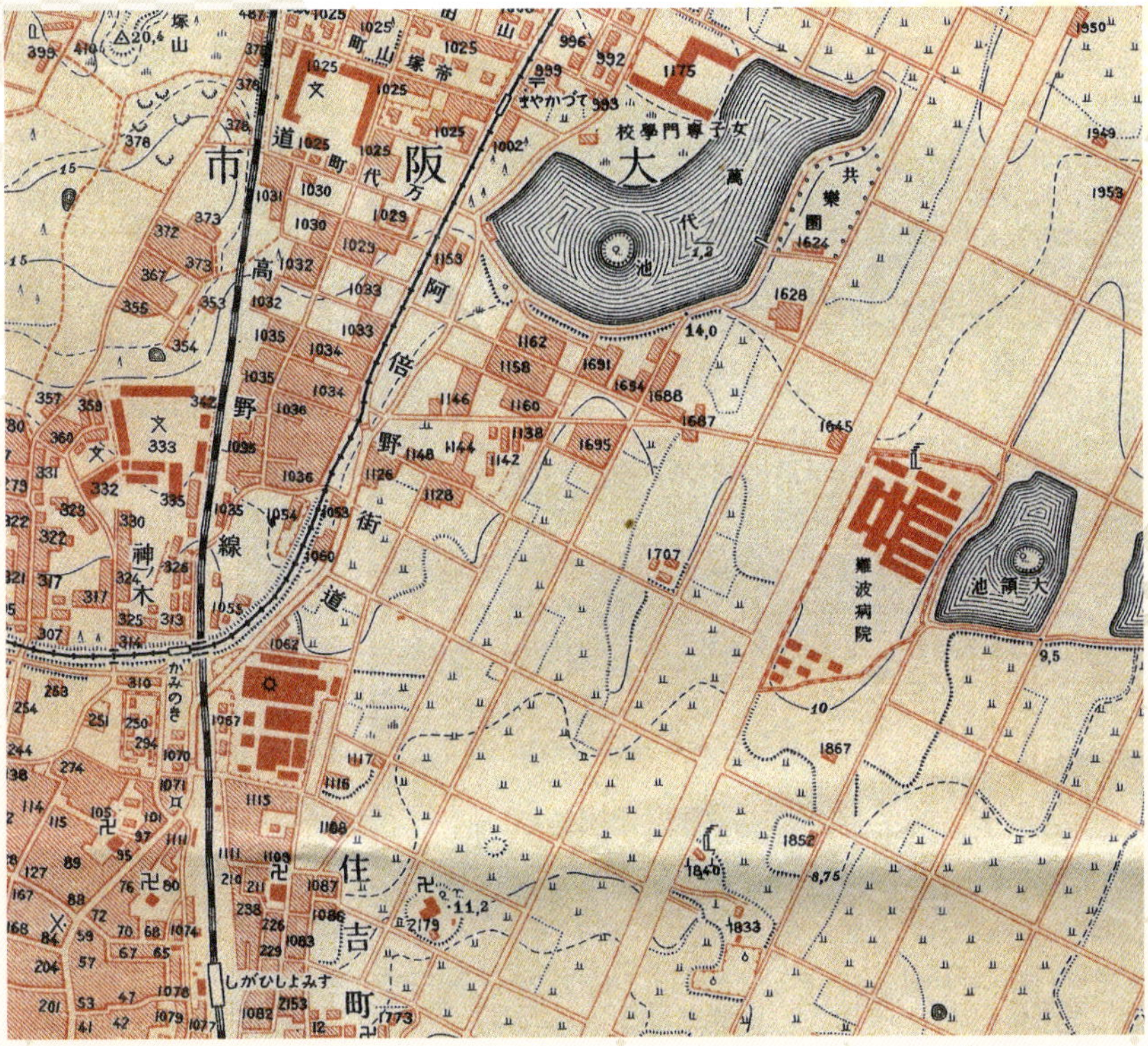

NK55
NK56
NK57
NK58

浅香山、堺東、三国ヶ丘、百舌鳥八幡

あさかやま、さかいひがし、みくにがおか、もずはちまん

堺市堺区

浅香山 開業年 1915(大正4)年6月22日 所在地 大阪府堺市堺区高須町3-3-1 キロ程 汐見橋駅から9.4km 駅構造 地上駅2面2線 乗降客 8118人

堺東 開業年 1898(明治31)年1月30日 所在地 大阪府堺市堺区三国ヶ丘御幸通61 キロ程 汐見橋駅から11.0km 駅構造 地上駅2面4線 乗降客 5万4459人

三国ヶ丘 開業年 1942(昭和17)年2月15日 所在地 大阪府堺市堺区向陵中町2-7-1 キロ程 汐見橋駅から12.5km 駅構造 地上駅4面4線(うち南海2面2線) 乗降客 3万6623人

百舌鳥八幡 開業年 1900(明治33)年9月7日 所在地 大阪府堺市堺区向陵東町2-12-17 キロ程 汐見橋駅から13.4km 駅構造 地上駅2面2線 乗降客 4250人

大和川を渡った高野線は、堺市内を南に向けて進んでゆく。堺区内に置かれているのは4駅だが、最初の駅は浅香山駅である。浅香山駅のすぐ東側には、関西大学の堺キャンパスがあり、学生たちが多く利用している。駅の開業は1915(大正4)年6月で、駅の構造は相対式ホーム2面2線で橋上駅舎を有している。駅の所在地は堺区高須町である。

続く堺東駅は、約80万人の人口を有する堺市の主要な玄関口のひとつとなっている。1898(明治31)年1月、高野線の前身である高野鉄道の起点駅「大小路」として開業。1900(明治33)年、北側の大阪市内への延伸に伴い、堺東駅となった。現在の駅の構造は、島式2面4線のホームをもつ地上駅で、将来的には高架駅に変わる予定である。駅の所在地は堺区三国ヶ丘御幸通。南側には堺市役所や堺郵便局があり、堺市の中心部にある駅ながら、東側に反正天皇陵があるという堺の街ならではの特徴も持っている。ちなみに次の三国ヶ丘駅は、有名な仁徳天皇陵の最寄り駅である。

三国ヶ丘駅は、1942(昭和17)年2月に開業している。現在はJR阪和線の連絡駅となっているが、当初は高野線、阪和線ともに駅は置かれておらず、阪和電気鉄道が南海に吸収合併されて同社の山手線となった、1940(昭和15)年12月から約1年後に、高野線と山手線の接続駅として設置された。その後、山手線は国鉄の所属となり、現在はJR阪和線となっている。駅の所在地はともに堺区向陵中町で、駅の構造は南海駅が相対式ホーム2面2線の地上駅で橋上駅舎を有し、JR駅は掘割部分に相対式ホーム2面2線がある。両駅の南西には仁徳天皇陵が広がっている。

堺区で4番目の駅は百舌鳥八幡駅で、1900(明治33)年9月、臨時駅の百舌鳥駅として開設された。しばらくは、百舌鳥八幡の例祭のための臨時駅だったが、常設駅となる一方で、1913(大正2)年12月に百舌鳥八幡駅と改称している。駅の所在地は堺区向陵東町で、駅の構造は相対式ホーム2面2線の地平駅である。駅名の由来となった百舌鳥八幡宮は、駅から少し離れた南側の北区内に鎮座している。

【仁徳天皇陵(昭和戦前期)】
堺区大仙町にある大仙陵古墳(大山古墳)は、世界最大級の墳墓として有名な存在である。5世紀に築造されたこの前方後円墳は、宮内庁が百舌鳥耳原中陵と名付け、第16代天皇である仁徳天皇の陵墓と治定されている。

【百舌鳥八幡宮(昭和戦前期)】
欽明天皇時代(532～571年)に創建されたとされる百舌鳥八幡宮は、応神天皇を主祭神とし、神功皇后や住吉大神などが祀られている。本殿は1726(享保11)年、拝殿は1830(文政13)年の再建で、1971(昭和46)年に改修されている。

右下駅舎写真：上から浅香山駅、堺東駅、三国ヶ丘駅、百舌鳥八幡駅

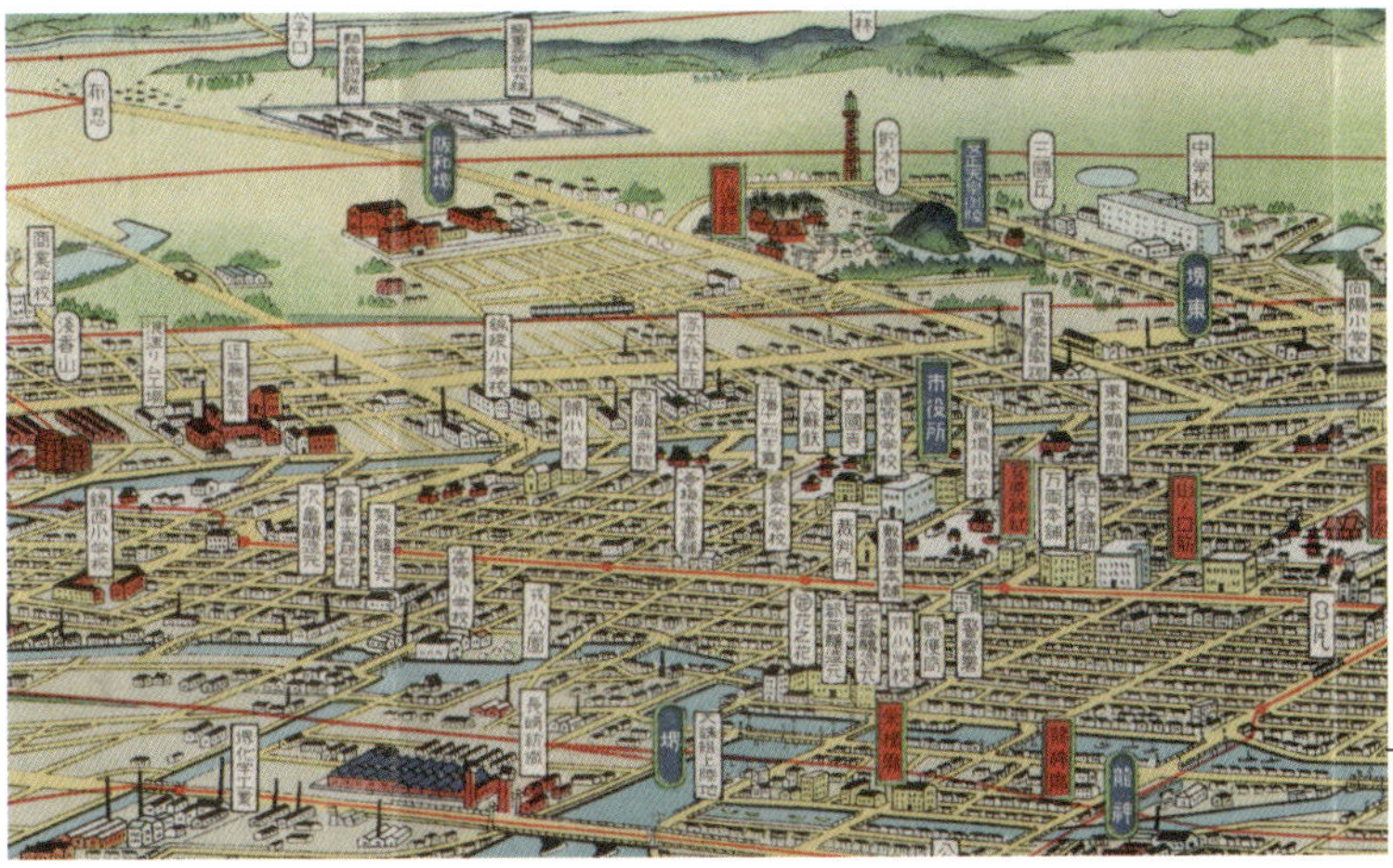

【堺市鳥瞰図、浅香山駅付近（部分、昭和戦前期）】
地図には3本の路線が見え、現在は上（東）からJR阪和線、南海高野線、南海本線となっている。中央を走る高野線には、左に浅香山駅、右に堺東駅が置かれている。浅香山駅付近に見える商業学校は、1921（大正10）年に創立された堺市立堺商業学校で、戦後は堺市立商業高等学校となり、2010（平成22）年に閉校した。堺東駅付近に見える中学校は、現在の大阪府立三国丘高等学校である。

【妙國寺（明治後期）】
樹齢1100年の大蘇鉄（ソテツ）が有名な日蓮宗の本山、妙國寺の本堂である。1562（永禄5）年の創建で、開山は日珖、開基は戦国武将の三好実休である。織田信長が安土城に移設させた逸話で有名な大蘇鉄は、国の天然記念物に指定されている。

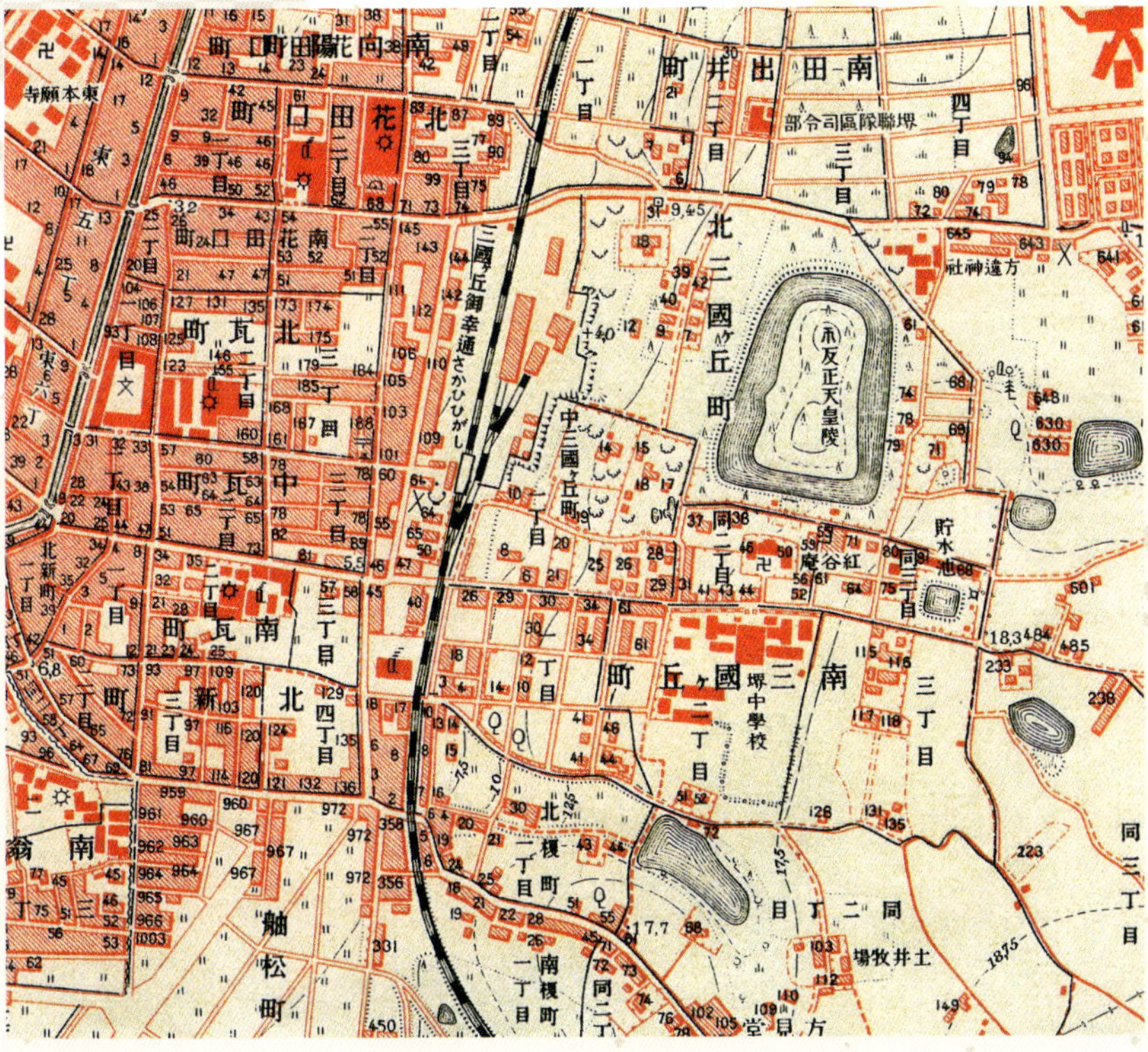

古地図探訪

◎堺東駅付近（昭和4年）

1898（明治31）年に高野鉄道の起終点駅として開業した堺東駅の東側には、当初から車庫が設けられてきた。この車庫は検車区に変わった後、機能を現在の千代田検車区に譲っている。駅の東側には前方後円墳の反正天皇陵（田出井山古墳）が存在している。反正天皇は第18代天皇で、仁徳天皇の第三皇子である。その南側には堺中学校（旧制）があり、現在は大阪府立三国丘高等学校となっている。

NK59
NK60

中百舌鳥《なかもず》、白鷺《しらさぎ》

堺市北区

中百舌鳥
開業年 １９１２(大正元)年10月10日
所在地 大阪府堺市北区中百舌鳥町2-196
キロ程 汐見橋駅から14.1km
駅構造 地上駅2面4線
乗降客 2万2439人(南海線)、3万2636人(泉北高速鉄道線)

白鷺
開業年 １９６４(昭和39)年5月25日
所在地 大阪府堺市北区金岡町1150-1
キロ程 汐見橋駅から15.1km
駅構造 地上駅2面4線
乗降客 1万0097人

中百舌鳥は、泉北ニュータウンに向かう泉北高速鉄道との接続駅であり、大阪メトロ御堂筋線の終着駅、中百舌鳥駅と連絡している。駅の開業は、高野線の中百舌鳥駅が最も古く、高野登山鉄道時代の１９１２(大正元)年10月である。１９７１(昭和46)年4月、泉北高速鉄道が開通し、相互直通運転が行われるようになった。１９８７(昭和62)年4月、現・大阪メトロの御堂筋線が延伸して、中百舌鳥駅が開業している。

【白鷺公園・白鷺団地】
1984(昭和59)年に開園した白鷺公園と、周囲は住宅地で白鷺団地がある。

南海・泉北高速鉄道の駅の所在地は北区中百舌鳥町。駅舎の位置は１９７０(昭和45)年11月、百舌鳥八幡側に１７０メートル移動して橋上駅舎となり、島式ホーム2面4線の構造となった。大阪メトロ駅の所在地も同じで、駅の構造は島式ホーム1面2線の地下駅である。堺商工会議所、堺市産業振興センターなどの最寄り駅となっている。

白鷺駅は、１９６４(昭和39)年5月に開業した比較的新しい駅であるが、前身となる駅として、１９４９(昭和24)年から１９５８(昭和33)年まで営業していた臨時駅、中百舌鳥運動場前駅が存在した。その廃止後、１９６３(昭和38)年に公団(現・UR)の白鷺団地が造成されたことで、玄関口となる白鷺駅がほぼ同じ場所に開設された。駅の所在地は北区金岡町、駅の構造は島式2面4線のホームをもつ橋上駅である。

中百舌鳥総合運動場

１９３９(昭和14)年、南海鉄道の開業50周年記念事業のひとつとして、中百舌鳥駅の南東に中百舌鳥総合運動場が開場した。先行して１９３５(昭和10)年にテニスコートがオープン。１９３９年に誕生した野球場は、プロ野球の南海軍(後のホークス)の本拠地となった。その後も陸上競技場、体育館、相撲場などが造られて、総合運動場としての施設が充実した。

【中モズ総合運動場(昭和戦前期)】
南海電車が発行した中モズ(百舌鳥)総合運動場パンフレットの表紙。「スポーツの殿堂」「一大公園」と宣伝されている。「モズ」のカタカタの使用が時代を感じさせる。

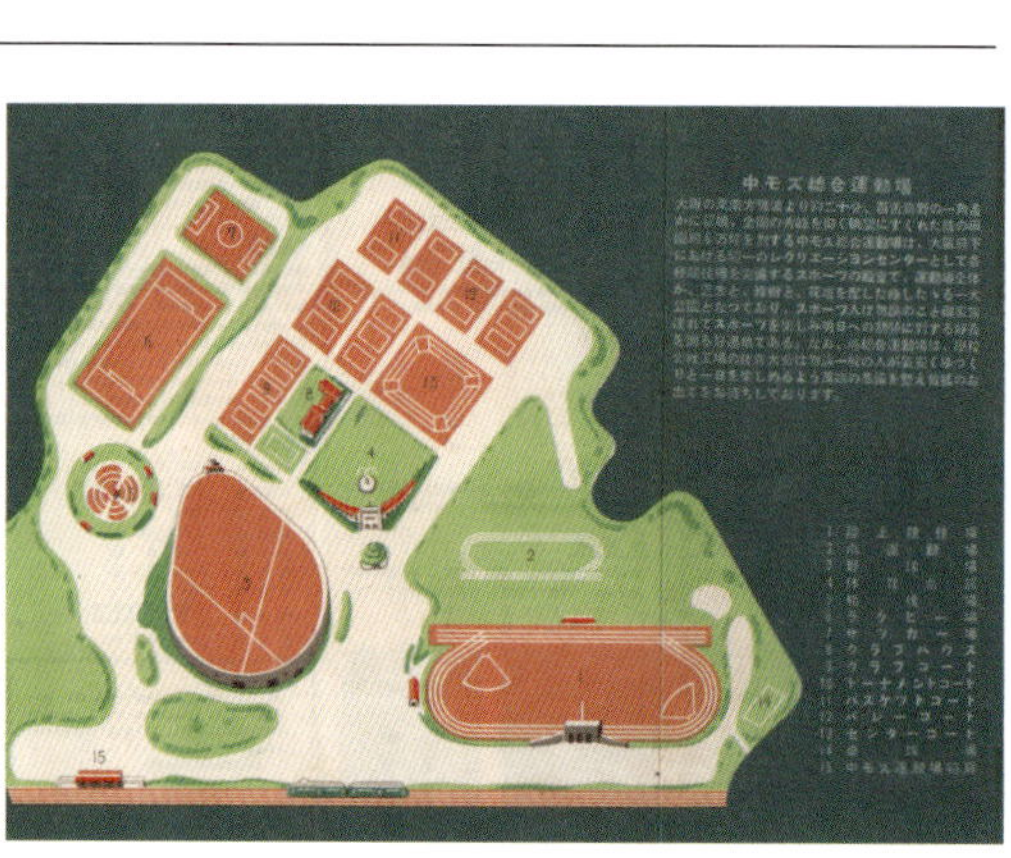

右下駅舎写真：上から中百舌鳥駅、白鷺駅

戦後は南海ホークスの二軍の本拠地として使用されたが、1964（昭和39）年に長居陸上競技場が誕生すると、1969（昭和44）年に野球場以外は廃止となった。跡地は中百舌鳥公園団地、中百舌鳥小学校などに変わった。野球場は2001（平成13）年に閉鎖、跡地はマンションになっている。

陸上競技場

総面積8,500坪、日本最初のアンツーカーを使用した第一種公認競技場で、そこに行なはれる各種運動競技は、トラツクにしきつめたアンツーカーの赤色と、フイールド及び周囲のスタンドに植付けた芝生の緑色とあいまつて、あたかも、花園の中で展開されている観があり、競技者も観覧者も共に一日をゆつくりと楽しむことができる。

なお、観覧設備として15,000名を収容できるメインスタンド及び補助スタンドを有し、本部席はスタンド中央最高段に、競技役員席はスタンド前を掘り下げ設けている。

なお、當競技場は學校会社諸團体等のレクリエーション会場として御利用下さい。

トラツク	1周 400m 直線 170m	幅 10m
フイールド	跳躍場 投擲場	各二ケ所

小運動場

陸上競技場の補助として使用すると共に会社、工場、その他小團体の運動会を開催するに好適である。
1周 150米

野球場

南海ホークス軍誕生の地であつて、5,000人を収容する鉄筋コンクリートのスタンドの下では大學、高校その他學生野球等四季を通じて爽快なるバツトの響、妙技、熱戦が展開されており又ノンプロチーム、軟式野球のよき試合場として一般に好評をうけている。

庭球場

総合運動場として最初に着工されたのがこの庭球場で、スマートな中モズローンテニスクラブを中心に芝生と花壇を繞らし、アンツーカーで劃された目も覚めるばかり美しく爽快なコート12面からなり、クラブコート五面、トーナメントコート七面に分れてゐる。又運動後のひとときを楽しく愉快に團らんするためのスマートなクラブハウスの設備もある。

中モズローンテニスクラブ

関西随一のテニスクラブで会員制となり会費を納入すればいつでも会員となる事ができ、凡ゆる施設を自由に使用することができる。中でも会員のために作られているクラブハウスは建坪 150坪の清そな二階建で繞したゝる芝生と緑

【中モズ総合運動場（昭和戦前期）】

右のページ下に掲載の中モズ総合運動場パンフレットの裏面。陸上競技場・野球場・庭球場などのほかに相撲場や体育会館なども紹介されている。

【中百舌鳥公園団地】
中百舌鳥駅と白鷺駅の中間付近に位置している現・UR都市機構の中百舌鳥公園団地。

古地図探訪

◎中百舌鳥駅付近（昭和4年）

地図の左上では、南海高野線とともに阪和電気鉄道、西高野街道が交わっている。ここでは仁徳天皇陵の右部分も見えている。高野線の百舌鳥八幡と中百舌鳥駅は、わずか0・7キロしか離れていない。この当時は泉北郡の百舌鳥村だった。中百舌鳥駅には1987（昭和62）年、大阪市営地下鉄（大阪メトロ）御堂筋線が路線を延ばして、連絡駅を置いている。北東は金岡村となっていた。

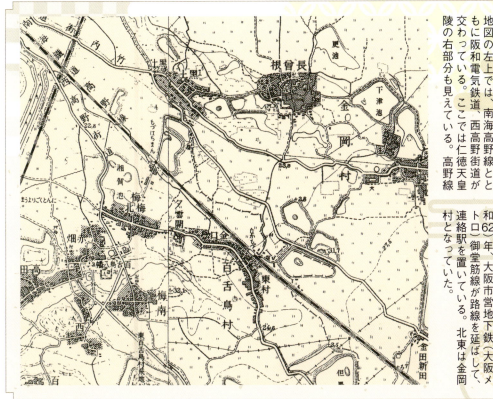

NK61
NK62
NK63

初芝、萩原天神、北野田

はつしば、はぎはらてんじん、きたのだ

堺市東区

初芝
開業年 1898（明治31）年3月29日
所在地 大阪府堺市東区日置荘西町2-1-4
キロ程 汐見橋駅から16・6km
駅構造 地上駅2面2線
乗降客 1万4995人

萩原天神
開業年 1912（大正元）年10月10日
所在地 大阪府堺市東区日置荘原寺町94-3
キロ程 汐見橋駅から17・5km
駅構造 地上駅2面2線
乗降客 7069人

北野田
開業年 1914（大正3）年8月7日
所在地 大阪府堺市東区北野田51-4
キロ程 汐見橋駅から19・3km
駅構造 地上駅2面4線
乗降客 3万247人

このあたりでは、高野線は南西に向かって進む。堺市の中で堺区から東区となり、最初の駅は初芝駅である。初芝駅は1898（明治31）年1月、高野鉄道の西村駅として開業。1935（昭和10）年に現在の駅名「初芝」に変わった。駅の所在地は、堺市東区日置荘西町で、駅の構造は相対式ホーム2面2線の地平駅である。「初芝」といえば、高校サッカーの全国大会で優勝したこともある初芝高等学校が有名だったが、同校は2009（平成21）年に初芝立命館中学校・高等学校に改編された。その後、2011（平成23）年には初芝キャンパスから、狭山駅に近い北野田キャンパスに移転している。日置荘西町にあった初芝キャンパスの跡地は現在、住宅地に変わっている。なお、「初芝」の地名・駅名は、南海が住宅地を開発する際、社内募集で選ばれたといわれている。

次の萩原天神駅は、駅の西側に鎮座する萩原神社（萩原天神）から駅名を採用している。1912（大正元）年10月、高野登山鉄道の駅として開業。駅の所在地は東区日置荘原寺町で、構造は相対式ホーム2面2線をもつ地平駅である。

萩原天神駅から2年遅れた1914（大正3）年8月、北野田駅が開業している。萩原天神駅と北野田駅の駅間は1・8キロで、その間を現在は阪和自動車道が通っている。北野田駅の構造は島式ホーム2面4線の橋上駅。駅の所在地は東区北野田である。

大美野田園都市

北野田駅に近い堺市東区登美丘町には、戦前に開発された「大美野田園都市」という住宅地が存在する。1932（昭和7）年から分譲が開始されたこの住宅地は、関西土地が手掛けたもので、東京の

【大美野田園都市（1936年）】
昭和戦前期に関西土地により開発された大美野田園都市（堺市東区）の空撮写真で、1936年（昭和11）年の暑中見舞いとして、関西土地が出したものである。中央上に大きなロータリーがあり、放射状に道路が延びている。

【大美野田園都市の洋風住宅（昭和戦前期）】
関西土地株式会社が開発した大美野田園都市に建てられた、瀟洒な2階建ての洋風住宅。採光の良いガラス張りの窓が印象的である。最寄り駅は高野線の北野田駅。

右下駅舎写真：上から萩原天神駅、北野田駅

田園都市株式会社が開発した田園調布（多摩川台）分譲地と同様に、駅そばから放射状に延びる道路沿いに宅地開発が行われた。同年には日本建築協会により、モデル住宅を展示する住宅博覧会も開催された。このあたりはもともとは南河内郡大草（艸）村で、1931（昭和6）年に大字「草尾」から「大美野」が分立された。当時は大草村だったが、戦後の1950（昭和25）年に野田村と合併して、登美丘町が成立。1962（昭和37）年に堺市の一部となった。

【萩原天神】
堺市東区日置荘原寺町にある萩原天神。地名の「原寺」はここにあった「萩原寺」を略したものといわれる。

古地図探訪

◎西村、萩原天神、北野田駅付近（昭和4年）

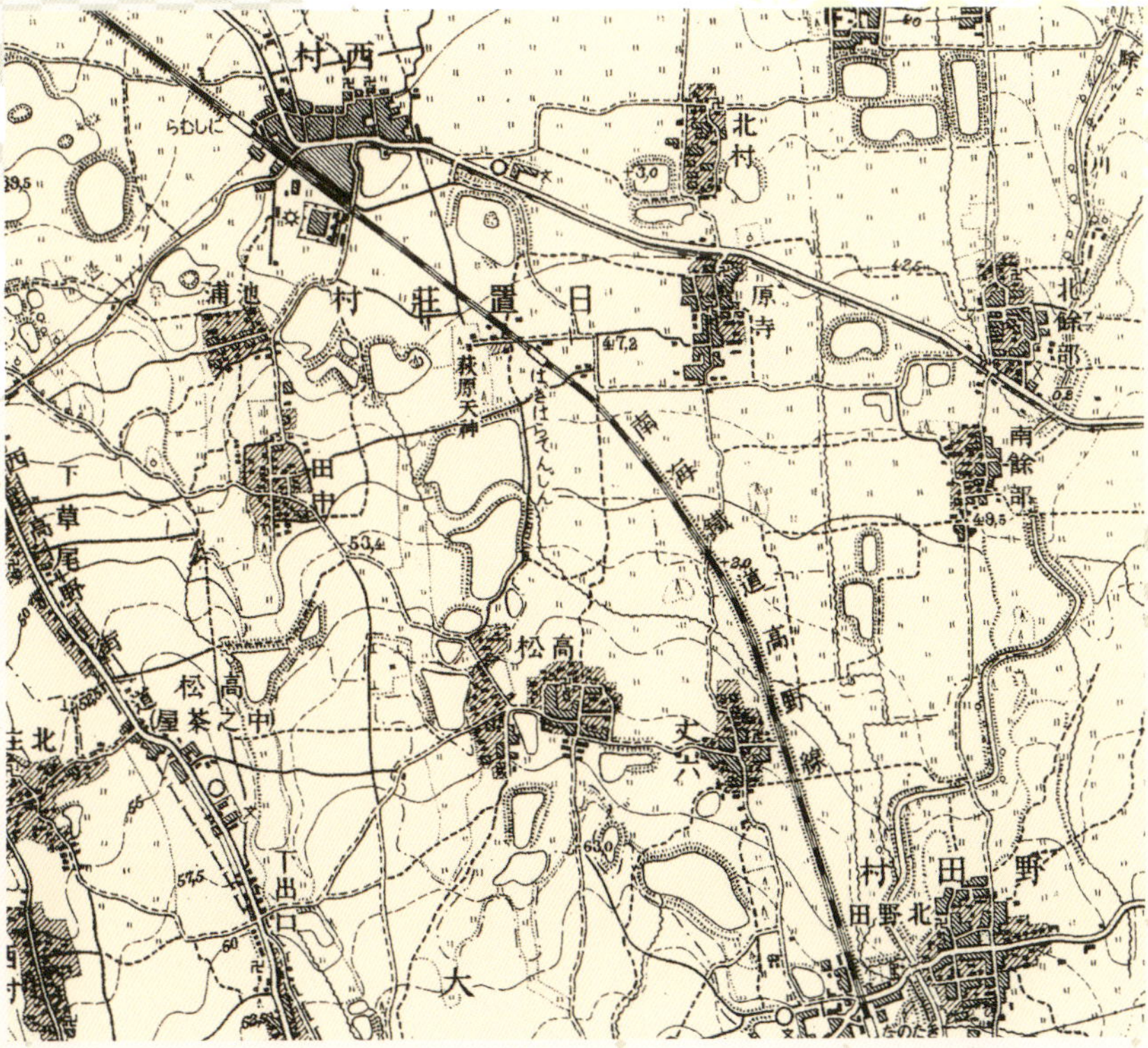

緩やかなカーブを描いて南東に進んでゆく高野線には、西村、萩原天神、北野田駅が置かれている。1898（明治31）年に開業した西村駅は、1935（昭和10）年に現在の駅名「初芝」に改称している。地図の北側は南河内郡の日置荘村で、1958（昭和33）年に堺市に編入される。一方、南側は同じ南河内郡の野田村で、1950（昭和25）年に大草村と合併して登美丘町になった（現在は堺市）。

NK64
NK65
NK66

狭山、大阪狭山市、金剛

さやま、おおさかさやまし、こんごう

大阪狭山市

	狭山	大阪狭山市	金剛
開業年	1898（明治31）年1月30日	1917（大正6）年7月5日	1937（昭和12）年4月19日
所在地	大阪府大阪狭山市池尻中1-1-1	大阪府大阪狭山市狭山4-2340-1	大阪府大阪狭山市金剛1-1-1
キロ程	汐見橋駅から20.2km	汐見橋駅から21.8km	汐見橋駅から22.9km
駅構造	地上駅2面2線	地上駅2面2線	地上駅2面4線
乗降客	5581人	8757人	2万7488人

続いての自治体となる大阪狭山市には、狭山駅と大阪狭山市駅、金剛駅の3駅が存在している。南北に広がる広い市域の中、北部に位置しているのが狭山駅である。現在の大阪狭山市の歴史は、江戸時代にこの地に陣屋を置いた狭山藩に始まり、明治維新後は狭山村になっていた。1931（昭和6）年に狭山村と三都村が合併して、改めて南河内郡の狭山村となり、1951（昭和26）年に狭山町が成立。1987（昭和62）年に市制を施行して、狭山市となった。現在の人口は約5万6000人である。

狭山駅は1898（明治31）年1月、高野鉄道の時代に終着駅として開業。同年4月に長野（現・河内長野）駅まで延伸して途中駅に変わった。駅の所在地は大阪狭山市池尻中1丁目。駅の構造は相対式ホーム2面2線の橋上駅である。かつては桃山学院大学キャンパスの最寄り駅だったが、現在は和泉キャンパスに移転し、跡地は大阪初芝学園北野田キャンパスとなっている（学校の所在地は堺市東区西野）。

次は大阪狭山市駅で、狭山遊園地の最寄り駅として親しまれてきた。この大阪狭山市駅は1917（大正6）年7月、大阪高野鉄道の河内半田駅として開業。1950（昭和25）年4月に狭山遊園前駅に駅名を改称。2000（平成12）年12月、現在の駅名「大阪狭山市」に再改称した。駅の所在地は大阪狭山市狭山4丁目で、構造は相対式ホーム2面2線の地平駅である。なお、さやま遊園と狭山池については、次の見開きページで紹介する。

大阪狭山市で3番目の駅は、金剛駅である。金剛駅は1937（昭和12）年4月に開業。駅の所在地は大阪狭山市金剛1丁目である。駅名のもとになった「金剛」という地域は、お隣の富田林市にかけて広がり、現在は広大な金剛ニュータウンが存在している。この地名の発祥は、金剛駅が開業した1937年、南海が「四国八十八ヶ所出開帳」という集客イベントを行い、「金剛園」という出開帳の会場を設けたことによる。戦後の1960年代からは日本住宅公団（現・UR）などの手で団地（金剛団地・金剛東団地）が開かれて、金剛ニュータウンと呼ばれるようになった。

【狭山神社】
飛鳥時代の築造と伝わる、狭山池の誕生以前からあったという古社である。

【狭山遊園前駅（年代不明）】
戦後、さやま遊園が再開され、多くの人々で賑わっていた頃の狭山遊園前駅の改札口風景。

右下駅舎写真：上から狭山駅、大阪狭山市駅、金剛駅

【高野登山鉄道の試運転列車（大正3年）】
高野登山鉄道（現・高野線）は1914（大正3）年に長野（現・河内長野）～三日市町間を延伸させる。これは開通前の試運転列車運行の風景。

【金剛寺（昭和戦前期）】
高野線の駅名の由来ともなっている河内長野市の天野山金剛寺。多くの女性が帰依してきた「女人高野」として有名である。

【四国八十八カ所霊場出開帳パンフレット（1937年）】
1937（昭和12）年に開催された四国八十八カ所霊場出開帳に際し、南海が発行したパンフレット。金剛駅が最寄り駅となった「金剛園」が会場となった。

古地図探訪

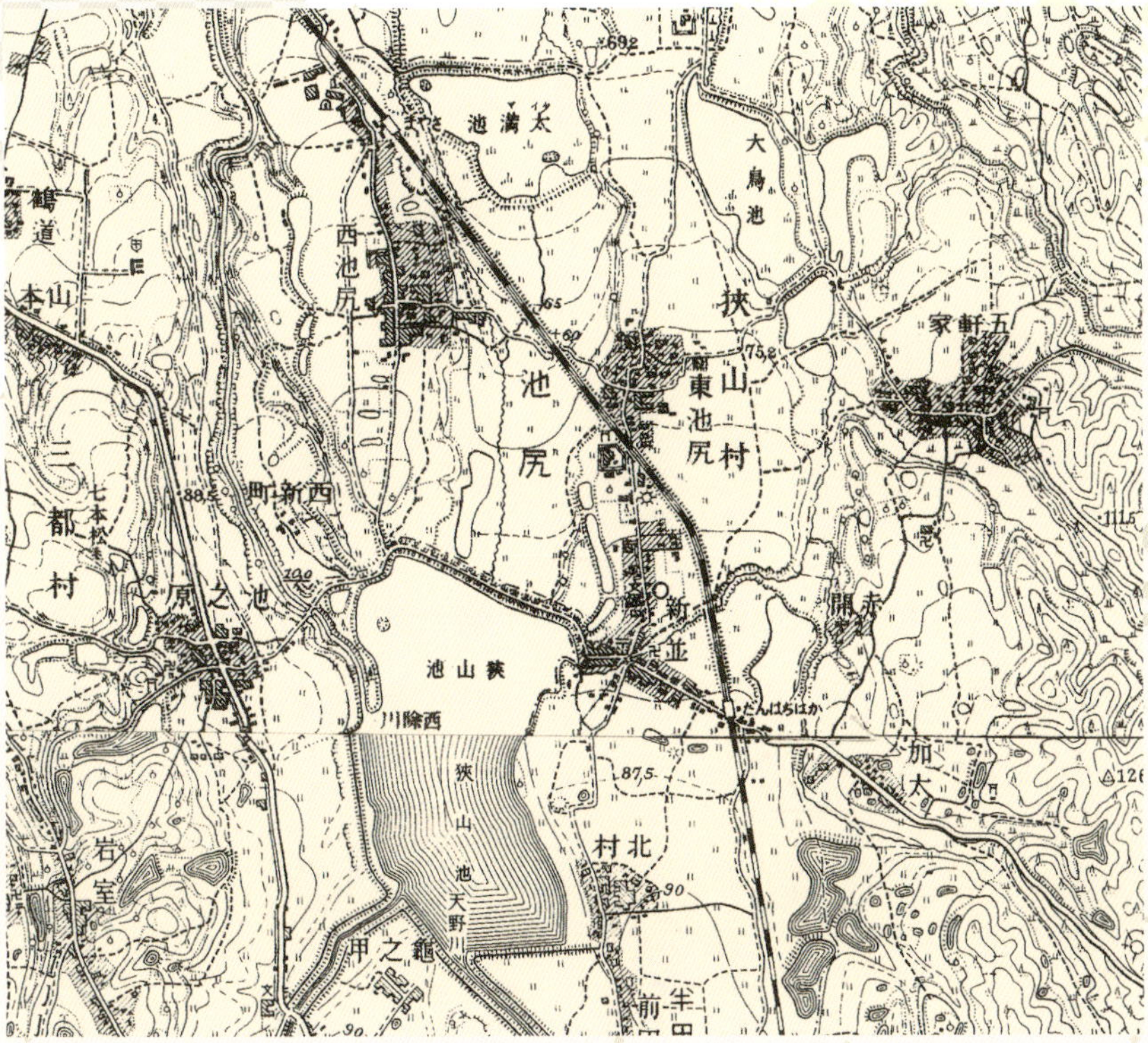

◎狭山、河内半田駅付近（昭和4年）
狭山池の東側にある高野線の駅名は「河内半田」で、現在の駅名「大阪狭山市」になるのは2000（平成12）年である。「半田」は現・狭山市にある古い地名で、狭山神社の境内付近には中世に半田城が存在し、特産品には「半田木綿」があった。半田村は1889（明治22）年に池尻村などと合併して、狭山村に変わった。狭山村は1931（昭和6）年、西側に見える三都村と合併し、戦後に狭山町、大阪狭山市となっている。

さやま池遊園

大阪狭山市駅の西側にある狭山池。その東岸には戦前、南海の「さやま池遊園」が存在した。この遊園地は戦後、競艇場として利用された後、1959（昭和34）年に「さやま遊園」として再開園。2000（平成12）年まで営業していた。

日中戦争が始まった翌年の1938（昭和13）年に開園したさやま池遊園は、太平洋戦争の勃発もあり、その存在は短期間だったと推測できる。当時、南海電車が発行した遊園地ちらし（パンフレット）を見れば、最寄り駅は河内半田（現・大阪狭山市）駅で、駅の西側に入り口（ゲート）があり、池畔まで園地が広がっていた。園内にはグラウンド、休憩所、子供遊戯場などがあり、水禽舎、小鳥舎、猿の家では小動物が飼育されていた。また、古代の石棺の蓋とされる「お亀石」も描かれており、「伝説と自然美のさやま池遊園」としてPRされている。

【狭山遊園前駅（1961年頃）】
「さやま遊園」のゲートが見える狭山遊園前（現・大阪狭山市）駅の駅前風景。

【狭山駅（1961年頃）】
橋上駅舎となる前の狭山駅の駅前風景。

【金剛駅（1969年）】
この年（1969年）の12月に、金剛駅は島式2面4線のホームをもつ橋上駅舎となる。

【狭山遊園前駅（年代不明）】
大阪狭山市（この当時は狭山遊園前）駅は、現在も相対式ホーム2面2線の地上駅となっている。

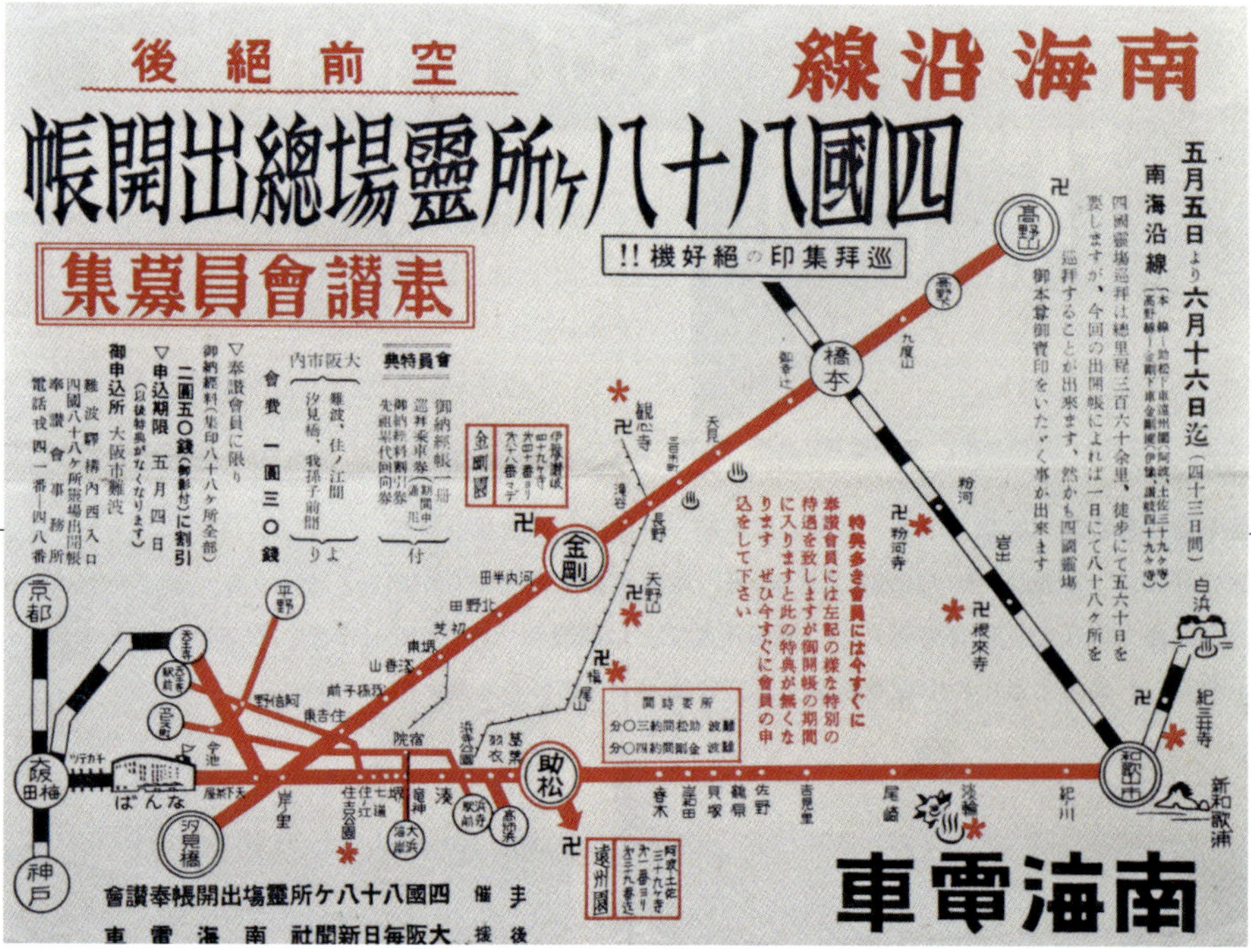

【南海四国八十八ヶ所霊場総出開帳パンフレット（1937年）】
南海沿線の金剛、助松駅付近を会場にして開催された一大イベントだった。

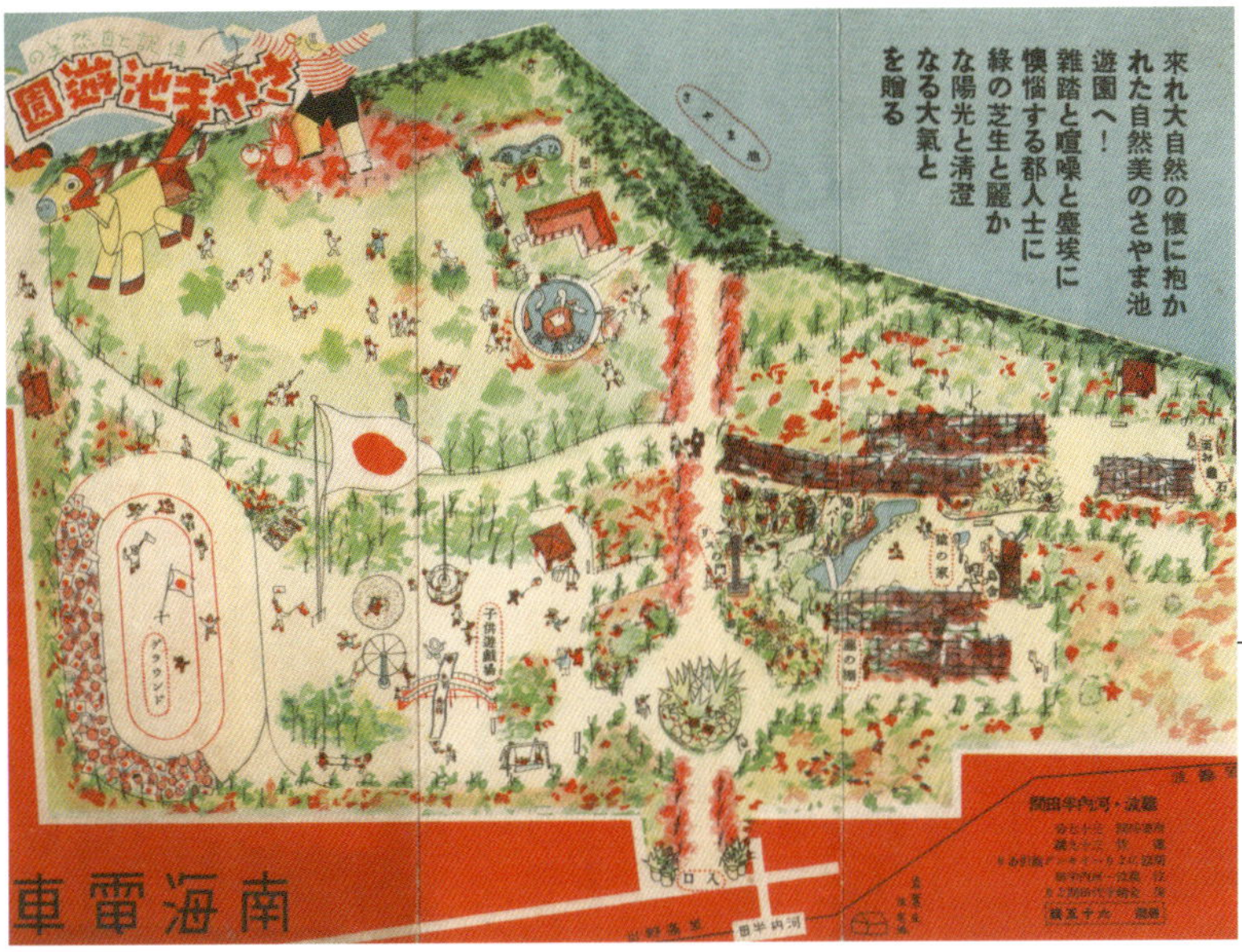

【さやま池遊園パンフレット（1938年）】
南海が1938（昭和13）年に開いた、さやま池遊園のパンフレット。戦後の1959（昭和34）年に再開されてさやま遊園となって賑わったが、2000（平成12）年に閉園した。

【狭山駅（昭和戦後期）】
地上駅舎だった頃の狭山駅のホームは構内踏切で結ばれていた。1973（昭和48）年に狭山駅は橋上駅舎に変わっている。

【豆汽車さやま号（昭和戦後期）】
子どもたちに人気があったさやま遊園の「豆汽車さやま号」。

高野線

NK67

滝谷《たきだに》

富田林市

開業年 1898（明治31）年3月29日

所在地 大阪府富田林市須賀2-26-1

キロ程 汐見橋駅から24・6km

駅構造 地上駅2面2線

乗降客 4902人

高野線における富田林市で唯一の駅が滝谷駅で、この駅の西側は大阪狭山市、南側は河内長野市となる3つの市の境界付近に位置している。なお、富田林市の東側を走る近鉄長野線には滝谷不動駅が置かれており、この南海高野線とは2つ先の河内長野駅で連絡する形となっている。

　富田林市は現在の人口10万4000人。室町時代後期に富田林興正寺別院の寺内町として誕生し、江戸時代に在郷町として発展した。1889（明治22）年に発足した富田林村は、1896（明治29）年に富田林町に。1950（昭和25）年に市制を施行して富田林市が発足した。滝谷駅と滝谷不動駅の間には、広い錦織公園が存在し、その東側には大阪大谷大学のキャンパスがある。この大学は1909（明治42）年、真宗大谷派の大阪難波別院（南御堂）で開校した大谷裁縫女学校がルーツである。その後、阿倍野区内で大谷女子専門学校（女学校）と変わり、1950（昭和25）年に大谷女子短期大学が誕生した。1966（昭和41）年、富田林市錦織に大谷女子大学が開学。2006（平成18）年に共学化され、大阪大谷大学に名称を改めている。

　滝谷駅は1898（明治31）年3月、高野鉄道の駅として開業。駅の所在地は富田林市須賀2丁目で、構造は相対式ホーム2面2線の地平駅である。「滝谷」は、駅の東側に存在する瀧谷不動明王寺の参詣者の最寄り駅として設けられたことによる。当時は滝谷不動駅が存在せず、4年後の1902（明治35）年3月、河南鉄道の駅として開業して、現在は近鉄長野線側の最寄り駅となっている。

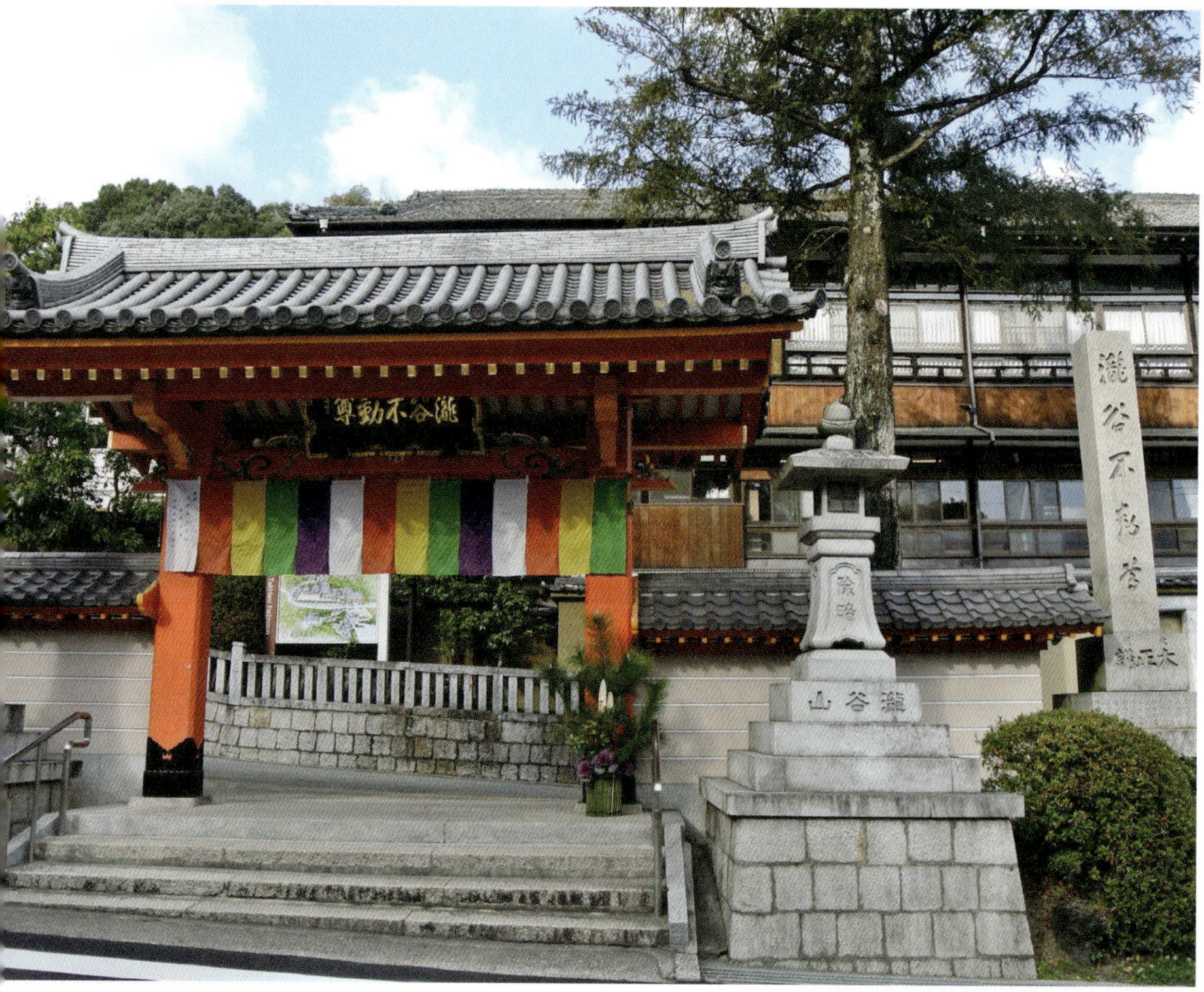

【瀧谷不動明王寺】 富田林市彼方（おちかた）にある瀧谷不動明王寺。日本三不動のひとつ。

【瀧谷不動】
弘法大師が開いた霊場、瀧谷不動明王寺。眼病治癒、厄除けにご利益があると信仰されてきた。

【小野妹子墓（明治後期〜大正期）】
現・大阪府太子町山田にある小野妹子墓は江戸時代の「河内名所図会」でも紹介されており、遣隋使として隋（中国）に派遣された小野妹子の墓と伝えられている。

【富田林中学校（大正期）】
大阪府立富田林中学校（旧制、現・富田林高等学校）の正門から金剛山、葛城山を見た風景。簡素な門の下には2匹の犬がいる。

【十三重塔（明治後期〜大正期）】
滝谷駅の北東にあたる、現・大阪府太子町山田の鹿谷寺（ろくたんじ）跡に残されている十三重塔。二上山の麓にある鹿谷寺は、奈良時代の石切り場の跡に建てられた寺院だった。

古地図探訪

◎滝谷駅付近（昭和4年）

現在は富田林市となっている滝谷駅付近の地図である。地図下側の大半は現在、河内長野市であり、この当時は千代田村だった。千代田村は１９４０（昭和15）年に長野町と合併したが、高野線に「千代田」の駅名が残されている。千代田駅は１９３８（昭和13）年に開業した。滝谷駅の駅名の由来となった滝谷不動明王寺は富田林市彼方にあるが、「石川の東岸にある「彼方（おちかた）」は、万葉歌人ゆかりの地である。

NK68
NK69
NK70

千代田《ちよだ》、河内長野《かわちながの》、三日市町《みっかいちちょう》

河内長野市

千代田 開業年 1938(昭和13)年2月11日
河内長野 開業年 1898(明治31)年4月2日
三日市町 開業年 1914(大正3)年10月21日

所在地 大阪府河内長野市木戸1-1-13
所在地 大阪府河内長野市本町29-9
所在地 大阪府河内長野市三日市町1125

キロ程 汐見橋駅から25.9km
キロ程 汐見橋駅から28.0km
キロ程 汐見橋駅から29.7km

駅構造 地上駅2面2線
駅構造 地上駅3面6線(うち南海2面4線)
駅構造 地上駅2面2線

乗降客 1万1246人
乗降客 2万3181人
乗降客 1万2166人

河内長野市は人口9万6000人、1954(昭和29)年に南河内郡の長野町などが合併して誕生した。三角形に近い形を成しており、頂点に近い位置に千代田駅、河内長野駅が存在している。高野線はさらに南に進んでゆき、紀見峠をへて、和歌山県橋本市の紀見峠駅に至る。最初の千代田駅は1938(昭和13)年に開業しており、戦前には大阪陸軍幼年学校の玄関口だった。駅の所在地は河内長野市木戸1丁目で、構造は相対式ホーム2面2線を有する地平駅である。河内長野市役所は、千代田駅と河内長野駅の中間付近、高野線の西側に置かれている。

河内長野駅は、1898(明治31)年3月に高野鉄道(現・南海)の長野駅として開業。続いて、1902(明治35)年12月、河南鉄道(現・近鉄長野線)が延伸して長野駅を設け、連絡駅となった。1954(昭和29)年4月、河内長野駅に駅名を改称している。駅の所在地は河内長野市本町。駅の構造は、南海駅が島式2面4線のホームをもつ橋上駅、近鉄駅は1面1線のホームとなっている。駅の南東には、大阪府営長野公園が存在している。また、駅付近にはかつての長野温泉のひとつ、河内長野荘がある。

次の三日市町駅は、河内長野市三日市町に置かれている。1914(大正3)年10月、高野登山鉄道の延伸により終着駅として開業。1915(大正4)年3月に橋本駅まで延伸したことで、途中駅となった。三日市町駅は、従来は島式ホーム1面2線だったが、1973(昭和48)年8月に相対式ホーム2面2線の構造に変わり、橋上駅舎となった。駅の周辺は、大規模な住宅地として開発が行われている。

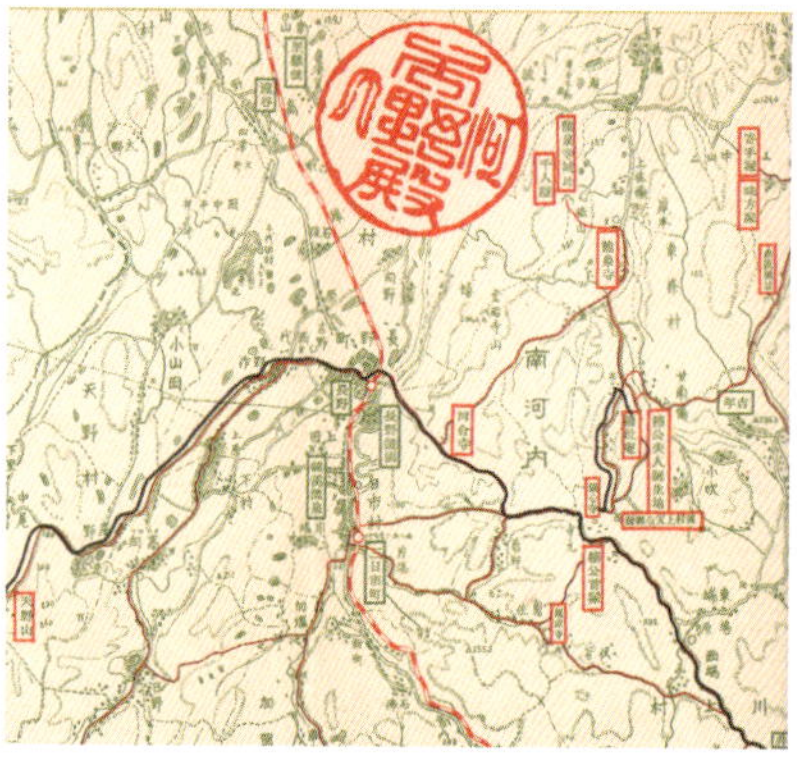

【南海沿線案内図 千代田・河内長野・三日市町駅付近(部分、昭和戦前期)】
楠公(楠木正成)遺跡を中心に紹介する南海電鉄の沿線案内図で、千代田・河内長野・三日市町駅付近(部分)である。河内長野駅周辺には長野遊園、錦渓温泉、河合寺といった名所が見える。

【河合寺(明治後期〜大正期)】
石段の上に鐘楼などが見える真言宗御室派の寺院である河合寺は、河内長野市の地名にもなっている。あじさいの名所としても知られる。

【汐の宮温泉マッチ(昭和戦前期)】
大阪鉄道(現・近鉄長野線)の汐ノ宮駅付近にあった汐の(ノ)宮温泉のマッチラベル。駅の東側を流れる石川に架かる橋と、温泉旅館がマッチしたカラフルなデザイン。

右下駅舎写真：上から千代田駅、河内長野駅、三日市町駅

【汐ノ宮温泉（昭和戦前期）】
石川の畔にあった汐ノ宮温泉の風景。明治後期から昭和戦前期にかけて、温泉街が栄えていたが、現在は住宅地に変わっている。

【河内長野駅の遠望（大正期）】
現在は南海の高野線、近鉄の長野線の連絡駅となっている河内長野駅の遠望。奥には長野遊園が広がっている。

【河内長野の商店街】
河内長野市にはレトロな雰囲気の長野商店街が残されている。

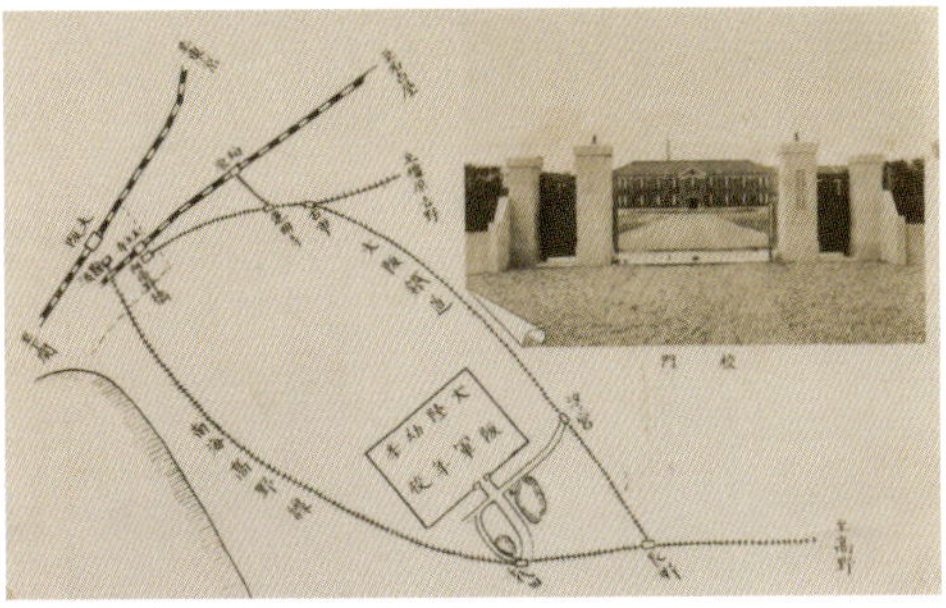

【大阪幼年学校案内地図（昭和戦前期）】
高野線の千代田駅付近にあった大阪陸軍幼年学校の案内絵葉書。現・近鉄長野線の汐ノ宮駅も最寄り駅となっていた。

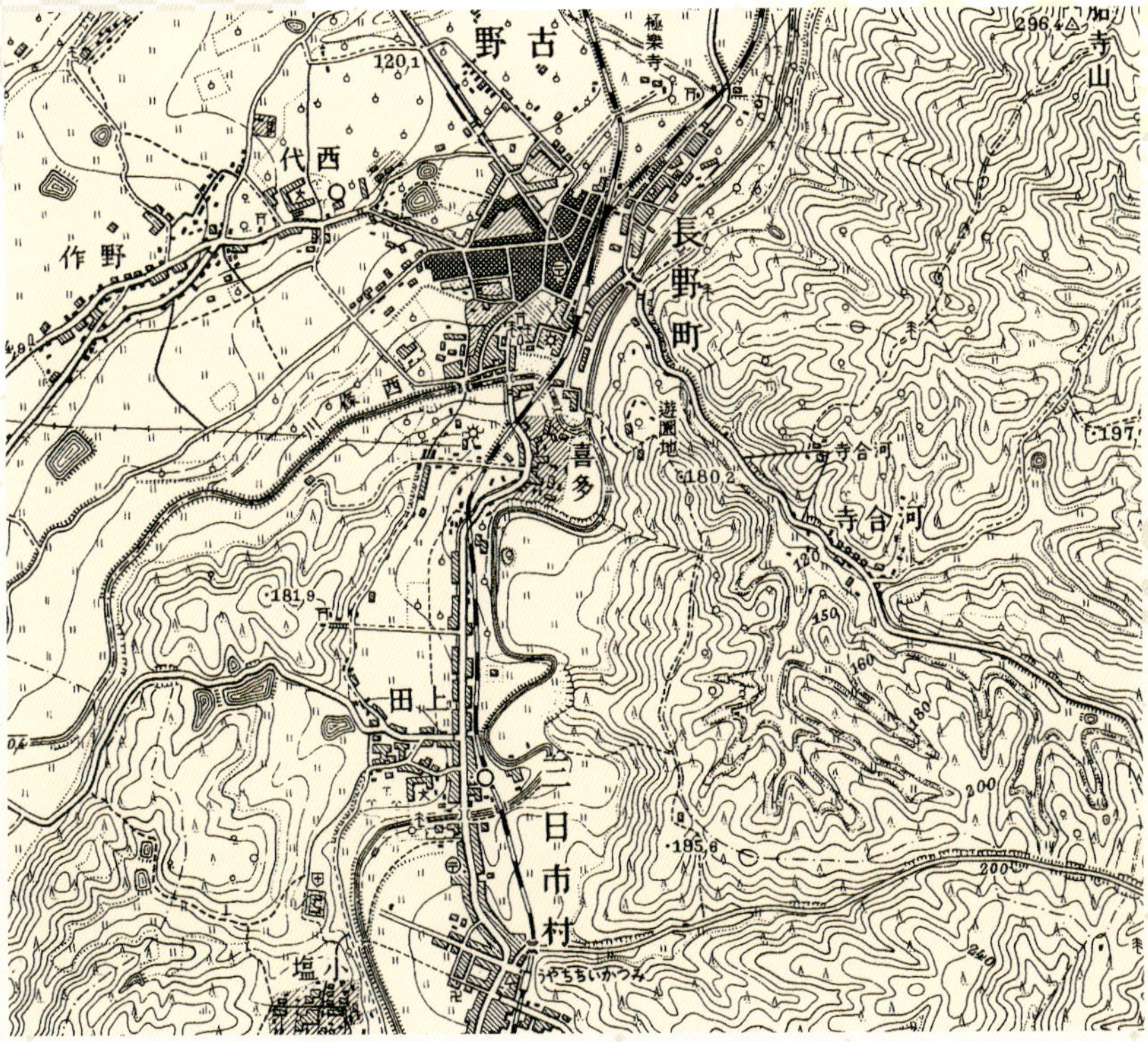

古地図探訪

◎河内長野、三日市町駅付近（昭和4年）

北側の長野町には河内長野駅、南側の三日市村には三日市町駅が置かれている。三日市地区は、江戸時代から高野参詣の宿場町として栄えた場所で、江戸時代から続く三日市村は、1889（明治22）年に周囲の村と合併した後も名称が残り、1954（昭和29）年に河内長野市の一部に変わった。地図の右側には、アジサイの花の名所として知られる真言宗御室派の寺院、河合寺が見えている。

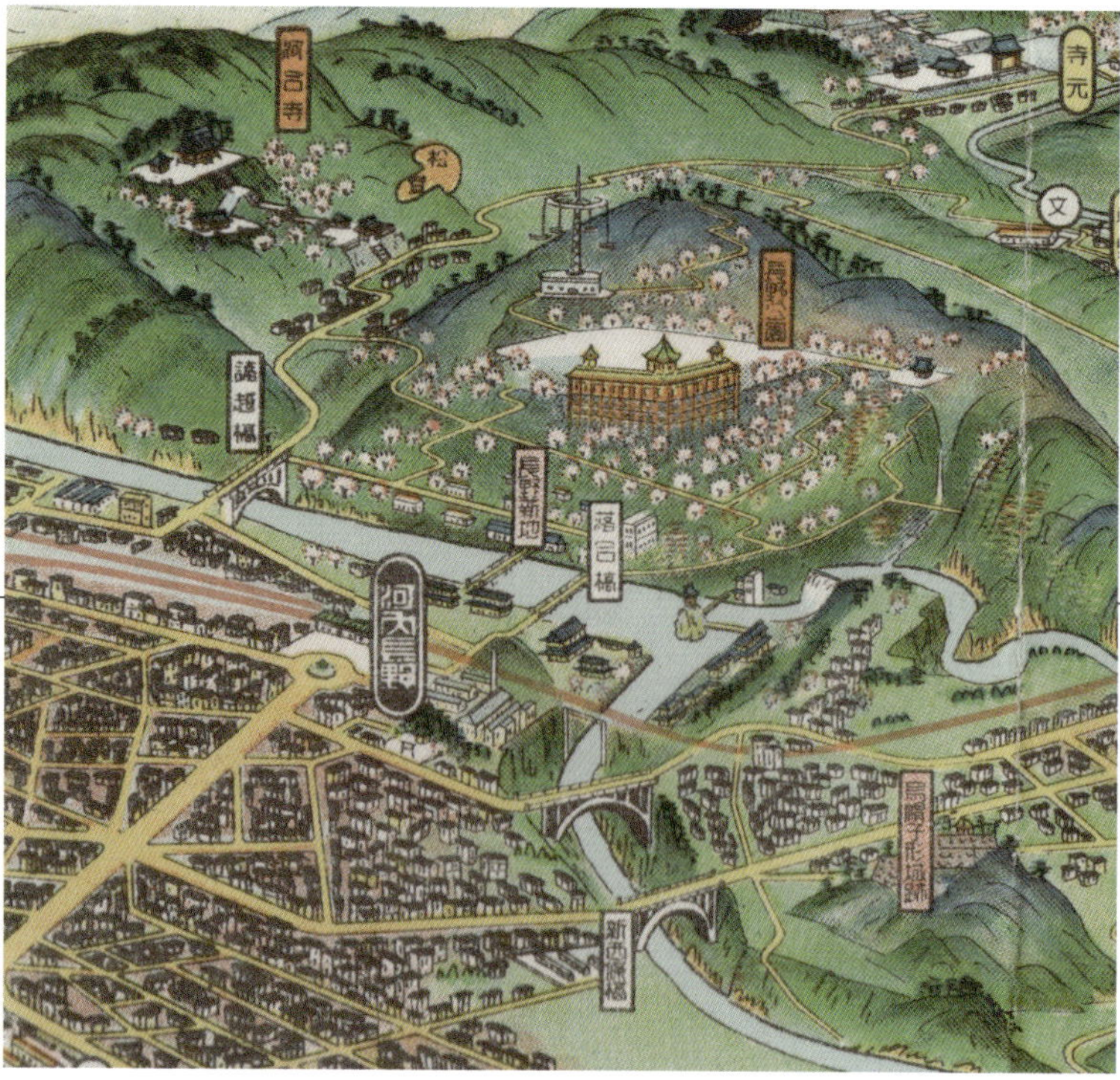

【河内長野市鳥瞰図（部分、昭和戦後期）】
河内長野市鳥瞰図に描かれている長野公園には、大きな回廊状の建物とともに飛行塔も存在していた。手前には長野新地の旅館などが見えている。

長野遊園地と長野公園

河内長野駅の東側、石川沿いには明治後期から昭和戦前期にかけて、長野遊園地と呼ばれる遊園地（公園）が存在した。これは河内長野駅に路線を延ばしていた高野登山鉄道（現・南海高野線）が1908（明治41）年に開いたもので、サクラやカエデの木々を植え、運動場などを設けた。また、付近に温泉があったことで、食堂や旅館が建てられ、大阪方面の観光客で大いに賑わったという。昭和時代になるとカフェーなどが集まり、歓楽地としての色合いが濃くなっていく。長野新地と呼ばれる花街となって、戦後も料亭や温泉旅館は営業を続けていた。しかし、温泉旅館や料亭は次第に廃業し、現在は河内長野荘など一部が残るだけである。

一方、河内長野駅周辺では、1951（昭和26）年に大阪府が府営の長野公園を開園した。これは観心寺や河合寺、延命寺、天野山などを含む広い範囲にわたるもので、現在は長野遊園地の跡地を引き継いだ奥河内さくら公園（長野地区）など、5つの地区が存在している。奥河内さくら公園には、かつての遊園地の面影を伝える、回廊風展望休憩所が存在している。

長野温泉

現在の河内長野市は、長野温泉があることでも知られる場所である。石川の沿岸に点在する長野温泉は、河内長野駅付近の長野温泉（街）とともに、高野線の三日市駅付近に錦渓温泉、天見駅付近に天見温泉などが存在し、近鉄長野線の汐ノ宮駅（富田林市）付近には、同じく石川沿いに汐ノ宮温泉が存在してきた。

このうちの長野温泉は、明治時

【長野遊園地（昭和戦前期）】
石川沿いに広がっていた長野遊園地は、時代とともに長野新地、長野公園と呼び名も変化し、場所と特徴が変わっていった。

【河内長野荘】
日帰りでも天然温泉に浸れるランチプランが楽しめる河内長野荘。

【長野温泉（大正期）】
河内長野駅付近に存在した温泉旅館、錦水楼（錦水温泉）の入浴風景。モデルになっているのは長野新地の芸者だろうか。

代に発見された極楽寺温泉からスタートしている。この極楽寺温泉は、明治時代に河内長野駅の北側にある融通念仏宗の寺院、錦渓山極楽寺の宿泊施設に開かれた温泉だったが、寺が営業を停止したことで短い期間しか存在しなかったようだ。一方、この源泉を利用して繁栄したのが、石川沿いに発展した長野遊園地で、錦水楼、楠館などの温泉旅館が営業を行い、文人墨客らも多く訪れたという。1960（昭和35）年からは、温泉の権利を長野観光協会などが譲り受け、数軒の旅館が利用するようになっていた。

三日市駅付近には、鉄道が通る以前から高野山御用達として栄えた旅館「油屋」が存在し、明治時代に錦渓温泉（三日市温泉）と呼ばれるようになった。その後、高野鉄道（現・南海高野線）の開通で、交通の便もアップして賑わったものの、周辺が市街地化したことなどで、1975（昭和50）年に廃業している。また、天見駅付近には同じく高野山の参詣客が訪れる湯治場があり、昭和前期に温泉旅館が誕生。現在も「南天苑」として営業している。

観心寺

河内長野市寺元にある観心寺は、国宝の金堂、木造如意輪観音坐像で知られる高野山真言宗の遺跡本山の寺院である。創建は天長2（825）年あるいは天長4（827）年といわれ、開山は役小角と伝わる。815（弘仁6）年、空海が観心寺の寺号を名付けたとされ、本尊の木造如意輪観音坐像は9世紀の作品だが、空海が刻んだともいわれている。中世には、楠木氏の菩提寺となり、南朝ゆかりの寺院でもある。

木造如意輪観音坐像とともに国宝に指定されている金堂は、南北朝時代の正平年間（1346～70年）に建立されている。和様、禅宗様の折衷様仏堂の代表例で、入母屋造、本瓦葺きの美しい建造物である。このほか、建掛塔や恩賜講堂、書院などが国の重要文化財に指定されている。最寄り駅は河内長野駅で、南海バスの便があり、長野公園の奥河内楠公の里（観心寺。丸山地区）に含まれている。

【観心寺本堂（大正期）】
明治政府の古社寺保存法による、特別保護建造物に指定されていた頃の観心寺本堂（金堂）。戦後の1952（昭和27）年、国宝に指定された。

【観心寺建掛塔】
観心寺の建掛塔はシンプルな美しさの建物で、国の重要文化財に指定されている。

【観心寺金堂】
観心寺が誇る国宝のひとつ、金堂には本尊の如意輪観音像（国宝）が安置されている。

【観心寺】
河内長野市寺元にある観心寺は、文化財の宝庫として有名である。

河内長野市鳥瞰圖

【河内長野市鳥瞰図(昭和戦後期)】
南海高野線には滝谷、千代田、河内長野、三日市町、千早口、天見駅。近鉄長野線には　汐ノ宮、河内長野駅が見える河内長野市の鳥瞰図である。中央上には金剛山がそびえ、その麓には観心寺、さらに駅に近い場所には長野公園が見える。一方、市街地は河内長野駅付近を流れる石川、天見川、加賀田川などに沿って広がっている。右下には「女人高野」と呼ばれて、女性の信仰を集めてきた天野山金剛寺がある。

NK71
NK72
NK73

美加の台《みかのだい》、千早口《ちはやぐち》、天見《あまみ》

河内長野市

	開業年	所在地	キロ程	駅構造	乗降客
美加の台	1984（昭和59）年9月1日	大阪府河内長野市石仏191-1	汐見橋駅から31.3km	地上駅2面2線	2964人
千早口	1915（大正4）年3月11日	大阪府河内長野市岩瀬1343	汐見橋駅から33.2km	地上駅2面2線	187人
天見	1915（大正4）年3月11日	大阪府河内長野市天見195-1	汐見橋駅から34.9km	地上駅2面2線	294人

南海によるニュータウン「南海美加の台」が開発されることに合わせて、設置されたのが美加の台駅である。ニュータウンの分譲開始と駅の開業は同じ1984（昭和59）年9月である。高野線の中で最も新しい駅だが、それ以前には加賀田信号所が置かれていた。当時は単線区間であり、ここで列車の交換を行っていたが、三日市町～千早口間の複線化が完成し、駅に変わった。駅の所在地は河内長野市石仏で、構造は相対式ホーム2面2線の橋上駅で、一部（北側）は高架駅となっている。「石仏」という地名は、弘法大師空海ゆかりの石仏があった阿弥陀寺（石仏寺）に由来している。同じく空海が石仏を刻んだことが起源という延命寺もあり、紅葉の名所として有名である。また、中世には石仏城があり、楠木正成の子孫である甲斐庄氏が城主を務めたという。この甲斐庄氏は江戸時代の旗本につながり、日本画家の甲斐庄楠音の先祖とされている。

次は千早口駅で、開業したのは1915（大正4）年3月である。駅の所在地は河内長野市岩瀬で、構造は相対式ホーム2面2線の地平駅である。「千早口」の駅名は、東側に位置する千早赤坂村への玄関口という意味で、千早赤坂村には南北朝期に楠正成が築いた千早城跡が存在している。この千早赤阪村は南朝方の武将として活躍した楠正成の出身地で、1956（昭和31）年に千早村と赤坂村が合併して成立している。

天見駅は1915（大正4）年3月の開業で、河内長野市天見に置かれている。「天見」という地名、駅名は、かつての天見村に由来する。天見村は1889（明治22）年に天見村、岩瀬村、清水村、流谷村が合併して成立。1954（昭和29）年に河内長野市の一部となっ

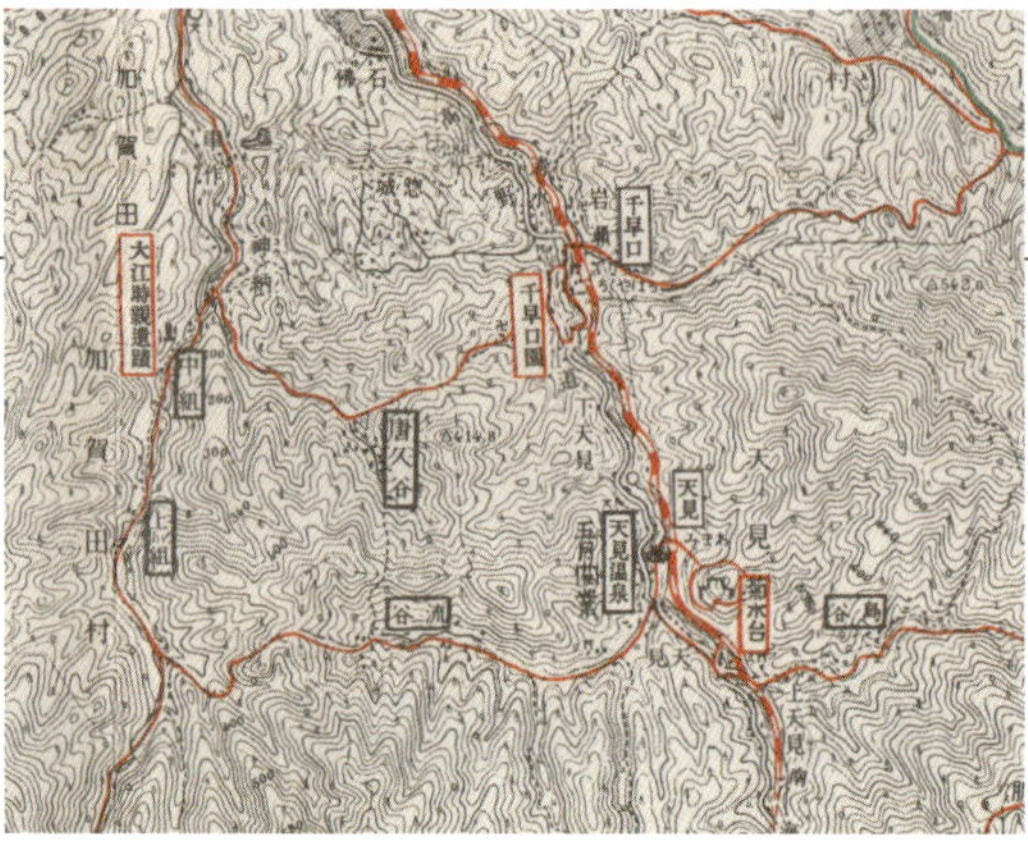

【南海沿線案内図、千早口～天見駅付近（部分、昭和戦前期）】
南海沿線案内図の高野線は、河内長野市内を南東に向けて進んでゆく。地図上の「石佛」付近には1980年代にニュータウン・南海美加の台が開発される。

【南天苑】
河内長野市天見にある温泉旅館、南天苑。辰野金吾設計の日本旅館として有名。

【千早城跡】
赤坂千早村に残る千早城跡。楠木正成が幕府軍を相手に籠城した城である。

右下駅舎写真：上から美加の台駅、千早口駅、天見駅

た。このあたりは河内長野市の最南部で、南側は和歌山県橋本市である。天見地区には、高野山参詣の途中に湯治客が訪れた歴史の古い天見温泉が存在している。ここにある温泉旅館「南天苑」は1949（昭和24）年の開業だが、建物は堺にあった大浜潮湯の別館を移築したもので、戦前には料亭「松虫花壇」の別館として使われていた。その後の調査により、辰野片岡建築事務所の設計（辰野金吾作品）であることが判明し、国の登録有形文化財に登録されている。

【河内長野市鳥瞰図、三日市町～天見駅付近（部分、昭和戦後期）】
河内長野市を走る高野線の三日市町～千早口～天見間付近の鳥瞰図（部分）である。三日市町駅付近には錦渓温泉、天見駅付近には天見温泉が見えている。延命寺がある場所の地名は河内長野市神ガ丘で、付近には鳩原、太井（おおい）の地名も見える。

【延命寺（明治後期～大正期）】
モミジの名所として知られる、延命寺境内の本堂と護摩堂である。旧鬼住村にあったことで、スタンプに「河内鬼住」の文字が見える。

【延命寺、梅林より正門を望む（明治後期～大正期）】
樹齢1000年といわれるカエデの老木「夕照もみじ」で知られる真言宗御室派の寺院、薬樹山延命寺。山号寺号の由来は、付近に薬草が多く生えていたことに由来する。

古地図探訪

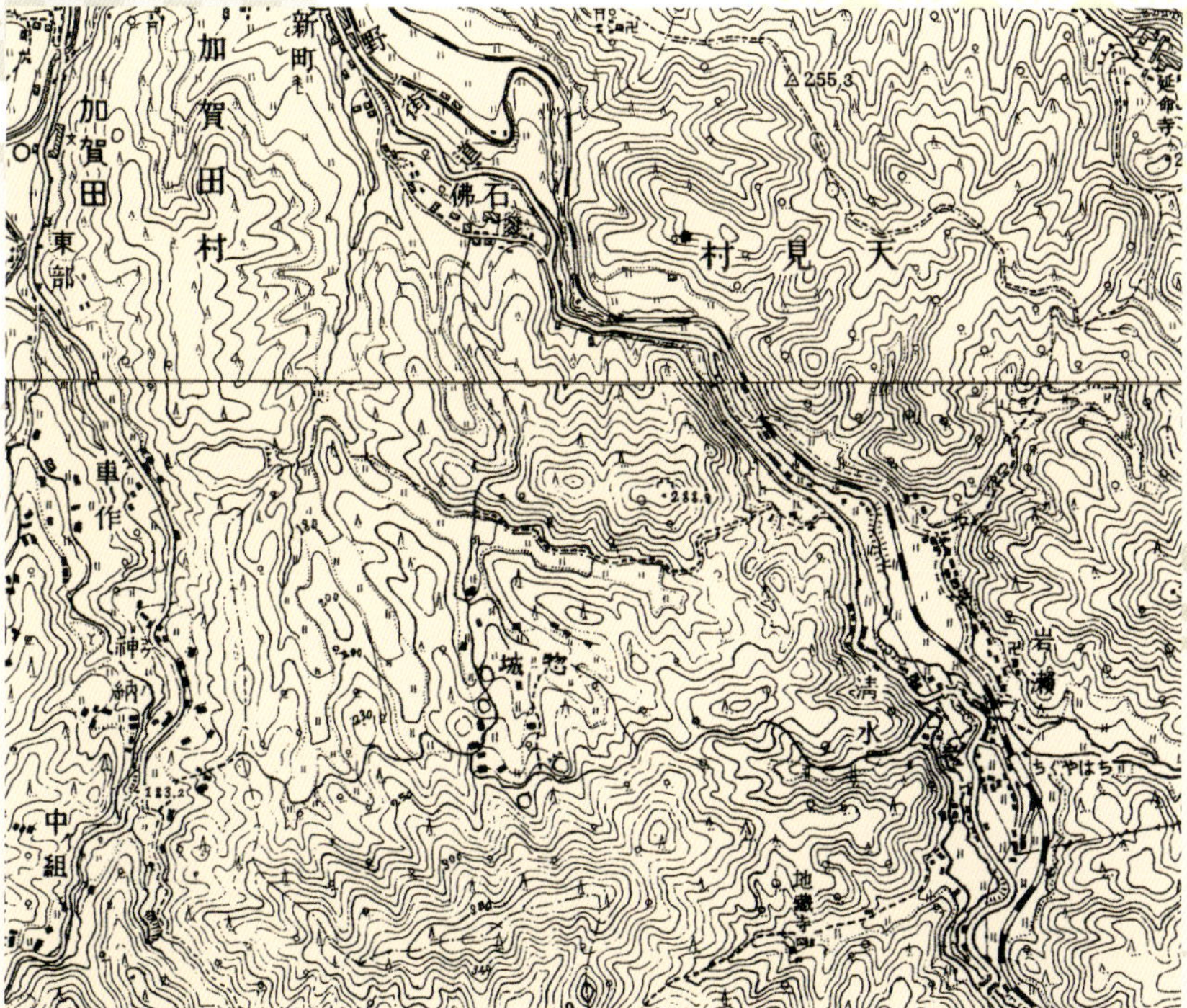

◎千早口駅付近（昭和4年）

地図左上に見える加賀田村は1889（明治22）年、錦部郡（後に南河内郡）の加賀田村、石仏村、唐久谷村がひとつになって成立。1954（昭和29）年に右上に見える天見村、長野町などと合併して、河内長野市の一部になった。地図に見える「石佛」付近には1983（昭和58）年、高野線の美加の台駅が開業する。右下にある千早口駅は1915（大正4）年に開業し、1983（昭和58）年に現在地に移転した。

高野線

NK74
NK75
NK76

紀見峠《きみとうげ》、林間田園都市《りんかんでんえんとし》、御幸辻《みゆきつじ》

橋本市

紀見峠 開業年 1915(大正4)年3月11日 所在地 和歌山県橋本市矢倉脇226-2 キロ程 汐見橋駅から38.6km 駅構造 地上駅2面2線 乗降客 427人

林間田園都市 開業年 1981(昭和56)年11月22日 所在地 和歌山県橋本市三石台1-1-1 キロ程 汐見橋駅から39.9km 駅構造 2面3線 乗降客 6303人

御幸辻 開業年 1915(大正4)年3月11日 所在地 和歌山県橋本市御幸辻567-1 キロ程 汐見橋駅から41.9km 駅構造 高架駅2面2線 乗降客 2416人

紀見峠は大阪府と和歌山県の境界にあり、現在は国道371号石仏バイパスが通っている。高野線の紀見峠駅はその南西に位置しており、所在地は橋本市矢倉脇である。駅の開業は1915(大正4)年3月で、大阪府内最後の駅だった天見駅とは3・7キロ離れている。駅の構造は相対式ホーム2面2線の地平駅である。

次の林間田園都市駅は、南海が開発したニュータウンの玄関口となる駅で、開業は1981(昭和56)年11月と、歴史はかなり新しい。駅の所在地は橋本市三石台1丁目、構造は島式ホーム2面3線の地上駅で、橋上駅舎を有している。南海の手で開発・分譲された南海橋本林間田園都市は、三石山の山麓に開発された田園都市型のニュータウンで、1976(昭和51)年に工事が着工された。1980(昭和55)年から分譲が始まった城山台地区のほか、三石台(1987年分譲開始)、小峰台(同1991年)のほか、彩の台、紀見ヶ丘(最寄り駅は紀見峠)などの地区がある。

御幸辻駅は、1915(大正4)年3月、高野登山鉄道の高野辻駅として開業した。1923(大正12)年4月、現在の駅名「御幸辻」に改称した。駅の所在地は橋本市御幸辻であり、構造は相対式ホーム2面2線の高架駅である。駅名のもととなったこのあたりの地名「御幸辻」は、かつて天皇や皇族が高野山参詣のために通った(御幸道)に由来する。駅の南側には、南北に走る国道371号橋本バイパスと、東西に走る県道105号山田御幸辻停車場線・県道731号二見御幸辻停車場線が交差する、御幸辻駅前南側交差点が存在している。

ここで橋本市の成立について少し触れておくと、1889(明治22)年に伊都郡橋本村が誕生。1894(明治27)年に橋本町となった。1955(昭和30)年に橋本町、紀見村、学文路村などが合併して橋本市が成立している。2006(平成18)年には高野口町と合併して、現在のような橋本市の市域となっている。

【柿の葉寿司】
橋本市の名物となっている柿の葉寿司。

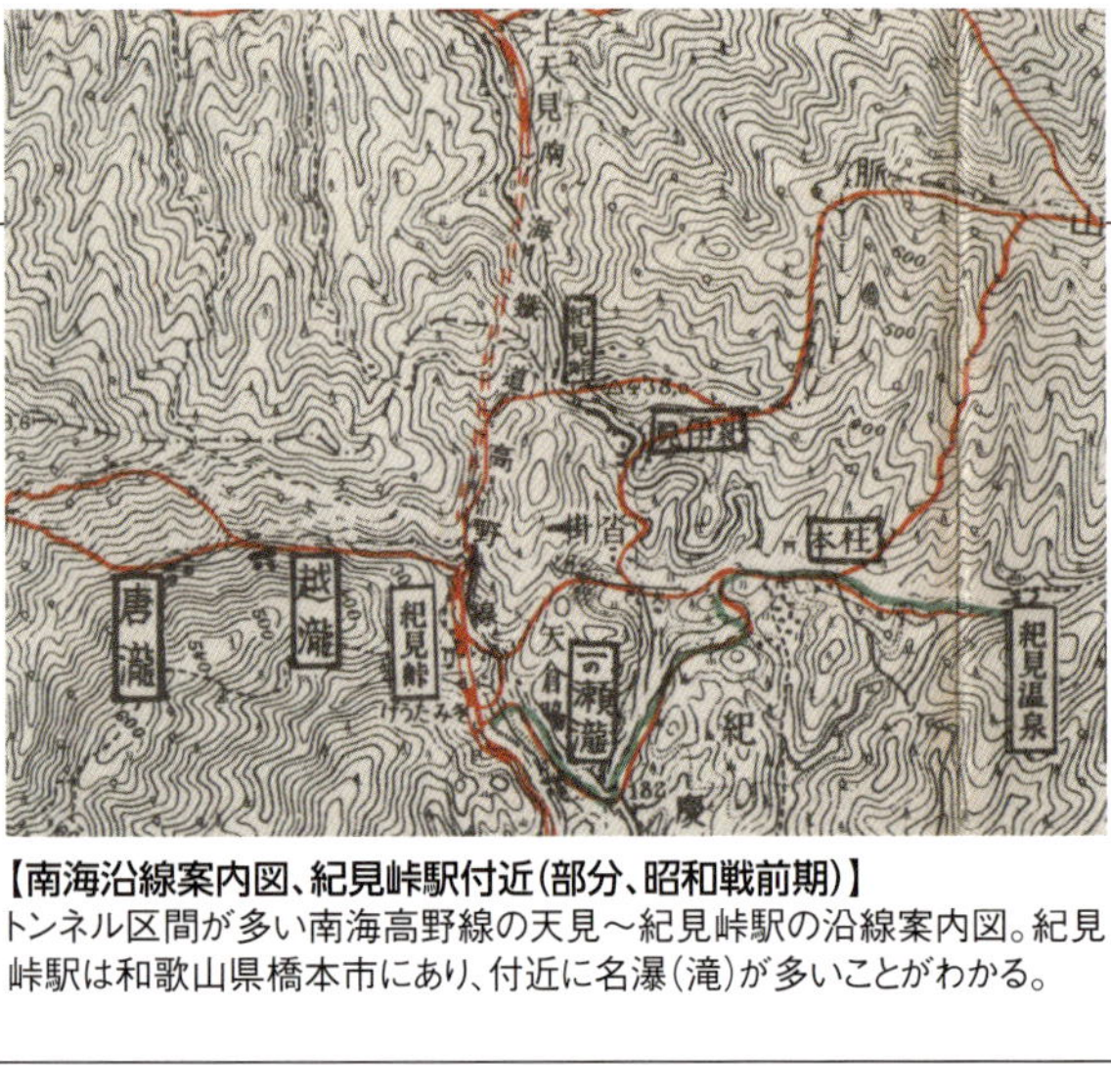

【南海沿線案内図、紀見峠駅付近(部分、昭和戦前期)】
トンネル区間が多い南海高野線の天見～紀見峠駅の沿線案内図。紀見峠駅は和歌山県橋本市にあり、付近に名瀑(滝)が多いことがわかる。

右下駅舎写真：上から紀見峠駅、林間田園都市駅、御幸辻駅

【紀見隧道】 大阪府と和歌山県の境界となる紀見峠には、3つのトンネルが存在している。

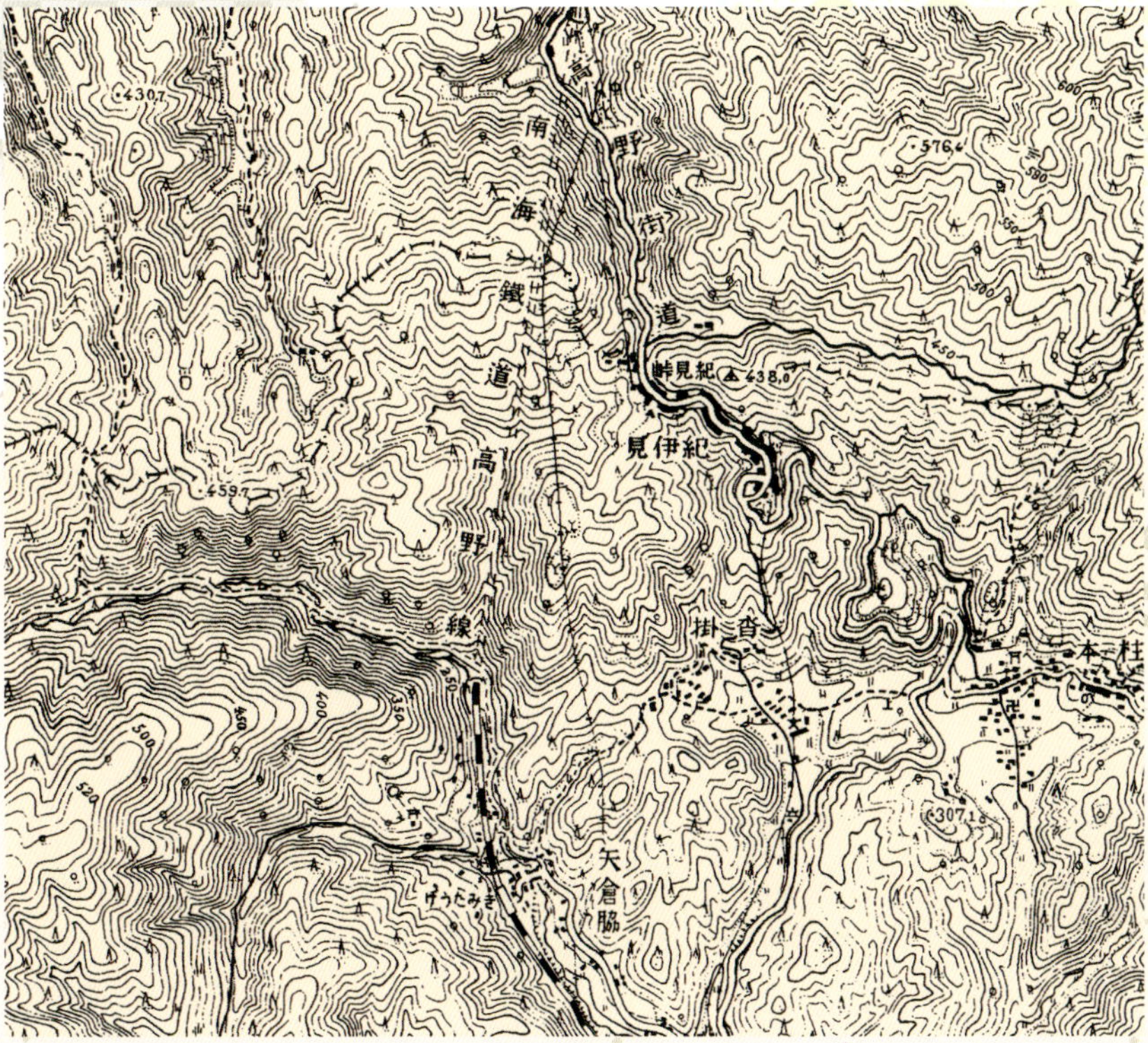

古地図探訪

◎紀見峠駅付近（昭和4年）

南海高野線は、トンネル区間を抜けた先に紀見峠駅が置かれている。ここは既に和歌山県橋本市で、和歌山県下最北端の駅となっている。「紀見峠」には江戸時代、紀州藩が峠に番所を置いて、和歌山側に宿駅が設けられていた。1915（大正4）年に紀見峠トンネルが開通し、三日市町～橋本間の路線が誕生したことで、駅が置かれることになった。北側の天見駅との距離（駅間）は、3.7キロとかなり離れている。

NK77
NK78
NK79

橋本《はしもと》、紀伊清水《きいしみず》、学文路《かむろ》

橋本市

	橋本	紀伊清水	学文路
開業年	1915（大正4）年3月11日	1925（大正14）年3月15日	1924（大正13）年11月1日
所在地	和歌山県橋本市古佐田1-4-51	和歌山県橋本市清水558-4	和歌山県橋本市学文路361-1
キロ程	汐見橋駅から44・7km	汐見橋駅から47・8km	汐見橋駅から50・4km
駅構造	地上駅3面5線（うち南海1面2線）	地上駅2面2線	地上駅2面2線
乗降客	6169人	186人	330人

橋本駅はJR橋本駅との連絡駅であり、人口5万7000人の橋本市の中心駅である。奈良・和歌山県内を流れる紀の川の中流域にあたり、川沿いに市街地が発展した。高野線は市街地を大きく迂回する形で、南から東に方向を変え、さらに南に走って紀の川を越えて、今度は西に向かう。紀の川の対岸には、紀伊清水駅が置かれている。

最初に橋本駅を開業したのは、私鉄時代の紀和鉄道（現・JR和歌山線）で、1898（明治31）年4月に開業。当初は終着駅だった。その後、関西鉄道の駅となり、1907（明治40）年10月に国有化された。高野線は1915（大正4）年3月に橋本駅まで延伸し、和歌山線との連絡駅となった。1924（大正13）年11月に学文路駅まで延伸し、途中駅に変わっている。駅の所在地は橋本市古佐田1丁目、駅の構造は南海駅が島式ホーム1面2線の地上駅で、橋上駅舎によりJR駅・ホームと連絡する形である。JR駅は単式・島式ホーム2面3線をもつ地上駅となっている。

紀伊清水駅は、紀の川の左岸に位置している。1925（大正14）年3月15日に清水駅として開業し、同月27日に紀伊清水駅と改称した。駅の所在地は橋本市清水で、構造は相対式ホーム2面2線の地平駅である。駅の北東にある定福寺からは、高野山参詣道のひとつ、黒河道（くろこみち）が南東に向かって延びており、国道371号のルートとほぼ重なっている。

【黒河道】
高野参詣道のひとつ、黒河（くろこ）道は橋本宿（市）から高野山に向かう道である。

橋本市最後の駅は、学文路（かむろ）駅。難読駅名として有名で、駅の東に天満宮（天満神社）があることから、この学文路駅の入場券が受験の御守りとしても発売されている。地名、駅名の由来は、かつてはウメの木が多数あり、春に香ることから「香室」と呼ばれ、やがて「学文路」という村が生まれた。駅の開業は1924（大正13）年11月。当初は終着駅で、同年12月の延伸で途中駅となった。駅の所在地は橋本市学文路で、構造は相対式ホーム2面2線を有する地平駅である。

【天満神社】
橋本市南馬場にある天満神社には菅原道真が祀られている。最寄り駅は学文路駅。

【定福寺】
橋本市賢堂（かしこど）の定福寺は、高野参詣道のひとつ黒河道の起点となっている。

右下駅舎写真：上から橋本駅、紀伊清水駅、学文路駅

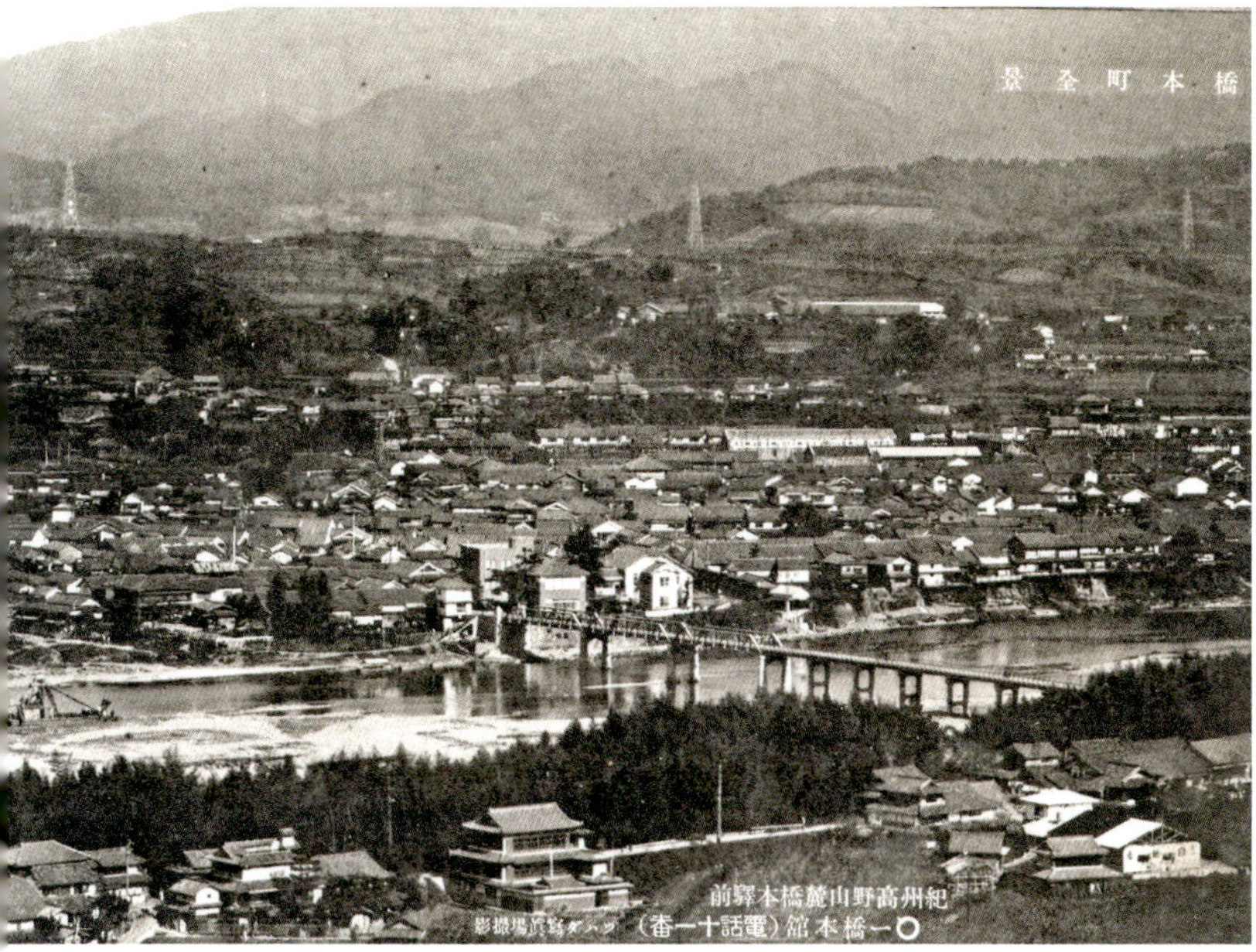

【橋本町全景（昭和戦前期）】
現・南海の高野線、JRの和歌山線が走っている和歌山県橋本町の全景。戦後の1955（昭和30）年に市制を施行して、橋本市に変わる。

【〇一橋本館（明治後期～大正期）】
橋本駅付近にあった旅館「〇一橋本館」。2階建ての和風旅館だった建物、裏座敷と中庭の風景である。

【紀の川の鮎漁（1915年頃）】
大正4（1915）年の消印が見える橋本駅付近、紀の川における鮎漁の風景である。人物の法被に見える「〇一楼　橋本館」は、旅館の「〇一橋本館」と同じか。

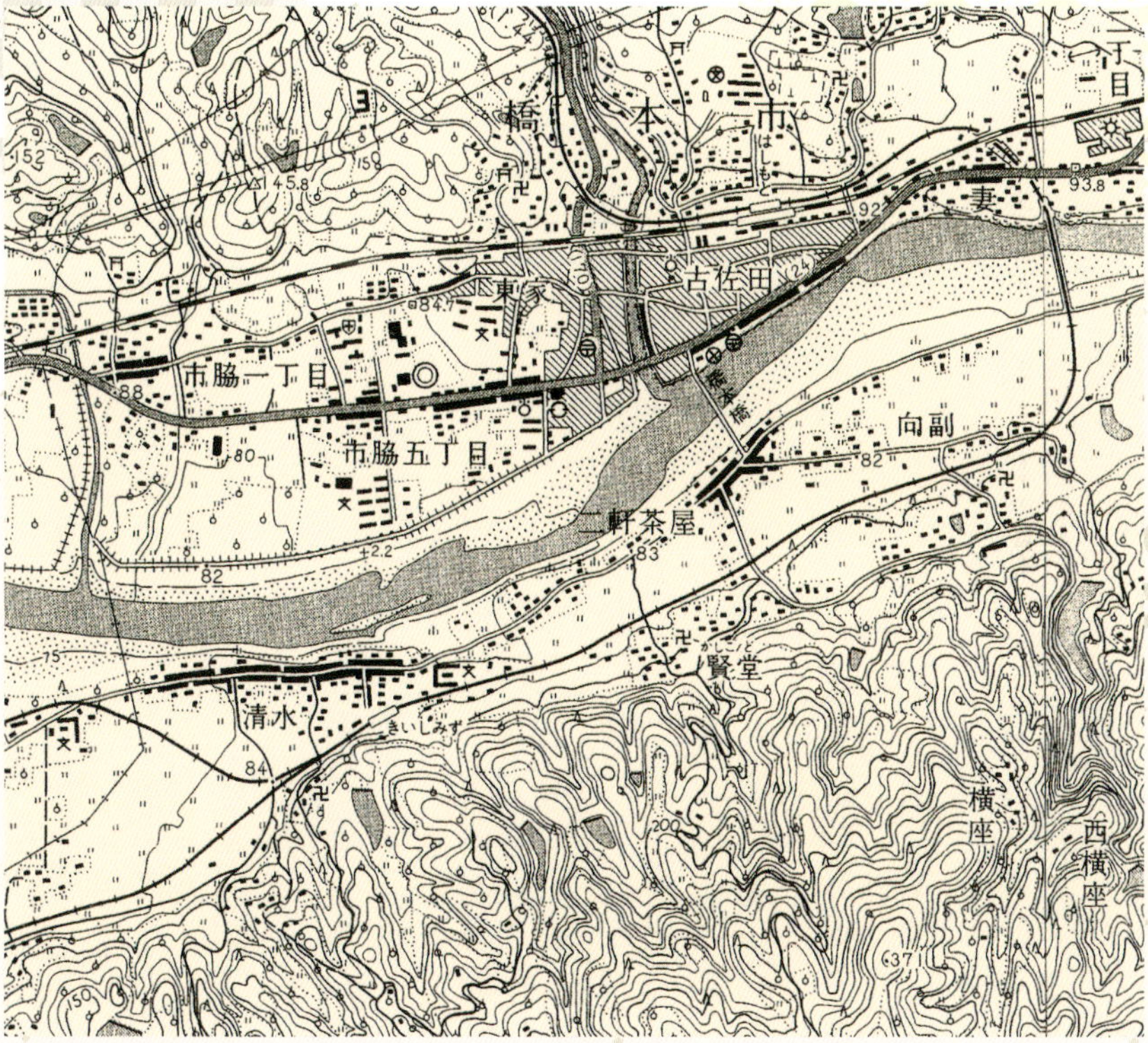

古地図探訪

◎橋本、紀伊清水駅付近（昭和42年）

南下してきた高野登山鉄道（現・南海高野線）は1915（大正4）、先行して開業していた現・和歌山線の橋本駅に隣接する形で橋本駅を設けた。その後、学文路駅まで延伸するのは1924（大正13）年で、東側に大きく迂回する形となり、紀の川の対岸（左岸）に紀伊清水駅を開業している。中央下に見える「賢堂（かしこど）」には、黒河道（くろこみち）の起点となる高野山真言宗の寺院、定福寺が存在。

NK80
NK81
NK82
NK83

くどやま、こうやした、しもこさわ、かみこさわ

九度山、高野下、下古沢、上古沢

九度山町

	開業年	所在地	キロ程	駅構造	乗降客
九度山	1924（大正13）年12月25日	和歌山県伊都郡九度山町大字九度山123-2	汐見橋駅から52・2km	地上駅2面2線	441人
高野下	1925（大正14）年7月30日	和歌山県伊都郡九度山町大字椎出8-1	汐見橋駅から54・2km	地上駅1面2線	73人
下古沢	1928（昭和3）年6月18日	和歌山県伊都郡九度山町大字下古沢	汐見橋駅から55・9km	地上駅2面2線	26人
上古沢	1928（昭和3）年6月18日	和歌山県伊都郡九度山町大字上古沢	汐見橋駅から57・6km	地上駅1面1線	13人

紀の川の左岸を走る高野線は、次第に世界遺産の聖地・高野山に近づいてゆく。南海線は橋本市から九度山町に入ることとなる。九度山町は人口約3000人。1889（明治22）年の町村制の施行により、九度山村、椎出村、下古沢村、上古沢村などが合併して、九度山村が成立。1910（明治43）年に九度山町となった。不動谷川、丹生川の谷間に集落があり、高野山への参詣道が通っている。九度山は関ヶ原合戦で敗れた真田昌幸・幸村（信繁）父子が幽閉生活を送った場所として知られ、真田庵・真田宝物資料館、九度山・真田ミュージアムなどが存在している。

九度山町で最初の駅は、九度山町大字九度山に置かれている九度山駅である。1924（大正13）年12月、学文路駅からの延伸による終着駅として開業。1925（大正14）年7月、高野山（現・高野下）駅への延伸により、途中駅となった。駅の構造は、相対式ホーム2面2線をもつ地上駅である。

次の高野下駅は、1925年7月、北側を走る南海の九度山～高野山間が延伸して、高野山駅として開業し、同年9月に高野下駅に改称した。一方、南側の高野山電気鉄道は1928（昭和3）年6月、高野下～神谷（現・紀伊神谷）間の路線を開業して、この駅が連絡駅となった。1932（昭和7）年4月からは両線の直通運転が開始され、その後に南海の高野線に統一された。駅の所在地は九度山町大字椎出で、構造は島式ホーム1面2線の盛土上の駅である。

下古沢村駅、上古沢駅は1928（昭和3）年6月、高野山電気鉄道が高野下～神谷（現・紀伊神

【慈尊院】
九度山にある慈尊院は「女人高野」と呼ばれ、多くの女性が参詣した寺である。

右下駅舎写真：上から九度山駅、高野下駅、下古沢駅、上古沢駅

谷）間を開通した際に開業している。下古沢駅は九度山町大字下古沢、上古沢駅は九度山町大字上古沢に置かれている。駅の構造については、前者は相対式ホーム2面2線の地上駅、後者は単式ホーム1面1線の地上駅である。

【九度山の歓迎アーチ（1932年）】
1932（昭和7）年、犬養内閣の商工大臣だった前田米蔵を歓迎するため、九度山町に設置された歓迎アーチ。

【善名称院の真田墓所（明治後期〜大正期）】
九度山の善名称院に伝わる安土桃山時代の武将、真田昌幸の墓所。

【真田庵】
真田昌幸・幸村（信繁）父子の屋敷跡に建てられた善名称院。別名は真田庵。

【善名称院（明治後期〜大正期）】
九度山にある善名称院は高野山真言宗の寺院で、真田昌幸・幸村（信繁）父子が蟄居した草庵があったことで、「真田庵」とも呼ばれている。

古地図探訪

◎九度山、高野下駅付近（昭和42年）

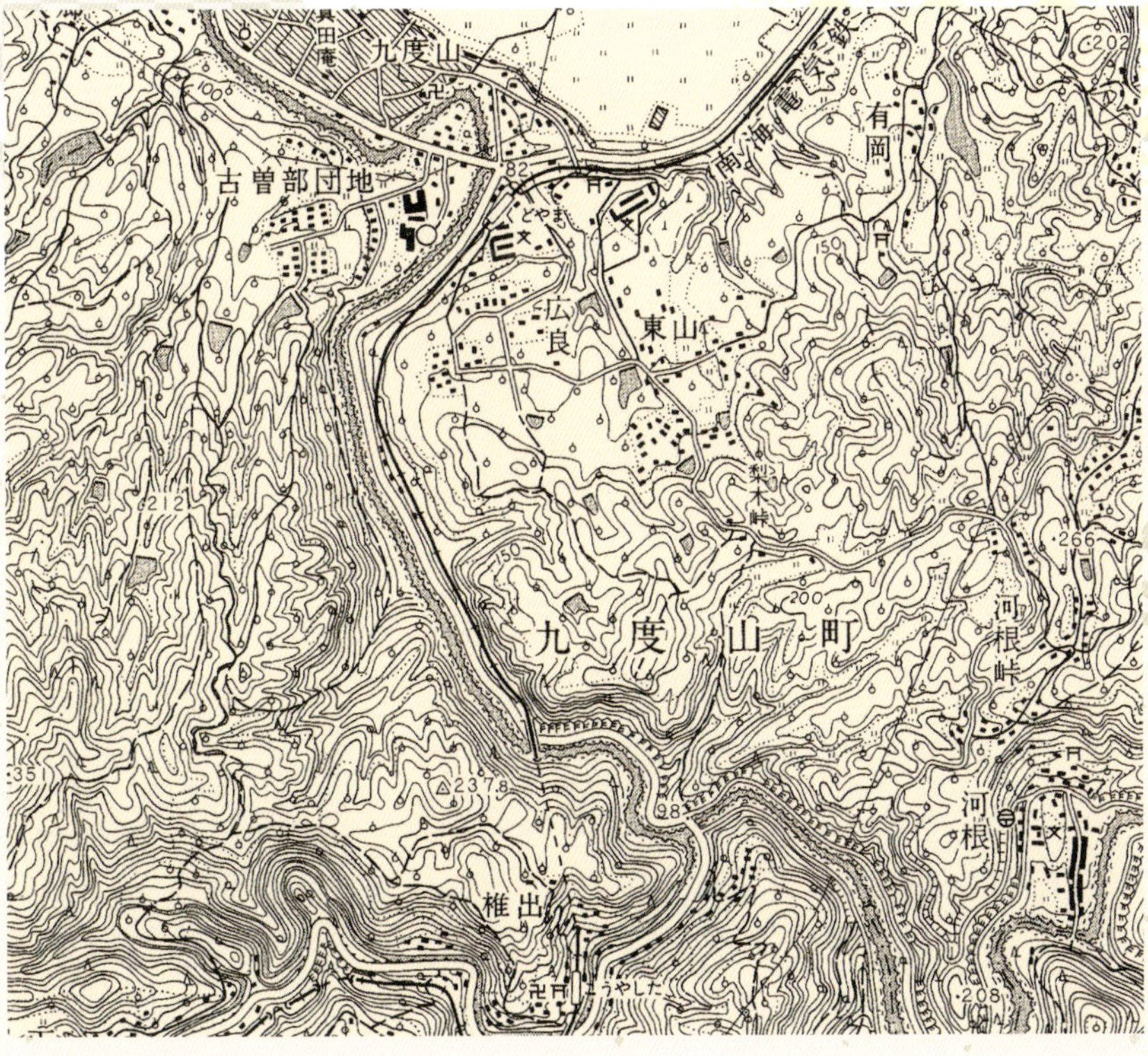

九度山町を走る高野線には、北に九度山駅、南に高野下駅が置かれている。九度山駅付近には「九度山」の地名と真田庵（善名称院）が見え、南側に古曽部団地が誕生している。高野下駅が置かれているのは九度山町大字椎出で、「椎出」の地名が北側に見えている。駅の西側に見える「卍」の地図記号は、高野山真言宗の玉椎山地蔵寺で、門前には高野山に通じる槇尾道が通っている。

NK84
NK85
NK86

紀伊細川、紀伊神谷、極楽橋

きいほそかわ、きいかみや、ごくらくばし

高野町

紀伊細川
- 開業年　1928（昭和3）年6月18日
- 所在地　和歌山県伊都郡高野町大字細川732
- キロ程　汐見橋駅から60・6km
- 駅構造　地上駅2面2線
- 乗降客　17人

紀伊神谷
- 開業年　1928（昭和3）年6月18日
- 所在地　和歌山県伊都郡高野町大字細川502-2
- キロ程　汐見橋駅から63・0km
- 駅構造　地上駅1面2線
- 乗降客　8人

極楽橋
- 開業年　1929（昭和4）年2月21日
- 所在地　和歌山県伊都郡高野町高野山国有林
- キロ程　汐見橋駅から64・5km
- 駅構造　5面5線（うち高野線3面4線、他は鋼索線）
- 乗降客　58人

九度山町を南下した高野線は、沿線で最後の市町村である高野町に入る。最初の駅は、紀伊細川駅である。この駅は高野山電気鉄道時代の1928（昭和3）年6月、細川駅として開業。1930（昭和5）年3月に紀伊細川駅に改称した。駅の所在地は高野町大字細川で、構造は相対式ホーム2面2線の地上駅で、ホームは傾斜面上にある。

次の紀伊神谷駅は、1928年6月、高野山電気鉄道の当時の終着駅「神谷」として誕生した駅である。1929（昭和4）年2月、極楽橋駅までの延伸により、途中駅となった。1930年5月、現在の駅名「紀伊神谷」に改称している。駅の構造は島式ホーム1面2線の地上駅で、所在地は紀伊細川駅と同じ、高野町大字細川である。

このあたりの高野線は、急なこう配をどんどんと上っていくことになる。紀伊細川駅の標高は363メートルだったが、紀伊神谷駅では473メートル、そし

【極楽橋駅】
高野線の終着駅、極楽橋駅の構内。カラフルなデザインの天井画が出迎えてくれる。

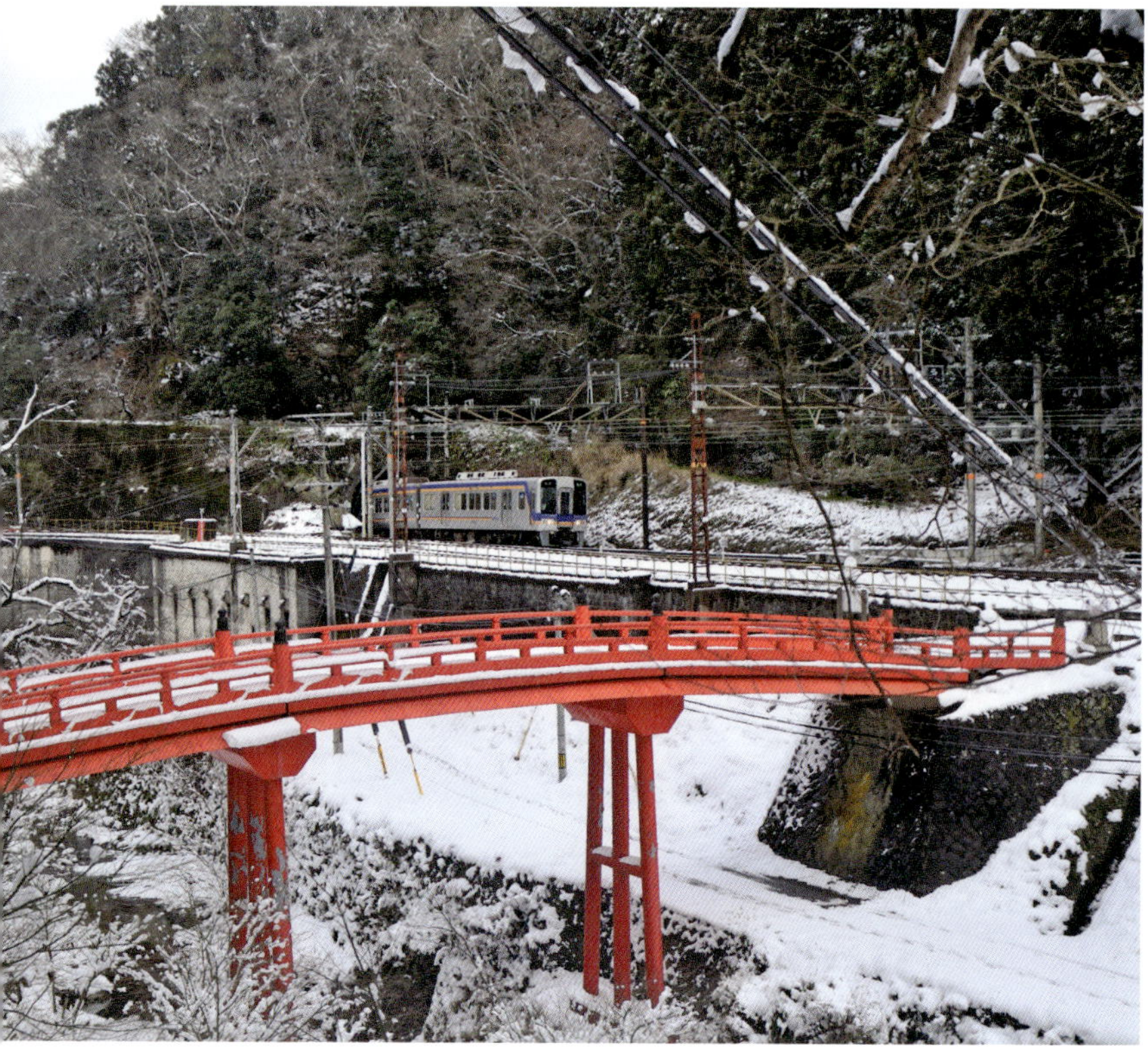

【極楽橋】　雪景色の中を走る高野線の電車と極楽橋。橋に塗られた赤の色が冴える。

右下駅舎写真：上から紀伊細川駅、紀伊神谷駅、極楽橋駅

て、終着駅となる極楽橋駅は標高535メートルの高さに位置している。極楽橋駅の開業は1929年2月。「極楽橋」の駅名は、北側の不動谷川に架かる橋の名に由来し、この先に高野山に通じる不動谷がある。駅の所在地は高野町大字高野山で、構造は櫛型3面4線のホームを有している。ホームの奥にある駅舎では、高野山駅に向かう鋼索線（高野線ケーブル）と連絡している。

【高野口ホテル東雲館（明治後期～大正期）】
3階建ての和風旅館だった高野口ホテル東雲館は、高野口駅前に置かれていた。説明には「高野山用達」と書かれており、旅行案内なども発行していた。

鋼索線

現在の高野山ケーブル（南海鋼索線）は、高野山電気鉄道が1930（昭和5）年6月、極楽橋～高野山間を開業した路線である。同鉄道は前年2月に地平線を極楽橋駅まで延伸し、高野山金剛峯寺参詣の最寄り駅としていた。高野山駅からは、金剛峯寺がある高野町の中心部に向かうバス路線が運行されている。駅の所在地は高野町大字高野山で、頭端式2面1線の階段状のホームが設けられている。木造駅舎は、高野山の玄関口らしい和洋折衷の外観を有している。

【高野口駅前の歓迎アーチ（1932年）】
1932（昭和7）年、故郷の和歌山各地を訪れた前田米蔵を歓迎するため、国鉄和歌山線の高野口駅前に設置された歓迎アーチ。当時、犬養内閣の商工大臣だった。

古地図探訪

◎紀伊神谷、極楽橋駅付近（昭和52年）

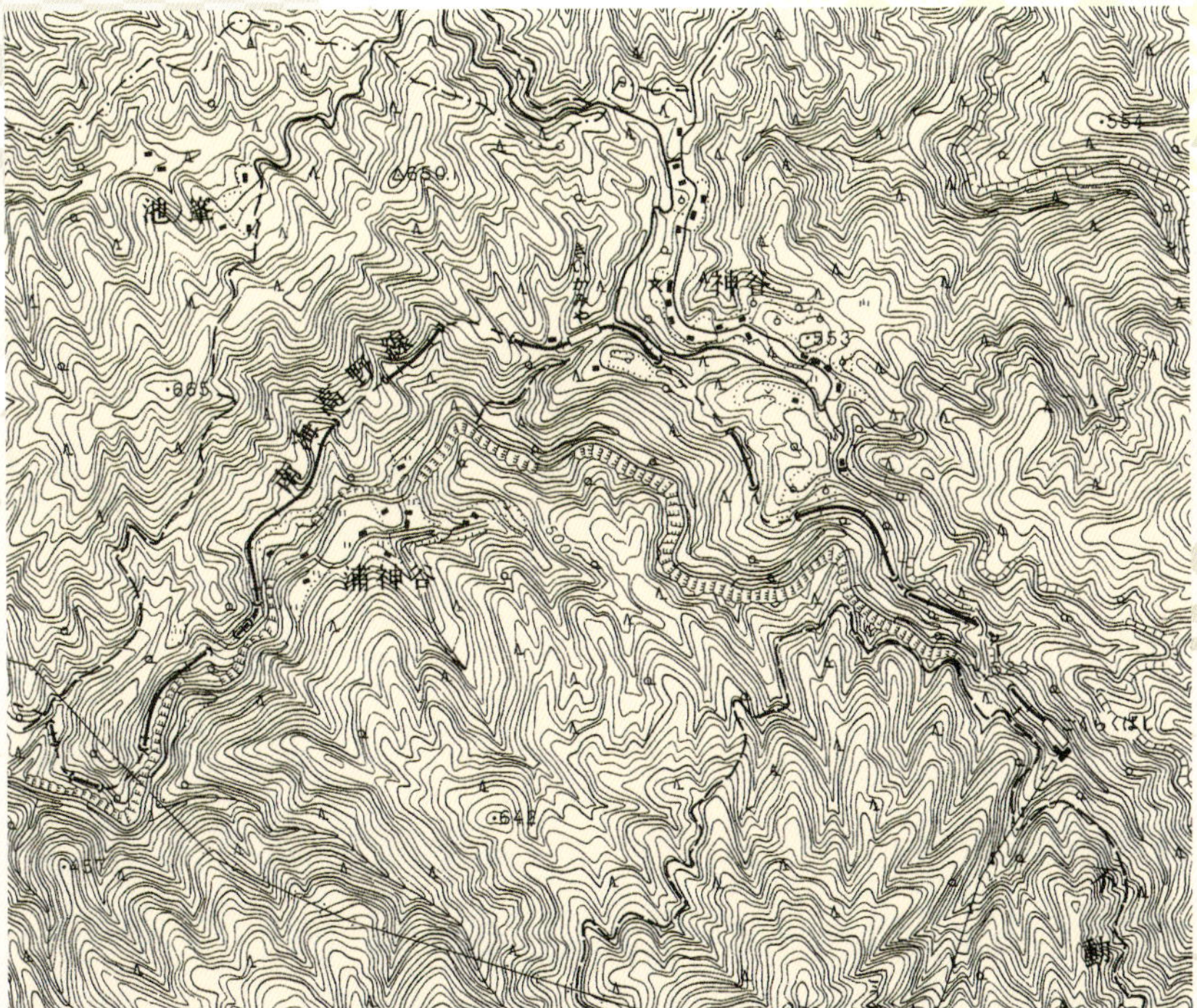

地図中央上に紀伊神谷駅があり、不動谷川に沿って進む高野線の終着駅として置かれているのが極楽橋駅。ここから先は、南西に進む鋼索線（ケーブル）が延びている。1929（昭和4）年に開業した極楽橋駅の付近には、現在も駅舎以外の建物は存在しない。不動谷川は、高野山奥の院の西にある塵無池に源があり、西北に流れている。その後は高野町から九度山町に至って丹生川と合流する。

高野山金剛峰寺

「高野山」は、高野山金剛峰寺がある和歌山県伊都郡高野町一帯を指し、全域が寺の境内地となっている。高野山の歴史は、弘法大師空海が816(弘仁7)年、嵯峨天皇からこの地を賜ったことに始まる。高野山は若き日の空海が修行した場所と伝わり、また、黒と白の犬を連れた狩人に示されて導かれ、丹生明神から譲り受けたともいわれる。空海は草堂を建てて、835(天長9)年に入寂した。また、弟子の真然らが伽藍を整備し、921(延喜21)年に醍醐天皇から空海に弘法大師の贈名が与えられた。その後、火災で伽藍を失って荒廃した時期をへた後、朝廷の信仰を得るなどで復興。高野聖と呼ばれる勧進の僧らの活躍もあった。戦国時代には、広大な寺領を有し、多くの僧兵を抱える一大勢力となっていた。高野山には、上杉謙

【奥の院】
高野山では1日2回、弘法大師に御膳を届ける儀式「生身供」(しょうじんぐ)が続けられている。

【金剛三昧院多宝塔】
寺院であり宿坊として宿泊もできる金剛三昧院。この多宝塔は国宝に指定されている。

【女人堂】
高野山の参詣道に設けられていた女人堂。現存するのはこの1つだけである。

【奥の院】 木立の中、石燈籠が並ぶ高野山の奥の院。荘厳な空気が立ち込める場所。

【高野山女人堂(昭和戦前期)】
高野口に残る女人堂。女人禁制だった頃の高野山には、七口といわれる場所に女人堂が設けられ、ここに籠った女性がひと晩中、真言を唱えていた。

【高野山御廟橋(昭和戦前期)】
高野山の奥の院(御廟)に続いている道中最後の石橋は、御廟橋と呼ばれる。下を流れているのは、楊柳山から流れ出る玉川である。

【金剛峯寺大門(昭和戦前期)】
高野山の入り口となっている金剛峯寺の大門。1705(宝永2)年に再建されたもので、国の重要文化財に指定されている。

信、武田信玄、織田信長、豊臣秀吉ら多くの戦国武将のほか、法然上人、親鸞上人、春日局ら歴史上の著名人の墓が存在している。また、江戸時代にも徳川幕府の庇護を受け、徳川家霊台という家康・秀忠の霊屋が残されている。山内の建造物では不動堂が国宝であり、大門や本坊、徳川家霊台などが国の重要文化財に指定されている。また、高野山霊宝館には、国宝絹本著色仏涅槃図など多数の国宝、重要文化財の寺宝が収蔵されている。

この高野山は2004(平成16)年に「紀伊山地の霊場と参詣道」として、金剛峯寺、高野山石道などがユネスコの世界遺産に登録された。さらに2016(平成28)年に黒河道などの高野参詣道が追加登録されたことで、観光地としても世界に広く知られるようになった。中でも各地から高野山に至る参詣道は、歩く世界遺産として海外からやってくる旅行客も多い。黒河道は、南海高野線の沿線に位置する橋本市、九度山町、高野町にまたがっており、最寄り駅から行くハイキングコースとしても注目されている。

【豊臣家墓所】
高野山奥の院には、豊臣秀吉と弟の秀長ら豊臣一族の墓所が設けられている。

【壇上伽藍】
高野山において弘法大師空海が最初に開拓した場所が壇上伽藍となっている。

SB02

深井《ふかい》

堺市中区

開業年 1971(昭和46)年4月1日

所在地 大阪府堺市中区深井沢町3290

キロ程 中百舌鳥駅から3.7km

駅構造 高架駅1面2線

乗降客 2万4192人

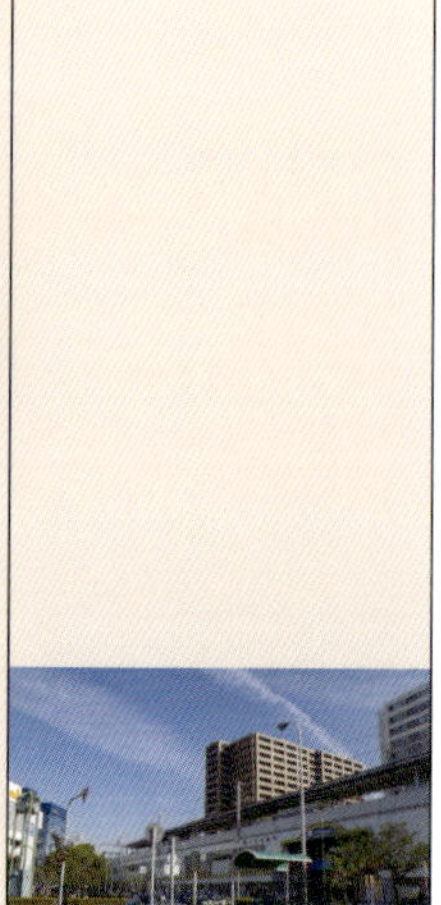

中百舌鳥駅を出た泉北高速鉄道線は、堺市の北区から中区に入り、深井駅に至る。2006(平成18)年の堺市の政令指定都市に際して生まれた7つの区のひとつである中区は、「中」といいながら堺市の中心部ではなく、鉄道駅はこの深井駅しか存在しない。駅の開業は1971(昭和46)年4月で、駅の所在地は中区深井沢町。駅の構造は島式ホーム1面2線を有する高架駅である。

「深井」という地名・駅名は、奈良時代の僧、行基が香林寺を建立する際に深い井戸を掘ったことによる。香林寺は現在は廃寺となっているが、江戸時代までは駅の北西にあたる、深井清水町に鎮座している野々宮神社の神宮寺として栄えていたという。野々宮神社は、素戔嗚尊、火産霊命(ほむすびのみこと)ほかを祀る神社で、「火の宮」とも呼ばれている。秋祭りは、深井だんじり祭りとして有名である。深井地区は、水(井戸)にゆかりがあることから、駅東側ロータリーには地元の彫刻家、松本鐵太郎によるモニュメント「躍水(やくすい)」が設置されている。

深井駅の少し離れた北西、石津川が流れるそばには、行基宗の大本山、家原寺が存在する。この寺は、奈良・飛鳥時代の名僧である行基の生家を寺院にしたもので、704(慶運元)年の創建といわれる。以前は高野山真言宗の別格本山だったが、2018(平成30)年に独立し、行基宗の大本山となった。本堂(文殊堂)は1648(慶安元)年に再建されたもので、三重塔は1989(平成元)年に再建されている。

土塔

深井駅の北東には、土塔町という地区があり、その名の通り、「土塔」が残されている。大野寺土塔とも呼ばれる仏塔は、巨大な四角錐の頭部を切り取ったような形状をしており、もともとは奈良時代

【野々宮神社】 鎮守の森「常陵郷(とこはか)の森」に囲まれている堺市中区の野々宮神社。

【家原寺本堂（昭和戦前期）】
堺市西区家原寺町にある家原寺は、名僧・行基の生家を寺に改めた場所。本堂の前には、寺院には珍しいモダンなスズラン灯がある。

に行基が建立した大野寺にあった。この大野寺は、行基建立四十九院のひとつで、一時中断したものの、江戸時代に土塔前に再興されて、現在は真言宗の寺院となっている。仏塔の基壇の一辺は53・1メートルで、形状はピラミッドに似ていることから、インドにあった仏頭の原型に近いとされる。1953（昭和28）年に国の史跡に指定され、発掘調査で発見された奈良時代から江戸時代にかけての出土品の多くが、国の重要文化財に指定されている。この土塔のある一帯は整備され、1994（平成6）年に土塔町公園として開園している。

【土塔】
土塔は奈良時代の堺出身の僧、行基が建立したとされる大野寺の仏塔。

【家原寺（昭和戦前期）】
行基宗の大本山、家原寺に残る行基の誕生塚。飛鳥・奈良時代の名僧、行基は668（天智天皇7）年、河内国大鳥郡（現・堺市西区）に生まれている。

古地図探訪

◎深井駅付近（昭和47年）

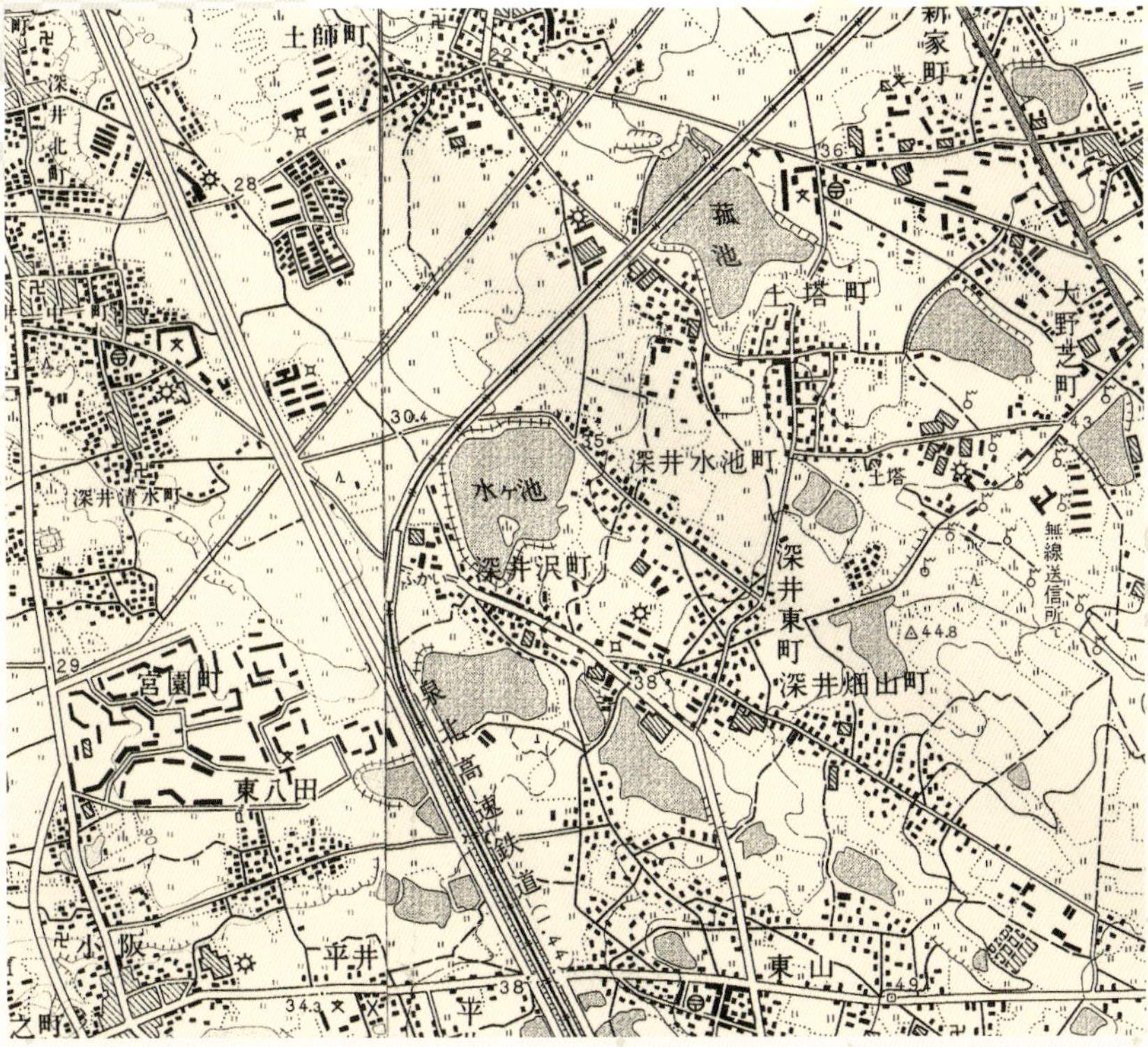

ここまで南西に向かって進んできた泉北高速鉄道線は、深井駅を過ぎると今度は南東に向かうことになる。深井駅は1971（昭和46）年の開業で、現在は駅の南側に堺市の中区役所が置かれている。この当時、駅周辺は田園地帯であり、溜池が多く存在していた。その代表的なものが深井駅の東側にある「水ヶ（賀）池」で、この付近には「深井水池町」の地名も見える。現在、この池周辺は水賀池公園として整備されている。

SB03 SB04 SB05

泉ケ丘《いずみがおか》、栂・美木多《とが・みきた》、光明池《こうみょういけ》

堺市南区

	開業年	所在地	キロ程	駅構造	乗降客
泉ケ丘	1971(昭和46)年4月1日	大阪府堺市南区竹城台1-1-1	中百舌鳥駅から7.8km	地上駅1面2線	3万5145人
栂・美木多	1973(昭和48)年12月7日	大阪府堺市南区桃山台2-1-1	中百舌鳥駅から10.2km	地上駅1面2線	1万6730人
光明池	1977(昭和52)年8月20日	大阪府堺市南区新檜尾台2-1-1	中百舌鳥駅から12.1km	高架駅1面2線	2万5884人

泉北高速鉄道線のうち、最も乗降客数が多いのがこの泉ヶ丘駅である。泉北ニュータウン泉ヶ丘地区の玄関口の駅として開業した、1971(昭和46)年4月の時点では終着駅だったが、1973(昭和48)年12月の延伸で途中駅に変わった。駅の所在地は堺市南区竹城台で、駅の構造は島式ホーム1面2線の橋上駅である。この駅周辺には荒山公園、竹城公園、大蓮公園、田園公園といった緑豊かな公園が点在しており、駅の東側には大阪健康福祉短期大学のキャンパスがある。

次の栂・美木多駅は、1973年12月に泉ヶ丘駅からの延伸により開業している。1977(昭和52)年8月、光明池駅までの延伸により途中駅に変わった。駅の所在地は南区桃山台、構造は島式ホーム1面2線の橋上駅である。この駅は泉北ニュータウン栂地区(旧泉ヶ丘町)の玄関口である一方で、かつての美木多村(後の福泉町)に位置していることから、地元住民の間で駅名に対する複数の要望があり、「栂・美木多」という2つの地名を並列する形となった。

【三原台(平成期)】
狭山・上野芝方面に向かう大阪府道34号堺狭山線と、南海高野線が通っている泉北ニュータウンの三原台付近。高層マンションが建ち並んだ風景。

【泉ケ丘(平成期)】
1971(昭和46)年に開業した泉ケ丘駅付近の風景。左側に建っているのは、同年にオープンした泉ケ丘センタービル。

栂・美木多駅の東側は現在、堺市南区となっているが、その前は泉北郡の泉ヶ丘町であり、1955(昭和30)年までは上神谷(にわだに)村が存在していた。このあたりを流れる妙見川の南岸には、「上神谷の八幡さん」として地元で崇敬されている櫻井神社が鎮座しており、鎌倉時代に建立された拝殿は国宝に指定されている。また、妙見川は堺市南部を流れ、石津川と合流して大阪湾に注ぐことになる。

ここで、南区の歴史を説明すると、堺市の南区は2006(平成18)年に堺市が政令指定都市に移行することで成立した。それ以前から堺市の一部であったが、

【堺市南部の空撮】
光明池がある堺市南区付近の空撮。奥には大阪湾沿いの堺泉北臨海工業地帯が見える。

右下駅舎写真：泉ヶ丘駅、栂・美木多駅、光明池駅

【櫻井神社】
堺市南区片蔵に鎮座している櫻井神社。この拝殿は国宝に指定されている。

【信太山演習場（大正期〜昭和戦前期）】
和泉市と堺市にまたがって存在する信太山演習場は、明治維新後に陸軍により開かれた。現在は陸上自衛隊が使用している。

1960年代以前にはいくつかの市町村（泉北郡内）に分かれていた。そのうちの泉ヶ丘町は1959（昭和34）年、福泉町は1961（昭和36）年に堺市に編入された。この地域に広がる泉北ニュータウンは1967（昭和42）年から入居が開始され、人口の増加が始まっている。その後、半世紀以上が経過して、ニュータウンの諸施設は老朽化し、住民も高齢化したことで、人口は減少している。

光明池駅は1977年8月、泉北高速鉄道線の延伸により開業している。このときは終着駅だったが、1995（平成7）年4月に和泉中央駅まで延伸したことにより、途中駅となった。駅の所在地は南区新檜尾台で、構造は島式ホーム1面2線の高架駅である。駅名の「光明池」は1936（昭和11）年に造られた、駅の南側に位置する大阪府下最大の溜池「光明池」に由来している。また、「光明」の地名は、聖武天皇の皇后である光明皇后の生誕地であることによる。駅の西側には、光明池運転免許試験場が存在している。

古地図探訪

◎泉ケ丘・栂・美木多駅付近（昭和47年）

堺市中区を走ってきた泉北高速鉄道線は次の南区に入り、泉ケ丘駅にやってくる。このあたりには泉北ニュータウンの三原台、竹城台地区があり、次の栂・美木多駅に至る。こちらの駅付近は桃山台、原山台地区となっている。この中間付近、泉北高速鉄道線の南側に見える「文」の地図記号は、1969（昭和44）年に開校した大阪府立泉北高等学校で、所在地は南区若松台となっている。

泉北高速鉄道

SB06

和泉中央《いずみちゅうおう》

和泉市

開業年 1995(平成7)年4月1日
所在地 大阪府和泉市いぶき野5-1-1
キロ程 中百舌鳥駅から14.3km
駅構造 地上駅1面2線
乗降客 3万220人

2025(令和7)年4月、南海泉北線に変わる予定の泉北高速鉄道の終着駅が、和泉中央駅である。光明池駅までは堺市内を走っていた路線は、和泉市に入ると阪和自動車道とともに進む形になり、和泉中央駅に至る。ここは泉北ニュータウンに次ぐ、第二のニュータウンである「トリヴェール和泉」の玄関駅で、駅前にはショッピングセンターや飲食店が集まっている。駅の開業は1995(平成7)年4月、泉北高速鉄道の終着駅として誕生した。駅の所在地は和泉市いぶき野5丁目で、構造は島式ホーム1面2線の地上駅だが、独特の地形のために橋上駅舎は地上レベルに設けられている。

駅の南側、大阪府道226号父鬼和気線沿いの内田町には、和泉市久保惣美術館が置かれている。1982(昭和57)年に開館したこの美術館は、泉州の綿織物を代表する企業のひとつ「久保惣」の三代目社長、久保惣太郎の古美術コレクションを展示するもので、1997(平成9)年には、モネ、ルノアールなどの絵画を展示する新館も誕生している。この美術館のコレクションには、「青磁 鳳凰耳花生 銘 万声」と「歌仙歌合」という国宝2点のほか、多数の重要文化財を含む日本・東洋美術品が存在している。館内には本館、新館の展示室のほか、音楽ホール、市民ギャラリーなどがあり、和泉市民の憩いの場となっている。

和泉市久保惣美術館の北側には、宮ノ上公園に隣接して、桃山学院大学の和泉キャンパスが広がっている。1959(昭和34)年に開学した桃山学院大学は当初、阿倍野区の昭和町に校舎があったが、1971(昭和46)年に登美丘学舎に移転していた。1991(平成3)年に建設・移転が発表された和泉キャンパスは、1995(平成7)年に竣工して、多くの学生が通っている。

【和泉市久保惣記念美術館】 1982(昭和57)年に開館した、東洋美術をコレクションの主体とする美術館。

【桃山学院大学】
和泉市まなび野に本部を置く桃山学院大学。開学は1959（昭和34）年。

【阿弥陀橋（昭和戦前期）】
和泉市南部を流れる槇尾川の支流、父鬼川に架かる阿弥陀橋。

【阿弥陀寺（昭和戦前期）】
和泉市大野町にある子安の阿弥陀寺。光明皇后以来、安産祈願の寺として知られる。

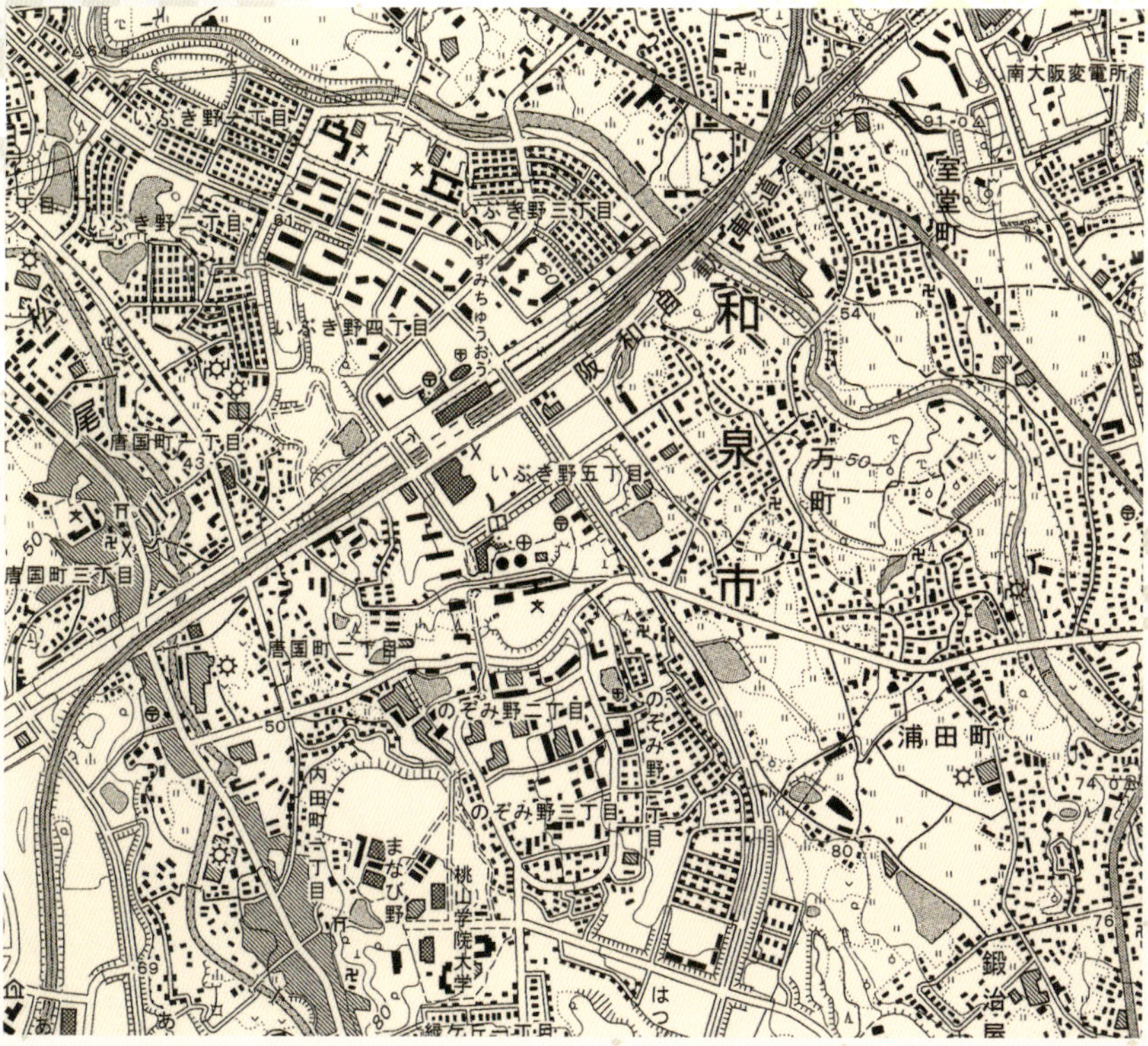

古地図探訪

◎和泉中央駅付近（平成10年）

泉北高速鉄道線の終着駅である和泉中央駅は、和泉市いぶき野5丁目に置かれている。駅の南側に存在する桃山学院大学の所在地は和泉市まなび野で、付近には「のぞみ野」「はつが野」といった地名もある。泉北高速鉄道線はこの和泉中央駅が終着駅だが、合流する形になった阪和自動車道はこの先、岸和田・貝塚方面に進んでゆき、関西空港自動車道と分かれた後、和歌山・南紀田辺インターチェンジまで続いていく。

阪堺電気軌道（阪堺線）、阪堺電鉄（新阪堺電車）

南海線の姉妹線として、本線と並行する形で、大阪（ミナミ）と堺の間を結んでいるのが、阪堺電気軌道の阪堺線である。その歴史は古く、南海本線には遅れたものの、明治末期の1911（明治44）年12月に開業している。当初の区間は恵美須町～市ノ町（現・大小路）間で、1912（明治45・大正元）年3・4・11月に市之町～少林寺（現・御陵前）～浜寺～浜寺公園間が開通した。また、大浜公園へのアクセスとして、1912年4・8月には、宿院～水族館前（後の大浜北町）～大浜海岸間の路線を開業している（戦後に廃止）。1915（大正4）年6月、阪堺電気軌道は南海と合併した。1916（大正5）年12月に浜寺～浜寺公園間は休止し、翌年（1917年）3月に廃止された。戦後には南海の大阪軌道線の一部となっていた。1980（昭和55）年12月、上町線とともに阪堺電気軌道に分離譲渡された。現在は恵美須町～浜寺駅前間の14・0キロの路線となっている。

阪堺電気軌道の上町線はさらに歴史が古く、1900（明治33）年9月、大阪馬車鉄道が天王寺（現・天王寺駅前）～天下茶屋（現・東天下茶屋）間で開業。同年11月、天下茶屋～上住吉（現・神ノ木）間、1902（明治35）年12月に上住吉～下住吉（後の住吉大社、現・住吉）間を延伸した。営業母体は大阪馬車鉄道から大阪電車鉄道、さらに浪速電車軌道と変わり、1909（明治42）年12月に南海に合併された。1913（大正2）年7月には住吉大社（現・住吉）～住吉公園間が開業したが、この区間は2016（平成28）年1月に廃止されている。1980年12月に南海から阪堺電気軌道に分離譲渡されて、現在は天王寺駅前～住吉間の4・3キロで運行されている。

阪堺電気軌道の2つの路線は、南海本線の東側を南下して走り、途中で南海高野線と交差する形となり、住吉停留場で合流する。その後は、南海本線と高野線の間を堺市に向かって走り、浜寺公園付近で南海本線と交差して、浜寺公園駅の西側にある浜寺駅前停留場に至るのである。

さて、ここでは、もうひとつの路線である阪堺電鉄（新阪堺電車）についても記しておこう。この路線は、戦後の大阪市電の一部となり、大阪市電阪堺線（三宝線）と呼ばれることになる。後にライバルとなる他路線に遅れる形で、昭和初期の1927（昭和2）年10月、阪堺電鉄（改称前は港南電車軌道）が芦原橋～三宝車庫前間の路線を開業。1929（昭和4）

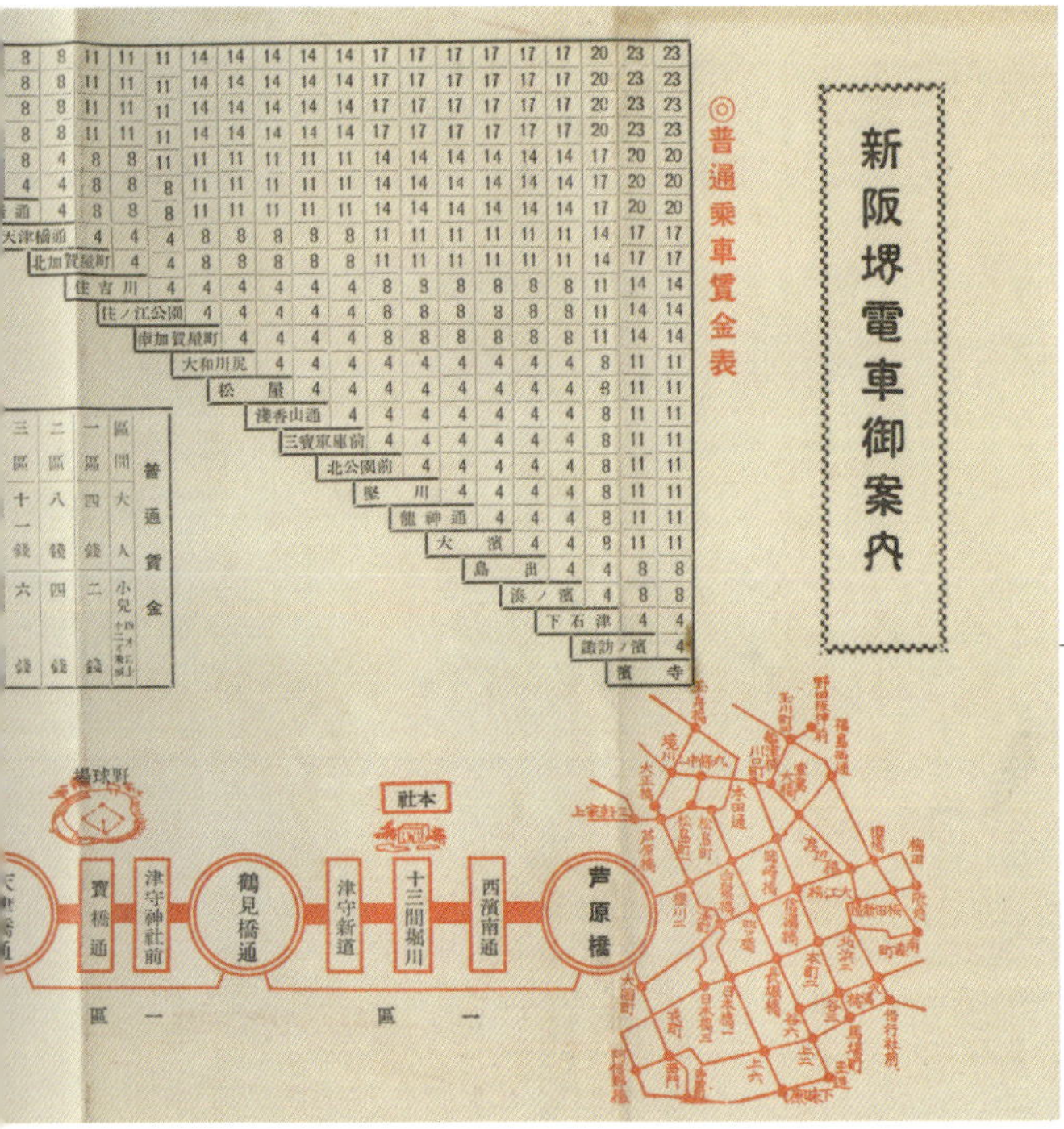

年4・10月に三宝車庫前～北公園～龍神通間を延伸。1934（昭和9）年7月に龍神通～湊ノ浜間、1935（昭和10）年6月に湊ノ浜～浜寺間を延伸して、全線が開業した。

1944（昭和19）年4月、大阪市電気局に継承されて、三宝線と呼ばれるようになるが、1945（昭和20）年3月の大阪大空襲により大きな被害を受けたことで、出島～湊ノ浜間を休止、同年8月に廃止された。残る芦原橋～出島間の区間は1968（昭和43）年9月末日に廃止された。大阪市内の路線（芦原橋～大和川尻）は、新なにわ筋（大阪府道29号大阪りんかい線）を走り、堺市内で国道26号に入る形だった。なお、三宝線の呼び名は、堺市堺区海山町にあった大阪市電の三宝車庫に由来する。この車庫は路線の廃止後は、昭和電工の堺工場となり、現在は堺アルミの本社・工場に変わっている。

【住吉神社前（2019年）】
住吉神社前を走る阪堺線の路面電車。

【阪堺電気軌道205形電車（1979年）】
1937（昭和12）年に登場した阪堺電気軌道205形電車。南海時代も使用されていた。

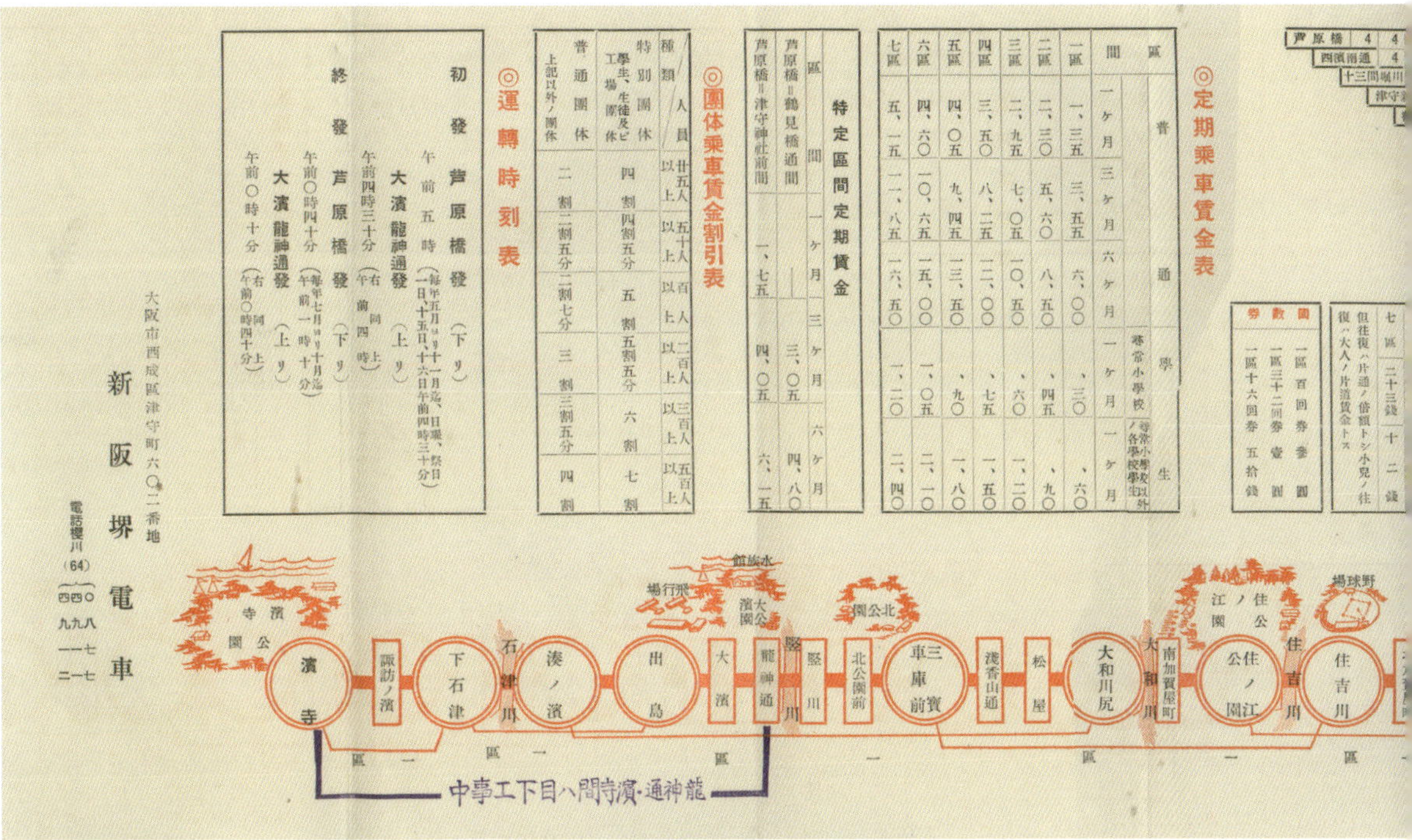

◎定期乗車賃金表

區間	普通 一ヶ月	普通 三ヶ月	普通 六ヶ月	學生 尋常小學校 一ヶ月	學生 尋常小學校以外ノ各學校學生 一ヶ月
一區	一、三五	三、五五	六、〇〇	、三〇	、六〇
二區	二、三〇	五、六〇	八、五〇	、四五	、九〇
三區	二、九五	七、〇五	一〇、五〇	、六〇	一、二〇
四區	三、五〇	八、二五	一二、〇〇	、七五	一、五〇
五區	四、〇五	九、四五	一三、五〇	、九〇	一、八〇
六區	四、六〇	一〇、六五	一五、〇〇	一、〇五	二、一〇
七區	五、一五	一一、八五	一六、五〇	一、二〇	二、四〇

七區	二十三錢	十二錢

但往復ハ片道ノ倍額トシ小兒ノ往復ハ大人ノ片道賃金トス

回數券
一區百回券 參圓
一區三十二回券 壹圓
一區十六回券 五拾錢

特定區間定期賃金

區間	一ヶ月	三ヶ月	六ヶ月
芦原橋＝鶴見橋通間		三、〇五	四、八〇
芦原橋＝津守神社前間	一、七五	四、〇五	六、一五

◎團体乗車賃金割引表

種類＼人員	廿五人以上	五十人以上	百人以上	二百人以上	三百人以上	五百人以上
特別團体（學生、生徒及ビ工場團体）	四割	四割五分	五割	五割五分	六割	七割
普通團体（上記以外ノ團体）	二割	二割五分	二割七分	三割	三割五分	四割

◎運轉時刻表

初發　芦原橋發（下リ）　午前五時（毎年五月ヨリ十一月迄、日曜、祭日一日、十五日、十六日午前四時三十分）
大濱龍神通發（上リ）　午前四時三十分（右同 午前四時上）
終發　芦原橋發（下リ）　午前〇時四十分（毎年七月ヨリ十月迄 午前一時十分）
大濱龍神通發（上リ）　午前〇時十分（右同 午前〇時四十分上）

大阪市西成區津守町六〇二番地
新阪堺電車
電話櫻川（64）

【新阪堺電車御案内】
芦原橋と浜寺を結んでいた、新阪堺電車の路線案内で、料金表や時刻表も記載されている。1925（大正14）年に芦原橋～三宝車庫前間で開業した新阪堺電車は、徐々に堺・浜寺方面に路線を延ばし、1929（昭和4）年に龍神通駅（停留場）に至っていた。この路線図では、左側に「龍神通・浜寺間ハ目下工事中」というスタンプが押されているが、全線が開業するのは1935（昭和10）年のことである。

和歌山電鐵　貴志川線

ＪＲ和歌山線の和歌山駅と連絡する和歌山駅を起点とし、紀の川市の貴志駅に至る全長１４・３キロの鉄道路線が、和歌山電鐵の貴志川線である。大正中期に山東軽便鉄道が開いた路線で、和歌山鉄道、和歌山電気軌道をへて、１９６１（昭和36）年からは南海の貴志川線となっていた。しかし、この路線と和歌山市駅の間を結んでいた和歌山軌道線が廃止されると、南海の孤立路線となり、２００６（平成18）年４月からは岡山電気軌道が１００パーセント出資する、和歌山電鐵により運行されている。現在は、ネコのたま駅長（貴志駅）やイチゴ電車などが話題に上る観光路線となっている。

貴志川線には、起終点駅の和歌山・貴志を含めて14駅が存在している。和歌山市内には10駅、紀の川市内に４駅が存在している。終着駅の貴志駅は、紀の川市貴志川町神戸に置かれている。貴志川町は、紀の川市が誕生する前の自治体（町）で、１９５５（昭和30）年に中貴志

【いちご電車】
2006（平成18）年に貴志川線に登場したいちご電車。

【いちご電車】
菜の花畑の奥を走る白と赤のいちご電車。カラフルな春の風景。

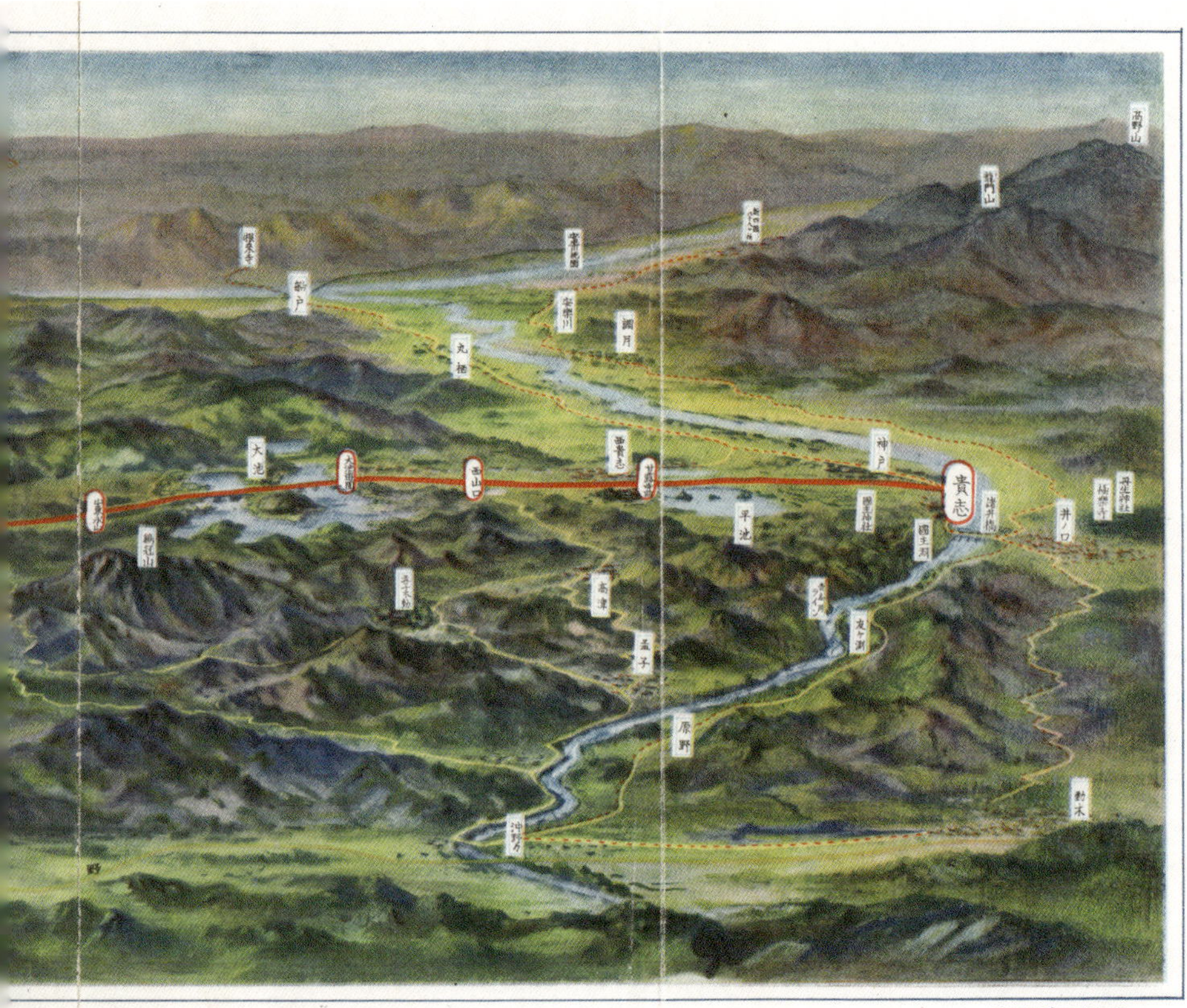

村、東貴志村、西貴志村、丸栖村が合併して成立している。「貴志川」の地名、線名は、紀の川最大の支流である貴志川に由来、この川は高野山西麓に源があり、海南市、紀の川市、岩出市を流れて、紀の川と合流する。かつては、野上電気鉄道が中流域に並行する路線を有していたが、1994(平成6)年4月に廃止された。

ルーツとなった山東軽便鉄道は、1916(大正5)年2月、大橋～山東(現・伊太祈曾)間で開業している。その後、路線を延ばして、1931(昭和6)年4月に和歌山鉄道に名称を変更した。現在の山東駅(二代目)は、1933(昭和8)年8月に山東永山駅として開業し、1945(昭和20)年に現在の駅名「山東」となった。海草郡には、東山東村、西山東村が存在し、1956(昭和31)年に和歌山市に編入された。また、「伊太祈曽」の駅名、地名は、「山東宮」と呼ばれていた伊太祈曾神社に由来している。

【たま駅長】
和歌山電鐵貴志川線の名物となっている、貴志駅のたま駅長。

【貴志川線の電車】
満開となった桜の川を渡る貴志川線の2両編成の電車。

【伊太祈曽神社】
貴志川線の駅名にも採用されている伊太祈曾(いたきそ)神社。難解な地名、駅名として有名なもの。

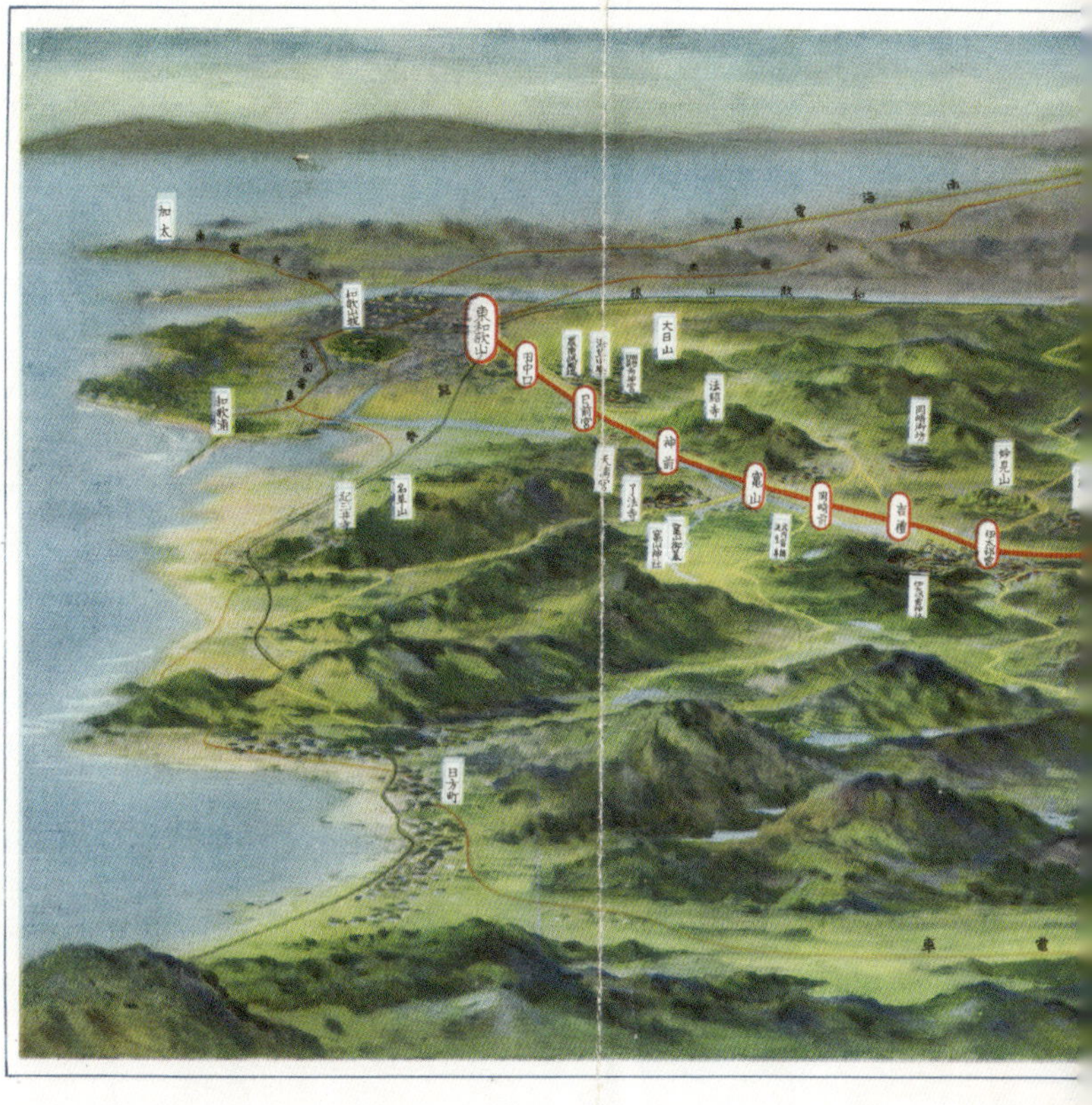

【和歌山鉄道路線図(昭和戦前期)】
東和歌山駅を起点とする、戦前の和歌山鉄道の路線図である。路線は和歌山市内を東に延び、現・紀の川市の貴志駅に至っている。路線図としては、駅名や観光名所などの記載が小さく、全体的に緑色に塗られた山の表現が中心となっている。この路線は山東軽便鉄道が開いたもので、和歌山鉄道・和歌山電気軌道・南海電鉄を経て、現在は和歌山電鐵貴志川線として運行されている。

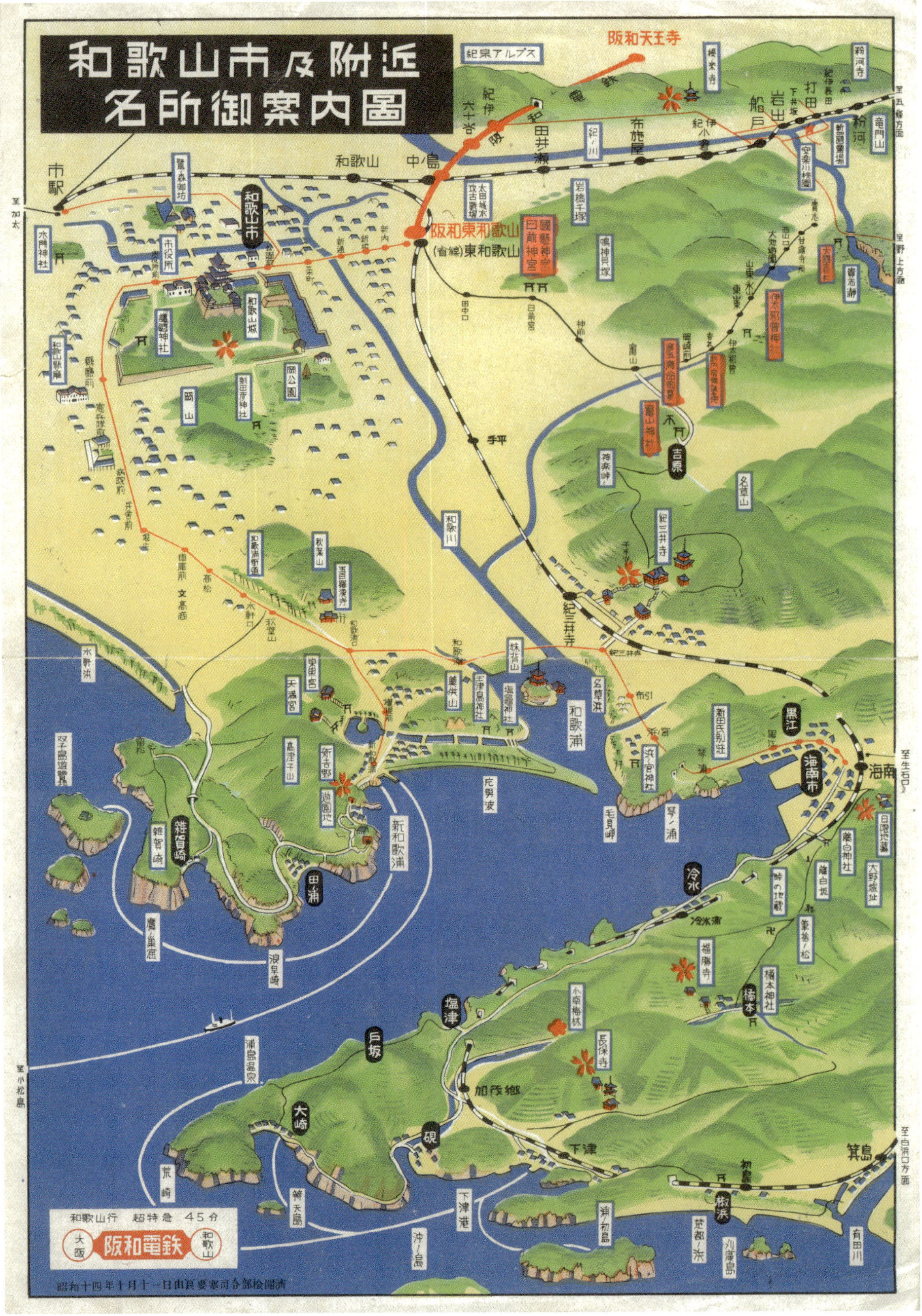

【和歌山市及附近名所御案内図（昭和戦前期）】

阪和電鉄（現・JR阪和線）が作成した和歌山の名所案内図で、海南・箕島方面までの鉄道路線と名所が紹介されている。中心となっているのは、和歌山城を核とする和歌山市街地内と和歌浦地区。さらには、東和歌山（現・和歌山）駅から延びる貴志川線（現・和歌山電鐵）の沿線にある伊太祁曽神社などが詳しく紹介されている。

【和歌山観光のしおり(昭和戦後期)】和歌山観光のしおり(和歌山電軌沿線案内)
和歌山・海南市内を走っていた和歌山電軌の沿線案内図で、鉄道線、軌道線、バス線と沿線の名所が紹介されている。ここでも和歌山市内の観光地は和歌山城と和歌浦・紀三井寺が中心で、和歌山港から出る南海汽船も描かれている。電車線で行く海南市付近には温山荘遊園、鉄道線で行く大池遊園駅付近には大池遊園が存在し、裏面では両者のイベントが紹介されている。

和歌山線
奈良
奈良線（京都奈良間）
大阪電気軌道（大阪奈良間）
柏原湊町間（小運轉列車）
関西線
京都
京都三條
京阪電気鉄道
東海道本線
大阪
大阪築港
新和歌ノ浦遊園
紀三井寺
和歌浦
和歌浦口
新和歌浦
歩兵第六十一聯隊
練兵場
堺
難波

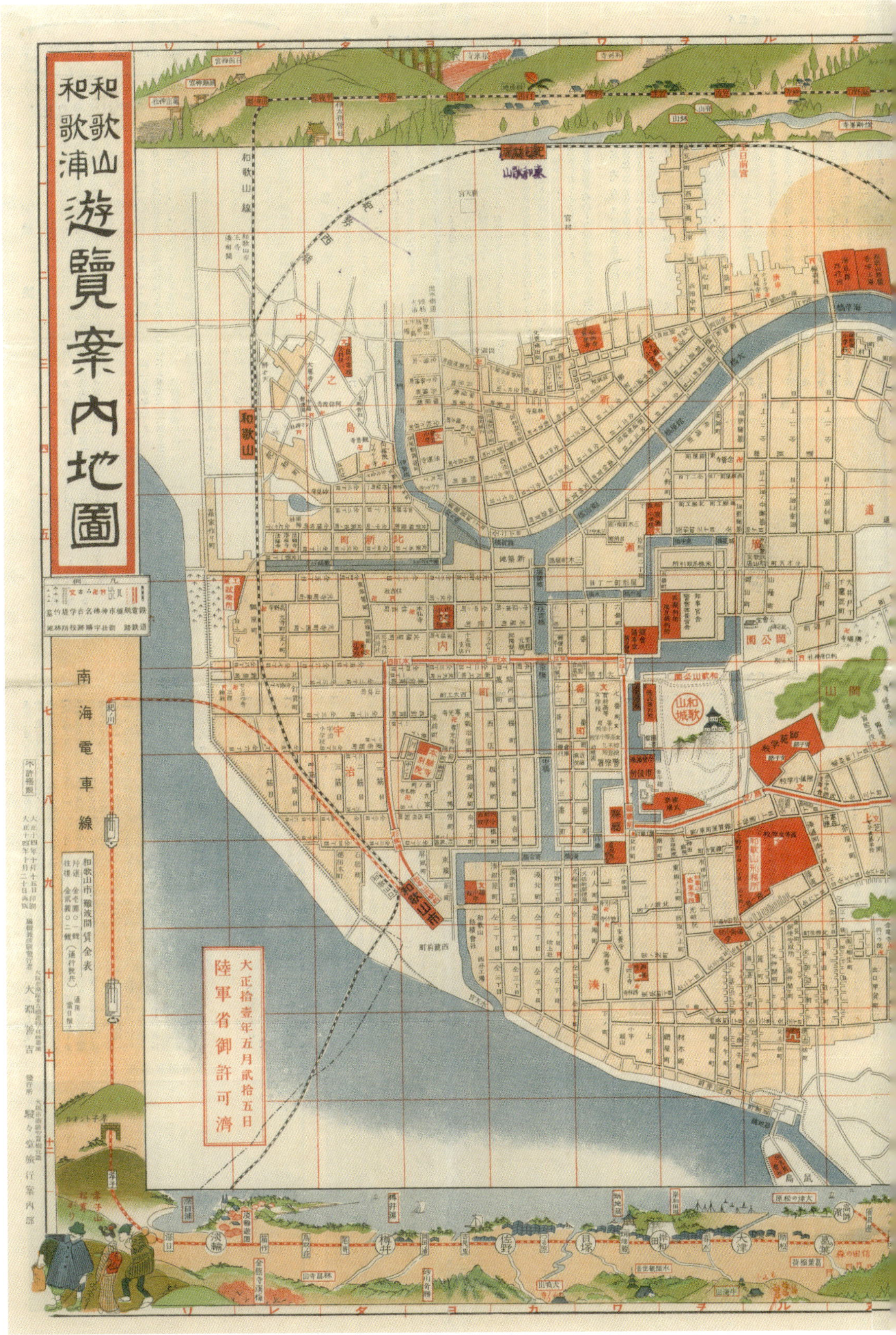

【和歌山和歌浦遊覧案内地図(1925年)】
1925(大正14)年に発行された、和歌山和歌浦遊覧案内地図。和歌山城を中心とした和歌山市街地・和歌浦の絵図とともに、周囲には南海電車線・和歌山線を中心とした沿線案内図が記されている。また、右側には大阪・京都・奈良を巡る鉄道線が紹介されている。

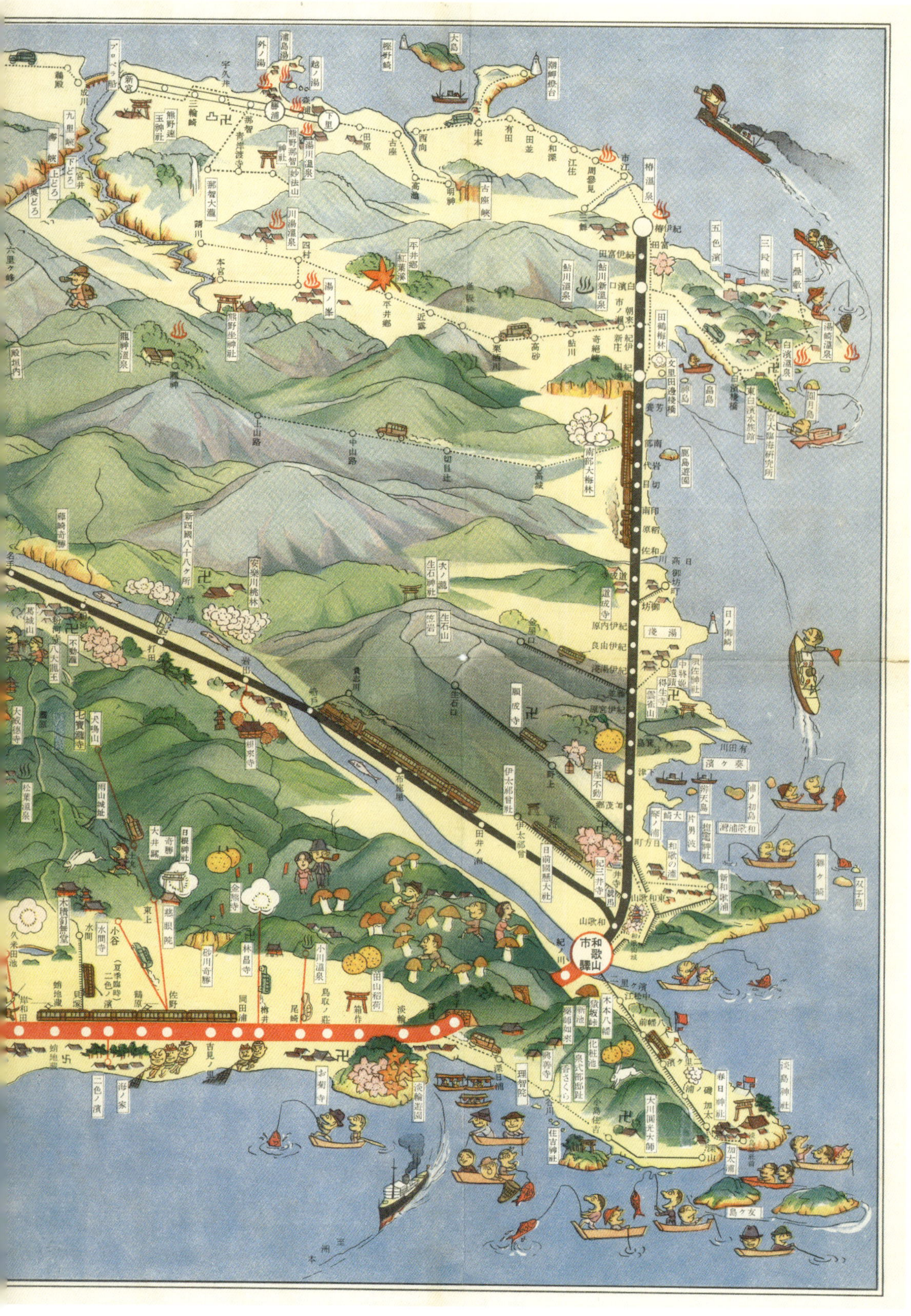

伊椿駅として開業していた。翌年(1936)年10月には周参見駅まで延伸するが、この地図では串本、新宮方面まで紹介されている。なお、南海本線の沿線名所などについては各ページで随時、掲載・紹介している。

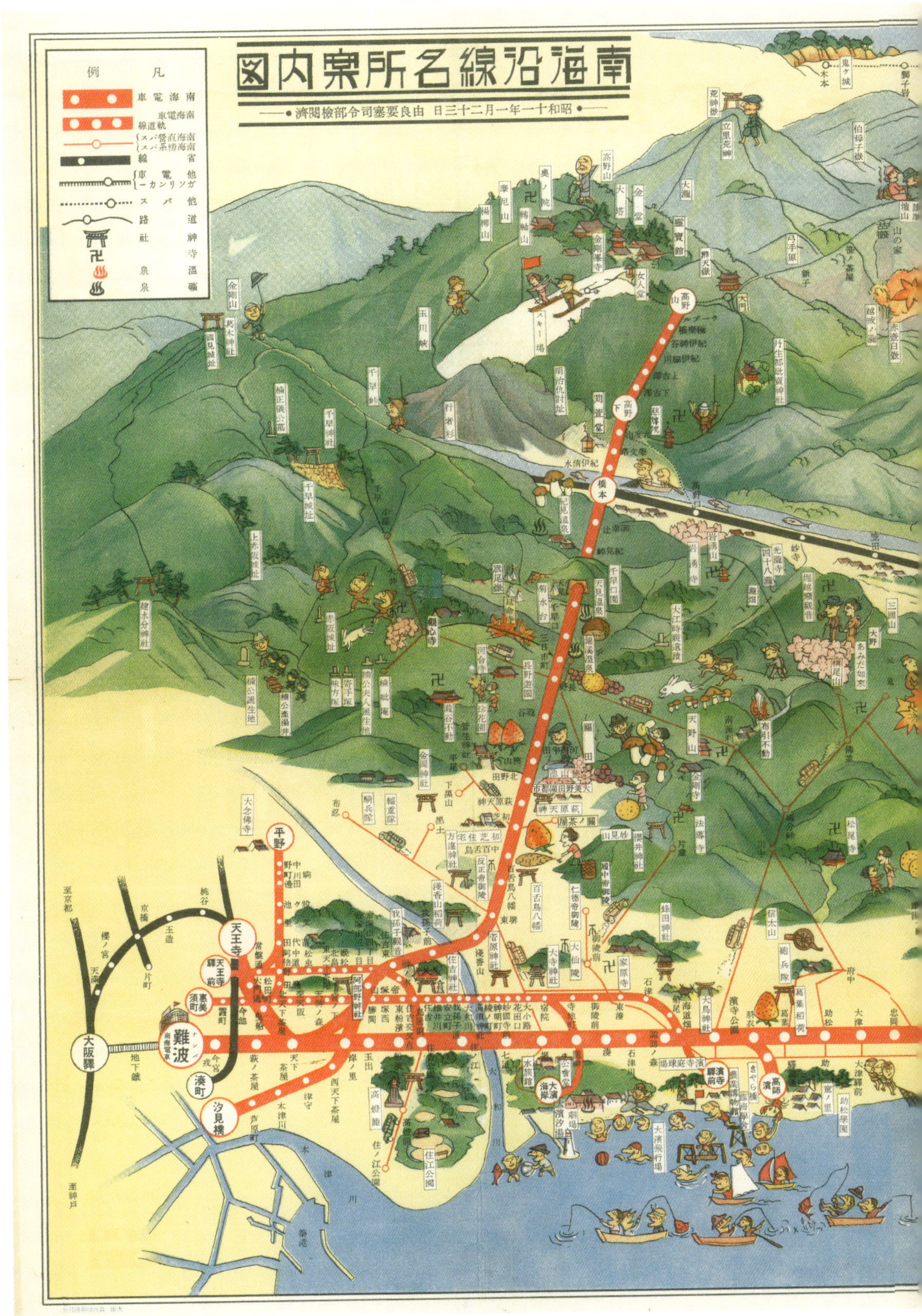

【南海沿線名所案内図(1936年)】

1936年(昭和11)年1月に由良要塞司令部の検閲を受けた南海沿線名所案内図で、南海の鉄道線、軌道線、バス線に加えて、省線(現・JR)の路線と沿線の名所が紹介されている。この当時、省線(現・紀勢本線)の終着駅は、現在の椿駅で、前年の1935(昭和10)年3月に紀

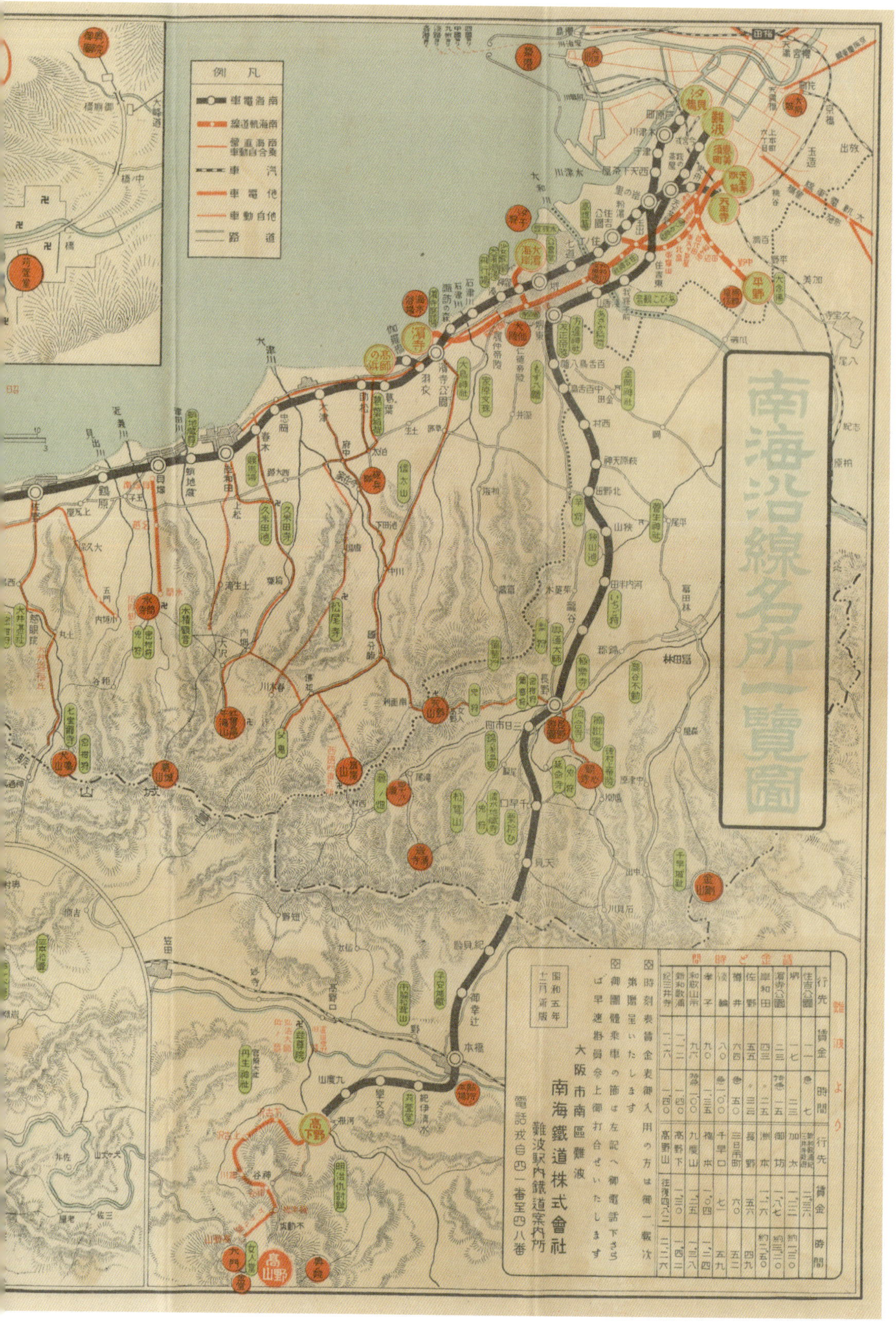

車）路線が詳しく紹介されていることである。これを1926（大正15）年に作成された同様の地図と比較すると、多くのバス路線が加わったことがわかる。一方で、高野線の沿線では、観光化に伴うバス路線はまだ多くなかったことも読み取れる。

【南海沿線名所一覧図（1930年）】

1929（昭和4）年に作成されて、翌年（1930）年12月に再版、発行された南海沿線名所一覧図で、検閲を受けた由良要塞に関する由良御坊附近図が加えられている。この地図で特徴的なのは、海岸線付近を走る南海本線から内陸（山間）部に延びるバス（乗合自動

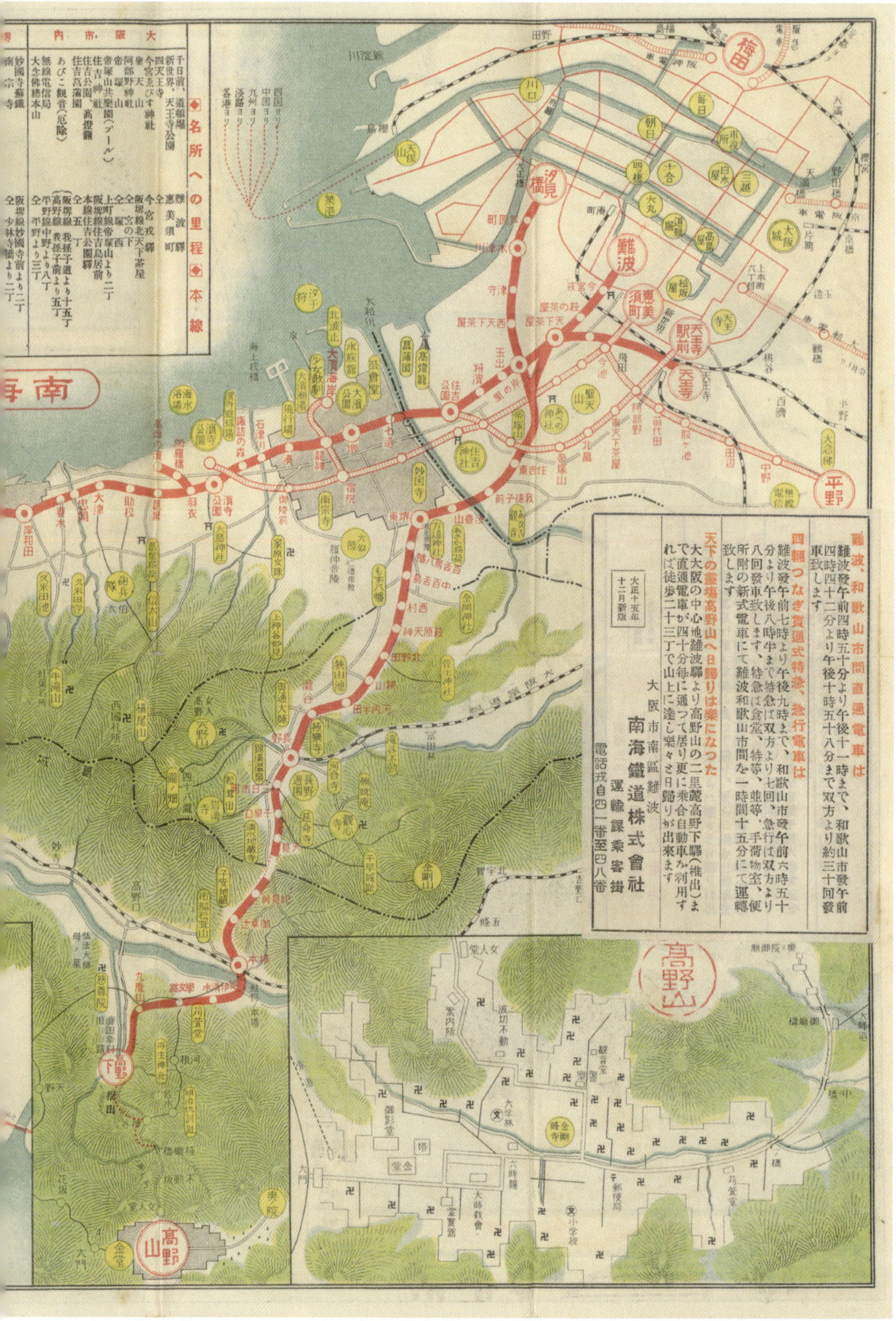

位置していることがわかる。堺市の人口は1920（大正9）年の第1回国勢調査時には約85,000人で、市域もさほど広くなかった。この後、1938（昭和13）年に泉北郡の百舌鳥村・南河内郡の金岡村など、1942（昭和17）年に泉北郡浜寺町・鳳町などを編入して、面積・人口ともに大きく増加する。

【南海沿線名所一覧図(1926年)】
1926(大正15)年12月に新版が出された南海沿線名所一覧図で、和歌浦と高野山の拡大図が付けられている。この当時、沿線に市街地が広がっていたのは大阪市を除くと堺市・岸和田市と和歌山市だけだった。また、この地図を見ると高野線の堺東駅は堺市市街地の東端に

生田 誠（いくた まこと）

1957（昭和32）年、京都市東山区生まれ。実家は三代続いた京料理店。副業として切手商を営んでいた父の影響を受け、小さい頃より切手、切符、展覧会チケットなどの収集を行う。京都市立堀川高校を卒業して上京し、東京大学文学部美術史専修課程で西洋美術史を学んだ。産経新聞文化部記者を早期退職し、現在は絵葉書・地域史研究家として執筆活動などを行っている。著書は「ロスト・モダン・トウキョウ」（集英社）、「モダンガール図鑑　大正・昭和のおしゃれ女子」（河出書房新社）、「2005日本絵葉書カタログ」（里文出版）、「日本の美術絵はがき　1900-1935」（淡交社）、「東京古地図散歩【山手線】」（フォト・パブリッシング）ほか多数。本書では駅周辺の解説、沿線案内図・地図・写真解説等を担当。

【写真提供】
辻阪昭浩、戸城英勝、針谷光宣、山田亮
泉大津市教育委員会、泉佐野市立日根野小学校、大阪狭山市教育委員会、貝塚市、
岸和田市、堺市中央図書館、阪南市

懐《なつ》かしい沿《えん》線《せん》写《しゃ》真《しん》で訪《たず》ねる
南《なん》海《かい》電《でん》鉄《てつ》 街《まち》と駅《えき》の物語《ものがたり》

発行日……………………2025年2月18日　第1刷　※定価はカバーに表示してあります。

著者……………………生田 誠
発行者…………………春日俊一
発行所…………………株式会社アルファベータブックス
〒102-0072　東京都千代田区飯田橋 2-14-5　定谷ビル
TEL. 03-3239-1850　FAX.03-3239-1851
https://alphabetabooks.com/

編集協力………………株式会社フォト・パブリッシング
デザイン・DTP ………柏倉栄治
印刷・製本……………株式会社サンエー印刷

この印刷物は環境に配慮し、地産地消・輸送マイレージに配慮したライスインキを使用しているバイオマス認証製品です。

ISBN978-4-86598-916-8　C0026